HERMANN-JOSEF WEIDINGER

Ich bin eine Ringelblume

Der Kräuterpfarrer auf Ätherwelle

FREUNDE DER HEILKRÄUTER

KLEINE REIHE: BAND 1

Seite 1: Alpenmaßliebchen / *Aster bellidiastrum*

1. Auflage, 1.–6. Tausend, August 1983
2. erweiterte Auflage, 7.–31. Tausend, September 1983
3. Auflage, 32.–56. Tausend, September 1985
4. Auflage, 57.–81. Tausend, Dezember 1989

Illustrationen: Adolf Blaim
Gestaltung Einbandrückseite: Akad. Maler Prof. Emil Jaksch
Gesamtherstellung: Graphischer Betrieb Carinthia, Klagenfurt

ISBN 3-900504-23-7

Die Welt um mich ist wunderbar

Mein Leben ist wie ein Meer.

Mich umfassen die Strudel der Wellen.
Eine Hand hält mich.
Nicht willkürlich
treib' ich umher.

Ich treibe dahin.
Aus allem spricht Leben.
Spricht Kraft.
Geordneter Sinn.

Die Vielfalt der Kräfte,
sie wirket mit;
präget mein Leben.
Lenkt meinen Schritt.

Alle die Kräfte,
sie wirken.
Doch nur
EINER befiehlt.

ER, der EINE:
„ER wirkt alles in allen."*)

ER ist es, die Urkraft.
Der eine GOTT.

Ich spür' IHN.
Ich seh' IHN.
Ich erleb' IHN.

Und dies Jahr für Jahr.
Ja!
Die Welt um mich ist wunderbar.

Mittlerer Wegerich
Plantago media

*) 1. Korintherbrief, 12/5b.

Drachenbetrachtung

Die Aufnahmen für das „Magazin für die Frau" sind beendet. Das Rundfunkgebäude liegt hinter mir.

Endlich kann ich das tun, was ich schon lange für fällig betrachte. Ein wenig durch Klagenfurt bummeln. Ganz ziellos. Frei. Innerlich. Und äußerlich? Alles auf mich einwirken lassen. Die Menschen. Die Straßen. Die Gebäude. Und . . .?

. . . Und die Vergangenheit!

Da wird sie wieder lebendig. Nahe. Auf heute bezogen. Die Zeit von einst.

Zur Gegenwart wird sie. Die Vergangenheit. Ein friedliches Dörfchen von damals zur Landeshauptstadt von heute. Heute? Ja und nein zugleich. Denn Landeshauptstadt ist Klagenfurt schon seit dem Jahre 1518.

So durchquere ich die Tabakgasse als Verbindung vom Alten zum Neuen Platz. Durch den Torbogen weht mir ein Hauch von einst entgegen. Mischt sich mit dem Getue in den Geschäften und dem Getriebe auf der Straße.

Der erschlagene Lindwurm wird lebendig. Nicht nur im amtlichen Stadtsiegel von 1287 als Wappentier, sondern vor allem durch das Denkmal aus dem Jahre 1636, vor dem ich jetzt stehe. Das war mein Ziel. Hierher wollte ich. Zum Lindwurm. Dem steinernen Mal. Dem Wahrzeichen von Klagenfurt.

Und jetzt bin ich da. Die Zeit geht nicht nach vorne. Nach dem Ticktack der Uhr. Sekunde um Sekunde. In die Zukunft. Die Vergangenheit begrabend. Wo das Vorher zum Dann wird. Nein. Ich selber fühle mich getragen zurück in das Einst. Als der Fürst von Karnburg herrschte, zwischen dem Wörther See und dem Draufluß.

In einem Land der Wildnis, der Berge und der ewigen Nebel haust im Sumpf verborgen ein Untier. Man kennt nur seine räuberischen Taten. Sonst nichts. Es wird zum Schrecken der Kühnsten.

Der Fürst läßt einen steinernen Beobachtungsturm bauen.

„Ein geflügelter Wurm. Scheußlich zum Ansehen. Panzerbedeckt. Mit ungeheurem Mut und arger List zugleich." So schildern ihn die Knechte, die mit einem brüllenden Stier als lebendigem Köder das Ungeheuer aus dem Sumpf locken. Mit einem Widerhaken fangen. Zu Tode prügeln.

Zwischen Zollfeld und Willersdorf, entlang der Bundesstraße, zeigt noch heute die Mulde, im spärlich bewachsenen Boden, wo der Lindwurm gelegen.

Dort, wo der Drachenkampf tobte, entstand ein friedliches Dörfchen im Schatten des Turmes und ein zur Schutzwehr erbautes Schloß des Fürsten. Auf dessen Geheiß der Lindwurm erschlagen wurde.

Der Fürst, er starb. So wie alle Menschen von damals.

Aus dem bescheidenen Dorf wurde die Landeshauptstadt Klagenfurt. Und der Lindwurm von damals zum steinernen Zeichen der Zeiten, die gingen und kamen.

Und vor diesem Denkmal stehe ich jetzt und träume.

Und der Traum am hellichten Tag wird zur Frage. – Am Neuen Platz in Klagenfurt vor dem aus Schiefer gehauenen Lindwurm von heute, wo ich stehe. Versunken in „Drachenbetrachtung".

„Wie kam der Mensch wohl auf den Drachen?"

Es gab doch Zeiten, wo man „Drachenzähne säte". Ob so die Drachen entstanden sind?

„Durch übles Geschwätz Zwietracht stiften." Das heißt „Drachenzähne säen".

Wenn in der Argonautensage Jason auf Medeas Rat hin Drachenzähne säte und daraus Gewaffnete wuchsen, die sich gegenseitig erschlugen, als Jason Steine auf sie warf, dann erklärt sich aus dieser Sage auch die bildliche Redewendung: „Zwietracht säen."

„Ein Ungeheuer der Fabel." So steht es im Lexikon unter dem

Stichwort „Drache". „Als Hüter von Schätzen. Gewöhnlich mit einem geflügelten Eidechsenleib von großem Umfang dargestellt."

Das Wort „Drache" ist griechischen Ursprungs und heißt „der starr Blickende". Also: rücksichtslos, grausam, egoistisch-herzlos.

Wenn Kinder „Drachen steigen lassen". Und „Drachenblut" ein natürliches Färbemittel, das aus dem Harz der Rotlaubpalme (Calamus Draco) gewonnen wird, sein kann, oder ein „roter, am Drachenfels gedeihender Rheinwein" ist. Was dann?

Selbst am nächtlichen Himmel glänzt das „Sternbild des Drachen".

„Die Drachenhöhle" liegt am Drachenfels im Siebengebirge am Rhein. Der Sagenstätte von „Siegfrieds Drachenkampf".

In der klassischen chinesischen Mythologie genießt der Drache ganz besondere Verehrung. Er heißt „chin lung" und gilt als Sendbote des Himmels, als Donner-, Wolken- und Regengott. Man unterscheidet dort den „Blauen Drachen", das ist der Drache des Westens, des Sonnenunterganges. Der „Weiße Drache" bedeutet Drache des Ostens, des Sonnenaufganges.

Der Drache steht in engem Zusammenhang mit der Urmutter. Ursprünglich hatte er ihren versteinerten Schoß durchbrochen und ermöglichte so die Geburt des ersten Menschen.

In China also gilt der Drache nicht so wie im Westen als „Ungeheuer", sondern als „Lieblingsmotiv".

Ein „Drachenreigen" ist losgebrochen in meiner Phantasie. Und Drachen tanzen in Scharen vor mir auf dem Neuen Platz in Klagenfurt am späten Vormittag. Der bald zum Mittag werden soll.

Ich komme mit meinen „Drachenbetrachtungen" nicht zurecht.

Schon bin ich nahe daran, zu resignieren und mich mit „Zwietracht säen", mit „den vereinten Kräften des Bösen" als „Drachenerklärung" zufrieden zu geben.

Da zieht das reale Alltagsleben wieder an mir vorbei. Ich frage mich, ob ich solchen „Zwietracht-Säer-Drachen" in meinem Leben wohl schon begegnet bin.

Die Antwort wird zusehends positiver.

Als ich gerade beim siebenten „Zwietracht-Drachen" angelangt bin, da schreckt mich eine weibliche Stimme auf.

Bevor ich aber auf diesen Ausdruck menschlicher Realität achte und folgerichtig reagiere, tut sich in meinen Gedanken der Vorhang historischen Geschehens auf.

In einer Klosterzelle in Frankreich im zwölften Jahrhundert sitzt die als Schriftstellerin bekannt gewordene Äbtissin Heloïsa

(†1163). Ihre Briefe werden dem Philosophen und Priester Abaelard zur Nervensäge. Klagen weiblicher Einsamkeit. Die Quintessenz handgeschriebener Nachrichten aus dem Frauenkloster.

Der gelehrte Gottesmann kommt bald zur Einsicht: sich einen Himmel ohne Äbtissin Heloïsa zu wünschen, wenn sie es nicht fertigbrächte, „eine geistliche Schau des Klosterlebens zu erringen".

Drachensäerin mit Äbtissinstab, Ring und Kreuz?

Die Vergangenheit ist mit einem Augenblick dahin. Die Realität der Gegenwart erfaßt mich.

„Ich bin eine *Ringelblume!*"

Und währenddem ich mich jäh umdrehe, höre ich „Grüß Gott, Herr Pfarrer!" sagen. Und das gilt mir.

Eine Frau mittleren Alters steht jetzt vor mir. Nett. Freundlich. Liebenswürdig. Alles andere als ein „Drache, der Zwietracht sät".

Leberblümchen
Hepatica nobilis

Die Wirklichkeit ist unendlich weit

Am Abend nach einem Vortrag in der Dombibliothek lädt mich die „Ringelblumendame vom Neuen Platz" in ihr Restaurant zum Abendessen in netter Gesellschaft ein zum „Pilgerwirt" in der Paradeiserstraße.

Sie ist stolz darauf, *„eine Ringelblume"* zu sein. Das heißt, dem Verein Freunde der Heilkräuter anzugehören.

Die *Ringelblume* ist nämlich das Signum dieses Vereines mit dem Sitz im Paracelsushaus in Karlstein an der Thaya im niederösterreichischen Waldviertel.*)

„Ringelblume" nennt sich auch die Vereinszeitschrift.

„Ich bin eine *Ringelblume*" lautet der Titel dieser Schrift. Warum?

Eine Ringelblume sein!

Ob der Grieche „diabolos", der Lateiner „diabulus", der Deutsche „Teufel", der Chinese „mou kwai" und der Engländer „devil" sagt, es meinen alle fünf das gleiche, nämlich: „Verleumder."

Und wenn Sie Vielfalt in der Ausdrucksweise lieben, dann sind Sie dem „Satan" in die Hände gefallen und beim „Widersacher" gelandet.

---

*) A-3822 Karlstein/Thaya, Telefon (0 28 44) 348.

Verleumder oder Widersacher? Liegen auf der gleichen Ebene der Bedeutung: „Kampf gegen die Herrschaft Gottes." Kampf gegen Friede, Eintracht, Nachsicht und Rücksicht. Kampf gegen die „gerade Linie", gegen das Maßhalten, gegen die gesunde Mitte.

Unsere Zeit überhäuft uns mit den Geschenken des Fortschritts. Technik und Wissenschaft dienen dem Menschen in seinem Alltag. Machen sie ihn glücklich? Den Menschen? Wenn ja, dann müßte bei soviel Einsatz eines erreicht sein – „der Himmel auf Erden".

Wer kann aber, und ist dabei gerecht, alles Leid übersehen? Das Tag für Tag auf den Menschen zukommt. Global. Allgemein. Aber auch detailliert. Individuell. Persönlich.

Kriegerische Handlungen. Soziale Ungerechtigkeit. Persönliche Verbrechen. Eigenes Versagen.

Umsichgreifende Seuchen, individuelle Krankheiten. Rettung und Krankenhaus, Heime und Anstalten, sie können sie kaum mehr fassen, aufnehmen. All die leidenden Menschen. Verstoßen aus dem irdischen Paradies des Friedens. Hineingeworfen in die Hölle des Leides.

Wir können nicht alles Leid aus unserem Erdenleben verbannen. Wegwischen. Verdrängen. Wir müssen es aber auch nicht suchen. Verschulden.

Krankheiten sind immer der Schlußpunkt einer Unordnung. Eines Durcheinanders.

Wenn der Chinese die Krankheit als Werk des Teufels sieht, dann sieht er gar nicht unrichtig. Nicht falsch. Auch nicht an der Tatsache vorbei. Denn jede Krankheit ist die Endstation einer seelisch-geistigen Störung, im Körper registriert. Dieser reagiert prompt mit Falschreaktionen oder Aktionsmangel. „Alles kommt durcheinander."

Jeder körperlich Kranke ist an Seele und Geist gestört. Weit entfernt, „geistig gestört zu sein", im üblich verstandenen Sinne. Aber diese Störung im Geist ist vorhanden. Zeigt sich dann in Unter- oder Überfunktion des Körpers. Wir nennen es „krank sein".

Krank sein, behindert sein, das wollen wir aber nicht. So greifen wir zu den Medikamenten. Zuerst hoffnungsvoll und zuversichtlich. Gezielt. Dann gewohnheitsmäßig. Und später aus Zwang. Aus Sucht.

„Gott sei Dank", daß es Pillen und Tabletten gibt. Und Ärzte, die sie nach gewissenhaft gestellter Diagnose verordnen. Medikamente chemischer Herkunft können zwar heilen, aber dies nicht immer ohne Nebenwirkungen auf andere Organe.

So kommen wir in Widerspruch mit uns selbst. Wir lassen uns heilen. Werden geheilt – wenn es zutrifft. – Erkranken aber gleichzeitig oder schwächen ein anderes Organ. Und so kann es weitergehen. Bis wir sterben. Da wir aber sowieso alle sterben müssen ...

Halt! Nein! Nicht! Ich weiß, wie es weitergeht. Deshalb schaufeln wir uns voll mit ...

Diese Schrift will andere Wege aufzeigen. Die es auch gibt. Zum Gesundwerden. Gesundbleiben. Sie will nur Anstoß zum Nachdenken, zum Überlegen sein. Ohne Anspruch auf Ganzheit.

Zuerst aber sollen „die Frau und der Drache" Vorrang haben.

„Da erschien ein großes Zeichen am Himmel: Eine Frau, umgeben von der Sonne, den Mond unter ihren Füßen und einen Kranz von zwölf Sternen auf ihrem Haupt. Sie war schwanger und schrie in ihren Wehen und in der Qual des Gebärens.

Ein anderes Zeichen erschien am Himmel: Ein Drache, groß und feuerrot, mit sieben Köpfen und zehn Hörnern und mit sieben Diademen auf seinen Köpfen. Sein Schweif fegte ein Drittel der Sterne vom Himmel und warf sie auf die Erde.

Der Drache stand vor der Frau, die gebären sollte, um ihr Kind nach der Geburt zu verschlingen. Und sie gebar ein Kind, einen Sohn, der über alle Völker herrschen soll mit eisernem Szepter. Und ihr Kind wurde zu Gott und zu seinem Thron entrückt. Die Frau aber floh in die Wüste, wo ihr Gott einen Zufluchtsort geschaffen hatte; dort wird er sie zwölfhundertsechzig Tage mit Nahrung versorgen."

Der Schauer der „Göttlichen Offenbarung" 12/1–6, Johannes, sieht in der Frau dieser Vision die Kirche im Kampf und im Leiden, vom Elend und der Schwäche des sündigen Menschen gekennzeichnet, vom Satan versucht, der ihr nachstellt und sie bedroht.

Unsere Zeit, in der wir leben, birgt die Gefahr der Oberflächlichkeit in sich. Die Medien bringen uns Tag für Tag soviel Neues direkt ins Haus. Was tun wir? Was fangen wir damit an? Konsumieren. Aus. Basta. Leider.

Wir nehmen uns kaum mehr Zeit, Zusammenhänge zu ergründen. In die Tiefe unseres eigenen Ichs hinabzusteigen. Stille zu sein. In uns hineinzuhorchen.

Wir laufen Gefahr, nur mehr „gutinformierte" Menschen zu sein. Die vieles wissen. Sehr vieles sogar. Aber das ist auch schon alles. Und da wir die Zusammenhänge vermissen, beginnt die

Verwirrung bei unserem Wissen. Die Verdunkelung beim Licht. Die Krankheit bei der Gesundheit.

Jedes Leben ist Kampf. Jeder Kampf läßt nur zwei Möglichkeiten offen: Sieger oder Besiegter zu sein. Es gibt nur zwei Fronten: Gut oder Böse. Tugend oder Leidenschaft.

Stolz affrontiert die Demut. Geiz die Großzügigkeit. Lüge ringt mit Ehrlichkeit. Faulheit mit Fleiß. Unmäßigkeit fordert das Maßhalten heraus. Die Hoffart die Schlichtheit. Die Anbeter körperlicher Lust ziehen ins Feld gegen diejenigen, die ihren Leib achten und die Lüste bezähmen.

Jeder Sieg in einem dieser Zweikämpfe heißt Gesundheit, jede Niederlage hingegen Krankheit.

„Als Schatten meinen Frohsinn überwanden,
da konnte ich in mir den Abgrund seh'n.
Ich habe diese Prüfung überstanden
ich will nun – wissend, lächelnd – weitergeh'n."

Max Böhm*) schrieb diese Worte.

Von ihm stammt auch:

„Im Wassertropfen spiegelt sich die Ewigkeit.
Milchstraßen durch das Universum zieh'n.
Versteht man diese Wunder hinter Raum und Zeit?
Da kann man nur noch niederknien!"

Wenn die heilige Schauerin **Hildegard von Bingen****) in ihrer mystischen Bilderwelt einer „inneren Schau" teilhaftig wurde, dann hatte eine ihr angeborene Anlage die nötige Grundlage dafür geschaffen.

„Das Ganze immer vor dem Einzelnen und das Einzelne immer vor dem Ganzen zu sehen."

Diese Grundeinstellung prägte ihr Leben. Ihr Handeln im Detail. Wirkte sich im Gesamtbild ihrer Erkenntnisse aus.

War maßgeblich daran beteiligt. **Gott–Mensch–Kosmos** in einem allumfassenden Bogen zu umspannen.

Als Ganzes anzusehen.

Vom Einzelnen aufs Ganze zu gehen.

Dieser meiner Arbeit liegt der Geist der heiligen Hildegard zugrunde. Auf diesen Geist baue ich alles auf. Daraus entspringt auch der „gewagte" Titel **„Ich bin eine Ringelblume".**

---

*) Maximilian Erich Octavian Böhm, geboren am 23. August 1916 in Wien, gestorben am 26. Dezember 1982 in Wien. Schauspieler (Theater an der Josefstadt), Kabarettist, Textautor, Regisseur, Conférencier, Mitarbeiter bei Rundfunk und Fernsehen.

**) 1098 geboren in Bermersheim bei Alzey, gestorben 17. September 1179 auf dem Rupertsberg bei Bingen. Fest 17. September.

Ein Titel, der nicht nur die bereits zitierte Anekdote zum unmittelbaren Anlaß hat. Sondern ein Titel, der zum Programm wird.

Programm einer neuen Zeit. In der wir leben dürfen.

Eine neue Zeit, die wir mitgestalten.

Ringelblume?

Ich?

Zwei Begriffe. Zwei Welten.

Welt der Pflanze. Und meine Welt.

Und das unendliche Weltall. Das mich umfaßt. Erfaßt. Beeinflußt.

Gott ist in seiner Schöpfung präsent. Ohne daß die Schöpfung zum göttlichen Wesen erhoben wird.

Der gütige Schöpfervater will mit den Heilpflanzen mehr dem Menschen geben. Mehr als Hilfe im Leiden.

Ich bin fest davon überzeugt, daß jede Pflanze aus ihrem innersten Wesen und Gefüge heraus den Menschen ansprechen kann. Ihm etwas zu sagen hat. Was ihm, dem Menschen, helfen kann, sein Leben zu gestalten. Zu meistern.

So wird die Ringelblume zum Programm für alle, die Freunde der Heilkräuter sein wollen. Werden wollen.

„Ich bin eine *Ringelblume*" heißt der Titel dieser Schrift.

Warum?

Darum!

„Der Drache stand vor der Frau, die gebären sollte, um ihr Kind nach der Geburt zu verschlingen . . ."

Auch das Böse ist Wirklichkeit. Ist Realität.

Formt die Welt, in der ich lebe.

Deformiert sie.

Greift nach mir.

Sollte neben dieser Realität der Gefahr nicht auch die Wirklichkeit der Sprache der Pflanze stehen dürfen?

Realität der Hilfe?

Der Verteidigung?

Kann nicht, so verstanden, *Ringelblume* zum Lebensprogramm werden?

Und sie wird zum Lebensprogramm.

Die *Ringelblume*.

Aus dem Briefwald des Kräuterpfarrers und . . .

Auch Ärzte mögen Heilkräuter. „Viel Erfolg bei Ihren Vorträgen und recht viel ‚Durchschlagskraft' und fruchtbaren Boden für ihre Hinweise zu einer einfachen, gesunden Lebensführung, an der es unseren Menschen so sehr mangelt.

Ihre Bitte um Kontaktmöglichkeit für Hilfesuchende darf ich gern positiv beantworten, darf aber bemerken, daß ich bezüglich der Phytotherapie*) nicht mit Ihnen konkurrieren kann, was das Wissen betrifft . . ."

Dr. Franz B., praktischer Arzt aus Oberösterreich.

„**Wir danken Gott,** meine Frau und ich, für die große Hilfe, die er durch die Heilkräuter geschaffen hat. Wir hatten schon große Erfolge . . ."

Herr Karl Sch., Frührentner aus der Bundesrepublik Deutschland.

Stolpersteine des Lebens. „Bald ist Weihnacht, und das alte Jahr wird einem neuen Platz machen. So bin ich gerade daran

---

*) Pflanzenheilkunde. Ist die Wissenschaft, die sich mit der Anwendung pflanzlicher Heilmittel beim kranken Menschen befaßt.

zu wägen, was alles gut und schlecht war in diesem Jahr. Welche Ereignisse mir Freude und welche mir Leid brachten. Und was auch in diesem Jahr an Unterlassungen vorkam.

Nun, im großen und ganzen ging es mir und meiner Familie sehr gut. Der liebe Gott meinte es mit uns allen sehr gut, und wir sind dafür auch dankbar.

Auch wenn ich öfters über die Stolpersteine des Lebens falle, so versuche ich immer wieder, aufzustehen und den Wegweisern der weihnachtlichen Hoffnung und der österlichen Erlösung nachzugehen.

Schade, daß wir uns in diesem Jahr nicht sehen und sprechen konnten. 1983 freue ich mich schon auf einige Tage bei Ihnen.

In der Beilage ein Scheck, den Sie bitte für jene Menschen verwenden wollen, die aus Not und Leid den Stern von Bethlehem in der Heiligen Nacht nicht mehr sehen können . . ."

Dr. Heinz B. aus Dornbirn in Vorarlberg.

Ein ehrlicher Totzenhacker.*) „Ein herzliches ‚Tiroler Vergelt's Gott!' Hocherfreut höre ich immer Ihre Sendung im Radio. Schreibe mir auch allerhand auf als Heilmittel in verschiedenen Krankheiten . . . Ein ehrlicher Totzenhacker vom fünften Lebensjahr an bis heute, achtundsechzigjährig, Schwerkriegsgeschädigter, Rußlandheimkehrer und alter Tiroler Volksmusiker."

Hans R. aus dem Pitztal. Auf 1430 m Höhenluft daheim.

Vorträge in Buchform. „Ich bin von Ihrem Vortrag in . . . richtig innerlich fröhlich und gestärkt nach Hause gegangen. Wäre es möglich, das, was Sie bei Ihren Vorträgen den Leuten sagen, in Buchform herauszugeben? Ich könnte Ihnen jeden Tag zuhören . . ."

Frau Maria J. aus Zistersdorf in Niederösterreich.

Bemerkung des Autors. Der Wunsch dieser Dame, und nicht nur dieser, weil viele andere Schreiber und Anrufer der gleichen Meinung sind, ist erfüllt. Vorliegendes Werk faßt alle Hauptgedanken zusammen, die in meinen Vorträgen behandelt werden.

Nach vier Jahren Hautjucken. „Heute möchte ich aber dem Herrn dafür danken, daß Er Sie als Werkzeug dafür benützt hat und Ihre Erfahrungen geholfen haben. Mein Juckreiz ist nach vierjähriger Plage endlich vorbei.

*) Siehe Seite 21.

Ich bin in Klagenfurt bei einem charismatischen Gebetskreis, und es haben alle meine Gebetsbrüder und -schwestern viel für mich gebetet, und der Herr hat das Gebet durch Ihr Können und Wissen sozusagen erhört. Wie unendlich froh und dankbar bin ich dafür! Dem Herrn sei dafür aller Lobpreis, alle Ehre und aller Dank!

Und dafür, daß Sie den Menschen so helfen, möge der Herr Ihnen Seinen Heiligen Geist in Fülle schenken; das erbitte ich für Sie in großer Dankbarkeit."

Frau Sophie M. aus Kärnten.

Teemischung, die bei Hautjucken dieser Frau geholfen hat: Wacholderbeeren 4 Teile, Melisse 3 Teile, Brennessel 2 Teile, Thymian 1 Teil, Kamille 2 Teile, Pfefferminze 2 Teile und Sonnenhutkraut 3 Teile.

Zubereitung: 2 Teelöffel der Kräutermischung mit ¼ l kochendem Wasser übergießen, 15 Minuten ziehen lassen, abseihen. Früh und abends je 1 Tasse 4 Wochen hindurch trinken. Während dieser Zeit nicht abbrechen, auch wenn der Juckreiz bereits verschwunden ist.

Dieser Teevorschlag stammt aus dem Teekartenpaket Nr. 6 „Haut und Haare", welches ich auf Grund meiner langjährigen Erfahrung zusammengestellt habe. Darin befinden sich auch noch andere Ratschläge bezüglich Hautjucken.

Mut aus Ihren Geschichten. „Als neunundsechzigjährige Hausfrau, *Mitglied der Ringelblume,* habe ich nach Ihrem Vortrag heute im Magazin der Frau das innige Bedürfnis, Ihnen herzlichen Dank zu sagen. In meinem ganzen Leben habe ich noch keinen Aschermittwoch so bewußt erlebt. Aus Ihren Geschichten habe ich neuen Mut gefaßt. Gott möge mir helfen, die wahre Freude zu finden."

Frau Eleonore G. aus Leoben, Steiermark.

Der Herrgott darf nicht zu kurz kommen. „Habe heute wieder Ihre Sendung gehört, danke, es stimmt wirklich alles . . . Bin der Meinung, ‚zuerst der Herrgott und dann das andere'. Bin fröhlich, friedsam und deshalb sehr gesund. Zur Gesundheit gehört dies dazu, um sie zu behalten, da stimm' ich Ihnen voll bei.

Bin so glücklich auch in der Ehe. Bin schon zweiundvierzig Jahre verheiratet. Sammle sehr viele Kräuter. Trinke fleißig Tee, immer 3 Wochen lang. Dann wieder einen anderen Tee. Auch mein Mann ist sehr gesund, hat die gleichen Eigenschaften wie ich.

Möchte mich nochmals bedanken für die guten Ratschläge im Rundfunk."

Frau Maria St., Innsbruck, Tirol.

Jedes Buch hat seine Motivation. Seine Grundidee. Seine Erwartungen.

„Ich bin eine Ringelblume." Der Kräuterpfarrer auf Ätherwelle.

„Eine Auswahl der Beiträge im Hörfunk Kärnten, noch nicht in der ‚ORF-Nachlese' veröffentlicht, neben wertvollen Gesundheitstips und möglichst vielen eingeflochtenen Lebenserfahrungen."

Das war der Wunsch des derzeitigen Schriftleiters der St.-Josef-Bücherbruderschaft in Klagenfurt, des Herrn Kanonikus Franz Schröer.

Der Vorschlag kam vom ORF-Redakteur des Studios Klagenfurt, Herrn Dieter Dorner.

Beide sind die unmittelbaren „Anstoßerreger" dieser Veröffentlichung.*)

Diesen Herren ein Danke.

Ein Danke ebenfalls dem Verlag Carinthia Klagenfurt, der nicht nur prompt reagierte, sondern äußerst aufgeschlossen und hilfsbereit keine Mühe scheute, meine Gedanken in so gefälliger Form der breiten Öffentlichkeit zugänglich zu machen.

Das Heilkraut Ringelblume scheint mir ein geeignetes Beispiel dafür zu sein, wie das innere Wesen und ihre Lebensform uns Vorbild und Sinnbild für die Lebensbewältigung sein können.

Lebensverbunden und im Himmel daheim.

Kampf zwischen materieller Schwere und geistig-seelischem Höhenstreben.

Ein Heilkraut, das zeigt, aber gleichzeitig auch hilft, diesen Kampf zu wagen und dabei zu gewinnen.

Auch hier ist es wieder die „Göttliche Offenbarung" des Johannes, die uns in dieser Idee stärkt und geistige Rückendeckung gibt.

Michael stürzt den Drachen. 12/7–9. „Da entstand ein Kampf im Himmel; Michael und seine Engel erhoben sich, um mit dem Drachen zu kämpfen. Der Drache und seine Engel kämpften, aber sie konnten nicht standhalten, und es gab keinen

*) „Ich bin eine Ringelblume" erschien als Erstauflage verkürzt in der Reihe „St.-Josef-Schriften" als Nr. 89 für das Jahr 1984.

Ort mehr für sie im Himmel. Und gestürzt wurde der große Drache, die alte Schlange, die Teufel und Satan heißt und die den ganzen Erdkreis verführt; der Drache wurde auf die Erde gestürzt, und mit ihm wurden seine Engel hinabgeworfen."

So entstand der Ort der Finsternis. Der Trennung von Gott für alle Ewigkeit. Die Hölle. Ihre Macht ist eine Wirklichkeit, die wir zwar nicht an die Wand zu malen brauchen, aber auch nicht übersehen und verschweigen dürfen. Von ihr geht die Sünde aus.

Sünde ist Krankheit der Seele. Und zieht die Krankheit des Körpers als Folge nach sich. Denn Sünde ist Verwirrung der Seele. Krankheit Verwirrung des Körpers. Seiner Funktion. Ein Durcheinanderbringen der Leib-Seele-Geist-Einheit Mensch.

Gibt es Heilkräuter, welche das „Leib-Seele-Geist-Verhältnis" stärken?

Ist das richtige Verhältnis in der Einheit Mensch gestört, dann reagiert der Körper, um sich vor Überspannung zu schützen. Wir haben ein Warnsignal eingebaut. Das sind die **Kopfschmerzen.**

Jeder Arzt wird Ihnen bestätigen, daß der Kopfschmerz keine Krankheit ist. Er ist ein Symptom eines Krankheitsprozesses, der irgendwo im Körper im Kommen oder bereits vorhanden ist. Eine Begleiterscheinung einer körperlichen oder seelischen Störung.

Bei auftretenden Kopfschmerzen unterscheidet man zwei Behandlungsphasen. Das Suchen nach der Ursache, die Diagnose. Dies ist vor allem Aufgabe des Arztes. Und die Stärkung des Leib-Seele-Geist-Verhältnisses. Kann als Selbstbehandlung, vor allem aber vorbeugend, durchgeführt werden.

Als geeignete Kräuter möchte ich aus meiner Praxis empfehlen: *Lavendelblüten* (Lavandula officinalis), *Wacholderbeeren* (Juniperus communis), *Baldrianwurzel* (Valeriana officinalis), *Johanniskraut* (Hypericum perforatum), *Goldrute* (Solidago virgaurea), *Brennessel* (Urtica dioica), *Pfefferminze* (Mentha piperita), *Melisse* (Melissa officinalis), *Weidenrinde* (Salix alba), *Mädesüß* – auch *Wiesenkönigin* (Spiraea ulmaria) genannt – und nicht zuletzt den *Knoblauch* (Allium sativum). Diesen genießt man am besten in der Form von „Knoblauchsuppe", einmal wöchentlich als Abendmahlzeit.

Baldrian und Weidenrinde setzt man 1 Stunde kalt an. Kocht kurz auf. Seiht ab. Läßt 10 Minuten ziehen.

Wacholderbeeren werden vor der Verwendung zerdrückt und dann so wie alle anderen genannten Kräuter im *Aufguß* zubereitet.

D. h. 2 Teelöffel voll nehmen, mit siedendem Wasser übergießen, 15 Minuten ziehen lassen. Abseihen und trinken.

Tagesration: 2 Tassen. *Beste Zeit zum Einnehmen:* Gleich nach dem Aufstehen die erste Tasse und 1 Stunde vor dem Schlafengehen die zweite. Wenn man eine *Kur* durchführt, dann nicht länger als 3 Wochen. Einige Zeit aussetzen. – Oder sonst je nach Bedarf.

Frohsinn und Spiel. Heben das Gemüt. Überbrücken Schwierigkeiten. Sind heilende und vorbeugende Medizin. Kosten nicht viel. Oder doch?

Von ihrer Kraft und Wirkung überzeugt sein. Ist Grundbedingung. Anfang.

Wie steht es mit dem Totzenhacker?

Aus volkskundlicher Sicht.

Der „touzn"*) ist an und für sich ein kleingewachsener Mensch.

Der „touzn" ist aber auch ein Kreisel, eine Spielkugel, ein Spielkügelchen oder ein Schusser.

„I bitt' schian, setz'n S' an Grosch'n ins Kreasl,
mei Totzn singt wia a Tannenmeasl!"**)

Im Frühjahr, vor Ostern, hört man in den Straßen von Innsbruck und Umgebung diesen Spruch aus Bubenmund. Das sind die „Totzenhacker". Von den Passanten erbaten sie früher einen Groschen, heute einen Schilling. Den diese in einen auf den Boden gezeichneten kleinen Kreis legen. Dann müssen die Buben ihre Kunst zeigen. Die darin besteht, das in der Mitte des Kreises liegende Geldstück mit der Spitze des „Totzens" zu treffen. Gelingt es ihnen, dann gehört es dem glücklichen Schützen. Dieses „Heraushacken" geht so vor sich:***) „Um den Totzn wird eine Schnur gewickelt, in vielen sorgfältigen Windungen. Am Ende der Schnur ist ein Hosenknopf angebracht, den der Totzenhacker festhält, wenn er seinen Totzn, Spitze voran, auf das Geldstück im ‚Kreasl' schleudert. So wird eine starke Drehung erzeugt, und der Totzn ‚hackt zu'."

Ist die Münze aus dem Kreis „herausgepeckt" und der Totzen tanzt weiter, dann hat der Spieler gewonnen und kann die Münze behalten.

*) Wörterbuch der Tiroler Mundarten von †Josef Schatz, 1956, Universitätsverlag Wagner, Innsbruck.

**) „Ich bitte schön, setzen Sie einen Groschen ins Kreisl (in den Kreis), mein Totzen singt wie ein Tannenmeisl (wie eine Meise)!"

***) Gert Rydl, „Der Totznhacker", Verlag Dr. Rudolf Erhard Rum, Innsbruck.

Er hat verloren, wenn das Geldstück wohl getroffen wurde, aber der Totzen nicht mehr weitertanzt.

Verständlich, daß sich unter den Totzenhackern wahre Künstler entwickelten, die bei jedem Hacker einen Treffer buchten. So ist auch deren Einladung zu einer Wette zu verstehen, wenn ihr Können von Vorübergehenden stänkernderweise angezweifelt wird:

„Wetten, dreimal Totzen und Schnur!"

Was bedeutet, daß der Totzen samt der Schnur dem Spender gehört, wenn der Spieler das Geldstück nicht längstens bei drei Versuchen heraushackt.

Totzen gab es seinerzeit in allen Spielwarengeschäften. Heute werden sie nur mehr von wenigen Betrieben hergestellt.

Die Totzenschnur ist eine dünne, gedrehte, sehr feste Schnur von ¾ Meter Länge. Der am Ende befestigte Hosenknopf gibt zwischen den zwei Fingern den notwendigen Halt, damit die Schnur beim „Hacken" nicht herausrutscht.

Nach dem Zweiten Weltkrieg gab es eine Zeit, wo schwere Totzen aus Eisen Brauch wurden. Der Anprall war aber meist so heftig, daß die Münze beschädigt wurde. Es gibt wohl noch kleine Eisentotzen. Die großen sind verschwunden. Größtenteils werden heute aber wieder die Holztotzen verwendet.*)

„Das Leben wird zehnmal reicher**), wenn wir uns alles dessen bewußt werden, was uns die Natur bietet, wobei auch für die Betrachtung des Unscheinbarsten das Wort des Dichters Hermann Erich Busse gilt:

‚Nur wer die Tiefe kennt, weiß, was die Höhe ist.' "

Pfennigkraut
Lysimachia nummularia

*) Die Gesamtinformation über das „Totzenhacken" verdankt der Autor Herrn OSR. Peter Brandstätter (Jahrgang 1927), Kitzbühel.

**) Univ.-Prof. Dr. Karl Ilg in „Tiroler Heimatblätter", 29. Jg., Nr. 4/6, 1954, S. 52.

Wie es bei uns zu Hause war

Es ist eigentlich recht eigenartig im Leben.

Wenn man eine bestimmte Anzahl Sommer hinter sich hat und sich immer wieder auf den nächsten Frühling freut, daß man dann gerne zurückdenkt, an jene Zeit, wo man noch bei den Eltern daheim war.

Dabei aber zur Einsicht kommt, daß die Anzahl der zu erwartenden Frühlinge nicht unbegrenzt ist.

Und da seh' ich mich heute, nachdem ich über fünfundsechzig Jahre alt bin, in einem einfachen, schlichten Bauernbett liegen. Am Abend.

Der erste Schlaf ist vorüber. Ich werde wach.

Der Mond scheint beim vergitterten kleinen Stubenfenster herein.

Nebenan ist die Futterkammer, und drüben im Stall stehen die Pferde. Ich höre deutlich das Schnauben der Nüstern. Das Stampfen der Hufe.

Meine Bubenaugen blicken hinauf zur alten Holzdecke in der uralten Stube, die oft schon übertüncht worden ist. Und feste Balken halten diesen Boden.

Dort oben auf dem Dachboden liegt das Heu. Das ich selber von der Dachluke entgegennahm. In gekonnten Stößen mit der breitzackigen Heugabel von meinem Bruder Rudolf vom Heuwagen hinaufgeworfen. Und von mir unter der Dachneige verstaut. Dabei verspüre ich noch den rinnenden Schweiß auf dem gebeugten Rücken.

Aber jetzt liege ich da und simuliere.

In den Balken sind kleine Risse drinnen. Das Holz wurde zersprengt. Durch die Ofenwärme. Und da steckte ich oft meine Laubsäge hinein. Mit der ich im Winter gerne werkte.

Aus diesen Querbalken stehen lange, dicke, schmiedeeiserne Nägel heraus. Und darauf sind runde Holzstäbe befestigt, die parallel zu den Balken laufen. Auf diesen Holzstäben hängen auf Schnüren luftgetrocknete Würste. Sie waren nach dem Rezept meines Vaters mit verschiedenen Gewürzen wie Majoran, Pfeffer, Wacholderbeeren und Knoblauch gemacht. Mit Schweine-, Schaf- und Rindfleisch.

Diese Würste. Es war sein Rezept. Seine Eigenart. Diese Spezialität mußte in der Stube getrocknet werden.

Alles in allem Kleinigkeiten, Nebensächlichkeiten könnte man sagen. Aber vielleicht geht das Ganze doch tiefer.

Das war vor fünfzig oder mehr Jahren. Was ich von meinen Eltern gesehen. Von ihnen gelernt habe. War nicht nur in meinem Unterbewußtsein da, sondern es begleitete mich. Prägte mich. Mein ganzes Leben. Bis heute.

Wenn ich mich von Zeit zu Zeit wieder zurückversetzt fühle in unsere alte, einfache Bauernstube.

Wo noch der Kachelofen stand. Wo der Vater den selbstgebrannten Slibowitz im alten Bauernkasten aufbewahrte. Wo die Mutter eine „gute Zwetschkenmarmelade" kochte, mit der wir dann Powidltatschkerln bekamen. Uns freute, wenn es nicht Marmelade, sondern zur Abwechslung Powidl gab.

Wo in einem Sack die Kletzen, die getrockneten Apfelspalten, Birnen und Zwetschken von der Decke herunterhingen.

Wenn sie die Mutter einweichte, uns gute Semmelknödel kochte. Diese Kletzen als Zuspeise dazugab. Weil wir sehr einfach und schlicht daheim lebten.

Wo in den langen Winternächten der Vater aus Birkenreisig Besen band. Und die Mutter den Filz alter Hüte auf Schafwollsocken nähte. Oder in den verbrauchten Hinterteil meiner Hose einen neuen Boden einsetzte. Zum Ärger des Dorfschneiders. Aber zur Freude des sparsamen und gestrengen Vaters. Weil so die Hose wieder einen Winter überleben konnte. Bis im nächsten Frühjahr an den verschlissenen Kniestellen die gleiche Erneuerung vollzogen wurde.

In der alten Bauernstube, wo wir an nebeligen Herbstabenden um den Tisch saßen. „Linsen klaubten“. Wobei wir die durch den Drusch gespaltenen Hülsenfrüchte aussortierten. In die Futterkammer brachten. Die ganzen Linsen den Wintervorrat für die Küche vermehrten.

Oder wo wir „Erbsen klaubten“. Hier ging es um die Auslese der wurmigen Früchte. Denn gespritzt wurde damals auf unseren Feldern nicht.

Wo zwischen Weihnachten und Maria Lichtmeß das „Federnschleißeln“ eine Selbstverständlichkeit war. Das Hauspersonal, verstärkt durch Frauen und Mädchen aus dem ganzen Dorf, befreite die Gänsefedern von ihren Kielen. Um so eine weiche Tuchent- oder Polsterfüllung zu haben.

Eine fürsorgliche Arbeit jeder umsichtigen Hausfrau für die heranwachsenden Kinder. Die, einmal groß geworden, alle „ihr eigenes Bett“ haben sollten.

Heute noch schlafe ich in meinem Pfarrhof mit Tuchent- und Polsterfüllung von damals.

Diese nachweihnachtliche Hausarbeit fand im festlichen Abschluß, dem „Federnhahn“, ihre sympathische Krönung.

Dort, in dieser Stube, musizierte mein Bruder Rudolf manchen Abend mit seinen Freunden. Er war nicht musikalisch. Aber zum „Sturzschlagen“, „Trommelschlagen“, „Kammsummen“ und „Spritzkrugblasen“ reichte es noch. Während der Tischler Karl Reiterer, der Schmied Franz Böck, der Elektriker Edl Hauer und der Bauer Franzl Haas Zither, Mandoline, Gitarre und Geige spielten. Und wenn ich zweite Geige mitspielen durfte, war ich überglücklich. Ich kratzte halt auch ein wenig mit. Nicht immer gerade im Takt. Das fiel nicht einschneidend auf. Dramatisch wurde es nur, wenn alle fertig waren und mir blieben noch einige Noten übrig. Alle diese Burschen waren um gut zehn Jahre älter als ich, noch ledig, und standen bereits im Beruf. Für mich welche Ehre mitzutun.

Das alles ist lange nicht Nostalgie. Ist nicht ein Flüchten aus der Gegenwart in eine Vergangenheit. Die nicht mehr Original wäre, wenn man sie nachahmte. Die Zeit. So wie sie damals war.

Aber richtungweisend, inspirierend, aneifernd und helfend soll die Vergangenheit wohl sein. Und deswegen ist sie auch wert, manchesmal wieder in unsere Erinnerung gerufen zu werden. Vor uns hinzutreten. Die Zeit von damals.

Es soll sich wohl keiner schämen, darüber nachzudenken, woher er kommt, wie einfach und schlicht vielleicht seine Eltern waren.

Und was es daheim alles gab.
Wie es bei uns zu Hause war.
Damals.

Lampionblume
Physalis alkekengi

Ein Stück Glas und etwas . . .

Und als die Frau in das Schlafzimmer kam, was sah sie?

Die Katze. Ihre Katze.

Schnurrli. So nannte sie ihre Katze.

Schwarzweiß-gefleckt, wie sie war.

Und was sah sie jetzt? Einen runden Katzenbuckel am Ende ihres Bettes. Gefleckt war er, der Katzenbuckel. Es war ja der Buckel ihrer Katze, ihres Schnurrli.

Er, Schnurrli, wußte genau, daß er sich nicht in das Bett von Frauli legen durfte. Aber er tat es doch. Trotz Verbot. Mit schlechtem Gewissen. Und das, das schlechte Gewissen, zeigte sich im „Buckelmachen". Bevor er Reißaus nahm. Um sein „Katzengewissen" zu erleichtern.

Katzen machen eben einen Buckel, bevor sie sich aus dem Ruhezustand in Bewegung setzen.

Hunde strecken ihre Läufe, bevor sie davonlaufen, wenn sie vorher ausgeruht haben.

Und wir Menschen? Wir springen aus dem Bett. Mit schlechtem Gewissen. Weil wir zu lange geschlafen haben. Oder wir drehen uns auf die andere Seite und schlafen weiter. Um das Gewissen noch mehr zu belasten. Und dann stehen wir auf. „Zuwider" mit uns selbst und der Umwelt. Mit einem langen Gesicht und einem Kinn, auf das wir fast draufsteigen könnten.

Ja! Nein!
So nicht!
Die Nacht ist vorbei.
Ich erwache. Ich lebe.

Dieses Bewußtsein, daß ich lebe, einen neuen Tag erlebe, ist Grund genug zur Freude. Zu Dank. Dem Schöpfer. Denn das Leben ist schön. Wie immer es sein mag. Mein Leben. Ob ich gesund oder krank bin. Die Tatsache allein, daß ich lebe, genügt schon, mich zu freuen.

Mein erster Gedanke nach dem Erwachen soll empfundene, bewußte Freude sein.

Und „freuen", richtig freuen können, über vieles, was da ist, bei mir, um mich, muß gelernt sein. Dazu ist man nie zu jung und auch nie zu alt. Zum „Freuenlernen". Immer wieder muß man damit beginnen. Jeden Tag. Jeden Morgen.

Nach dem Freuen kommt das „Sich-Zeit-Lassen".

Nicht sofort aufstehen. Sich zuerst langsam in Bewegung setzen. Einmal richtig strecken. „Raunzen", sagt man im Dialekt. Dieses Strecken tut wohl. Vor allem dem Körper. Die Muskel, welche die ganze Nacht in der Ruhe, im Schlaf, schlaff waren, werden gespannt.

Dann Hände strecken. Finger bewegen. Mit den Zehen „wacheln". Nun wird der Kreislauf meines Körpers angekurbelt. Die Gehirnzellen richtig durchblutet. Die Schläfrigkeit schwindet. Der Wachzustand beginnt vollständig da zu sein. Ich bin wach.

Jetzt stehe ich auf.

Hinein in den neuen Tag gehe ich. Ein Geschenk Gottes.

Der wievielte Tag ist das schon?

Für mich heute der 23.850ste. Dabei war ich erst heuer Fünfundsechzig. Vor 110 Tagen.

Ja! Ich zähle eben mein Leben nach Tagen. Weil jeder davon zählt. Für mich. Für mein Werden. Dem ich Tag für Tag näherkomme. Deshalb lächle ich jeden Morgen. Das tue ich schon seit meinem sechzehnten Lebensjahr.

Wenn es dir schwerfällt zu lächeln, am Morgen, dann stelle dich hin vor ein Stück Glas, das an der Wand hängt und hinten mit etwas Quecksilber bestrichen ist. Die meisten Menschen nennen dieses Glas einen Spiegel.

Und ich schaue hinein.

Ist es mir bis jetzt nicht gelungen zu lächeln, dann ist es bereits zu spät, um zu lächeln. Ich muß nämlich lachen. Über das, was mir da entgegenschaut. Herausschaut aus dem Glas, dem hinten bestrichenen. Dem Spiegel.

Das bin ich selbst. Mein Spiegelbild ist es.

Ich lache über mich selbst. Und freue mich, daß ich lebe.

Jeden neuen Tag mit Freude beginnen! Das ist das wirksamste Heilkraut. Es hält gesund.

Denn innere, echte Freude ist das Wertvollste, was wir uns selber schenken können. Die beste Therapie gegen jedes Übel. Gegen jede Krankheit, auch gegen das Mürrischwerden im Alter. **Dein erstes Schalerl Gesundheitstee am Morgen sei ein Lächeln!** Ein freudiges. Es wirkt sicherer und besser als hundert Heilkräuter.

Trotzdem aber setze auch sie ein. Die Heilkräuter. Zur Förderung deiner Gesundheit und zur Heilung.

Frühstücksteemischung:

Erdbeerblätter 25 g, Brombeerblätter 50 g, Pfefferminze 25 g, Brennessel 35 g, Ringelblumenblüten 15 g, Melisse 35 g und Schafgarbe 15 g.

Von dieser Mischung nimmt man 2 Teelöffel für ¼ l kochendes Wasser. Läßt zugedeckt 15 Minuten ziehen. Seiht ab. Gibt 1 Teelöffel Bienenhonig und 1 Eßlöffel Zitronensaft dazu.

Nach 3 Wochen wechselt man auf *folgende Mischung* über: Himbeerblätter 25 g, Schwarze Johannisbeerblätter 25 g, Goldrute 50 g, Johanniskraut 35 g, Thymian 25 g, Kümmel 20 g und Anis 20 g.

Zubereitung wie oben. Ebenfalls 3 Wochen lang getrunken. Dann kann man wieder zur ersten Mischung zurückkehren.

Frühstücksvorschlag:

1 Apfel, 1 mittlere Karotte und ganz wenig frischen Kren reiben. 1 Eßlöffel Haferflocken, 1 Eßlöffel Weizenkleie, 1 Eßlöffel Leinsamen, 1 Eßlöffel Honig, den Saft einer halben Zitrone und 2 Eßlöffel Rahm hinzufügen. Alles gut abmischen. 2 Schnitten Zwieback dazuessen.

Dieses Frühstück fördert den Stuhlgang. Belastet den Magen nicht und man kommt zum Mittagstisch mit einem gesunden Appetit. Läßt den Kopf am Vormittag frei für geistige Arbeit.

Tips, um den neuen Tag mit Schwung zu beginnen:

1. Innerliche, empfindsame Personen können durch die Bettwäsche, vor allem aber durch die Federfüllung der Tuchent und der Polster, elektrische Ströme aufstauen. Was sich in Kopf-

schmerzen und häufig in Migräneanfällen und Depressionen auswirkt.

Die Ellbogen seitlich an den Körper drücken, siebenmal hintereinander Hand und Unterarm nach unten stark ausschütteln. Die Ellbogen an der Ausgangsstellung lassen.

Gelassen schütteln. Jeder Schlag sieben Sekunden lang.

Dann die Handflächen zusammengeben und unter das fließende kalte Wasser halten. Abtrocknen. Jetzt erst anziehen.

2. Die Arme bis hinauf zu den Schultern, die Achselhöhlen miteingeschlossen, zuerst heiß und anschließend sofort kalt abwaschen. Setzt den Kreislauf tüchtig in Bewegung. Männer nach der Rasur anschließend Hände und Gesicht mit einem alkoholischen Auszug einreiben.

Arnika[1]), Ringelblume[2]), Thymian[3]), Lavendel[4]), besonders aber Rosmarin[5]) und Johanniskraut$_6$) wirken sich für die Blutzirkulation günstig aus.

3. Die Haare von der Stirn bis in den Nacken mehrere Male mit einem harten Holzkamm oder Hornkamm, nicht aus Plastik, bis zum Haarboden gut durchkämmen, so daß dieser berührt wird.

Wirkt sich zur Steigerung des Denkvermögens sehr günstig aus.

4. Ein fester Druck des rechten Daumens gegen das Kinn an jener Stelle, wo wir eine leichte Einbuchtung haben. Nimmt unterschwelliges Angstgefühl.

5. Und vor allem das bewußte Lächeln nicht vergessen. Dabei meine ich das Betätigen der Gesichts- und Mundmuskeln.

Zaunwinde
Calystegia sepium

[1]) Zubereitung siehe Seite 132.
[2]) Zubereitung siehe Seite 133.
[3]) Zubereitung siehe Seite 68.
[4]) Zubereitung siehe Seite 68.
[5]) Zubereitung siehe Seite 68.
[6]) Zubereitung siehe Seite 69.

Die Sprache der Ringelblume

Was ist ein Sommergarten ohne Ringelblume?

Er ist nur halb so schön.

Was ist ein sauberes Gesicht ohne Lächeln?

Das Antlitz des Menschen – und wäre es anatomisch gesehen noch so gleichmäßig und von der ästhetischen Seite her noch so harmonisch und hübsch – ist nur halb so anziehend und gewinnend, wenn ihm das Lächeln fehlt.

Ringelblumen mit ihren Blüten, in verschiedenen gelben Farbtönen, in Orange oder auch mit dunkel getöntem Auge, immer chrysanthemenförmig, ob einfach oder gefüllt, lächeln.

Die althochdeutsche Form „ringela" bezeichnet die Eigenschaft, sich der Sonne zuzuwenden und sich bei Schlechtwetter zu schließen. Die unübertreffliche Meisterin mittelalterlicher Heilkräuteranwendung, heute aktueller denn je, die Äbtissin Hildegard von Bingen, die Heilige, spricht von der Ringelblume als „Ringula" und „Ringella" und unterstreicht so die gleiche Eigenschaft dieses Heilkrautes.

Der botanische Name „Calendula" weist auf die Blühdauer der Pflanze hin, alle Sommermonate hindurch bis in den Oktober hinein. Selbst leichten nächtlichen Frost erträgt sie ohne Schaden.

Ringelblumen öffnen sich immer wieder. Bei jedem Schönwetter. Sie werden nicht müde, windet oder regnet es noch so oft, sie öffnen sich kurz danach aufs neue. Und lächeln. Über ihr ganzes Blumengesicht.

Lächeln ist sichtbare, sich mitteilende, von innen nach außen strebende Güte des Herzens.

Lächeln verklärt den Menschen. Macht klar sein Gutsein und zugänglich seine Güte. Läßt danach greifen und daher Halt finden.

Lächeln ist der stumme Auftakt zur Mitteilsamkeit. Zum ausdrucksvollen, vielsagenden Gespräch ohne Worte.

Lächeln ist die Leiter zur Harmonie. Harmonie die Grundmauer der Freude. Und Freude gehört zum Leben des Menschen, so wie Wärme und Licht zur Sonne gehören.

Die Ringelblume ist eine Lehrmeisterin der Freude.

Vor Jahren habe ich vor meinem Pfarrhof einen Plattenweg angelegt. Damals, als ich die dafür erforderlichen Gneisplatten selber brach, erfuhr ich, daß „Steine die Zähne unten haben". Seitdem weiß ich es ganz genau. Bin um eine Erfahrung reicher geworden. Heute werden diese Steine vor meinem Fenster lebendig.

Die Ritzen zwischen den einzelnen Platten sind mit Sand ausgefüllt. Unter diesen Platten liegt eine Schicht Steine und darüber Kiesel. Damit sich das eindringende Wasser verlaufen kann und der Frost im Winter die Platten nicht hebt. Jedes Jahr erlebe ich da immer wieder aufs neue, wie „lebendig" das Leben ist. Es läßt sich nicht unterkriegen. Nicht totschweigen.

So warte ich jeden Frühling auf sie. Auf die sprossenden Ringelblumen zwischen den Fugen der Steinplatten. Warte auf ihr Lächeln. Freue mich darauf. Genieße die Vorfreude. Wenn sie Tag für Tag zusehends wächst und größer wird. Die ganze Pflanze. Und grüner. Dann sehne ich mich nach der ersten Knospe. Gehe nach der ersten offenen Blüte behutsam den Weg. Wenn ich ihn gehe. Achte das Leben. Bin darum besorgt. Damit andere Besucher das gleiche tun. Ich warte auf das Lächeln der Ringelblume. Und freue mich.

Ja, Wege sind zum Gehen da. Auch Gneisplattenwege. Aber trotzdem. Muß ich deswegen einfach alles niederrennen, zusammentreten, was mir in den Weg kommt? Kann ich nicht auch ein wenig behutsam sein? Vorsichtig meine Schritte setzen? Einen nach dem anderen? Dabei schauen. Auch anderes leben lassen. Was lebt. Unter mir. Unter meinen Füßen. Und dieses Leben mit dem meinen fusionieren. Da werde ich reicher. Wird mein Leben reicher. Ganz entfaltet. Hin zum Schöpfer.

Ja. Die Ringelblume auf dem Weg. Vor dem Pfarrhof. Hin

zu meinem Garten, den ich so liebe. Sie spricht eine Sprache, die ich verstehe. Tag für Tag besser verstehe.

Heilkräuter folgen dem Menschen. Oft bis vor seine Haustür.

Das ist nicht „Altweibertratsch".

Nein?

Nein! Sondern ein Anlaß, darüber nachzudenken.

So wie jedes Heilkraut so ist auch die Ringelblume ein Sendbote des mich über alles liebenden Vatergottes. Sie ist für mich Mitteilung und Angebot zugleich.

Der gelehrte Bischof und Heilige Albertus Magnus*) nannte sie schon im 13. Jahrhundert „Sponsa solis", *die Sonnenbraut.* Weil sie immer hin zur Sonne strebt. Nach Licht und Wärme.

Derweil wächst sie überall. Ist gar nicht wählerisch. Dort, wo im Herbst der Samen ausfällt. Wo ihn der Wind hinweht. Wo ihn Vögel fallen lassen, weil sie bei ihrer Mahlzeit gestört wurden. Wo der Mensch ihn hinsät. Dort geht er auf.

Eine gewisse Hartnäckigkeit als Erbgut trägt er schon im vorhinein mit sich. Und entfaltet dieses Erbe.

Das ist die Mitteilung, die mir der Schöpfer via Ringelblume zustellen läßt: sich nicht kleinkriegen lassen. Wie immer auch die Umstände sein wollen. Eine Möglichkeit zur persönlichen Entfaltung ist immer da. Suche sie. ER hilft dir dabei.

Und das Angebot der Ringelblume? Darüber mehr im Kapitel „Die Kraft der Ringelblume".

So warte ich jeden Frühling auf die Ringelblume. Zwischen den einzelnen Platten auf dem Weg vor meinem Pfarrhof.

Die ersten Anzeichen ihres Kommens bemerkte ich heuer zu Ostern. Am Ostersonntag.

Genau 50 Tage später, zu Pfingsten, was sah ich da?

Die ganze Zeit war ich diesen Weg nicht mehr gegangen. Ich kam immer von der Rückseite. Jetzt, genau am Pfingstsonntag, stand alles in voller Ringelblumenblüte. Zwischen den Fugen der Steinplatten.

Knospen. Offene Blüten. Und auch abgefallene. Die ihren Samen voll entwickelt zur Schau stellten. Die ganze „Ringelblumengeneration". Vor mir. Auf einer einzigen Pflanze. Dies in vielen Exemplaren.

Das alles in 7mal 7 Tagen.

Das Pfingstfest gilt als Vollendung des Auferstehungsgedan-

*) In Lauingen um 1200 geboren, gestorben am 15. November 1280 in Köln. Bekannter Naturforscher, Philosoph und Theologe.

kens vom Osterfest. Die geistige Krönung. Das ist die Sprache der Zahl 50.

Die kurze Entwicklungsperiode der Ringelblume läßt sich im Sieben-mal-siebener-Zyklus unterbringen und abgrenzen.

Auch das sagt uns die Sprache der Ringelblume.

Dem, der diese Sprache verstehen mag.

Schwarzföhre
Pinus nigra

In einer Tour

„Warum gerade mir immer das ‚Zügenglöckl'?" fragt Loisl, der kleinste in der Ministrantenschar, die soeben vom „Zusammenläuten" aus dem Kirchturm in die Sakristei zurückkommt.

„Stell dich auf! Die Orgel spielt schon. Hörst d' nit? Frag' mich nach der Messe", sage ich als Pfarrer.

Kaum war der sonntägliche Gottesdienst zu Ende und die gesamte „Dienerschaft des Herrn" wieder in der Sakristei, war das „Zügenglöcklein" wieder der Stein des Anstoßes.

„Weilst d' den ‚Christus' nit derzahst, nit einmal den ‚Rochus' oder die ‚heilige Maria'."

„Freilich derzah i's. Alle Heiligen, die in unserm Kirchturm hängen, kann i a läuten."

Wer daraus klar wird, muß schon die ehrenvolle Karriere eines Ministranten durchgemacht haben. Dann weiß er, daß im Kirchturm Glocken verschiedener Größe hängen. Und daß sie auch alle einen Namen haben. So die Glocke des „Göttlichen Erlösers Jesus Christus" mit einem Gewicht von 850 Kilogramm. Oder die des „heiligen Rochus", die 350 Kilogramm, und die „Marienglocke", die bloß 250 Kilogramm wiegt. Hingegen das „Sterbeglöcklein", auch „Zügenglöcklein" genannt, die kleinste und geringste an Gewicht im Viererbund mit 75 Kilogramm.

So war es vor dreizehn Jahren in meiner Pfarre zum heiligen Rochus.

Heute hat sich der Ministrantenstreit erübrigt. Das Kirchengeläute ist elektrifiziert worden. Ein Knopfdruck genügt und sie läuten. Die Glocken. Oder schweigen wieder. Wenn sie nicht von der automatischen Uhr in Betrieb gesetzt werden.

Ob die Kirche recht hat?

Dreimal täglich läuten die Kirchenglocken. In der Früh. Mittags. Abends. Das heißt, dort wo sie noch läuten. Auf dem Land hört man sie regelmäßig. Früher waren sie der erste „Lärm" am Morgen und der letzte am Abend.

Heute hat sich in den Städten vieles geändert. Der Sinn aber ist geblieben.

Nicht in einer Tour. Nicht vom Aufstehen bis zum Schlafengehen. Ohne Unterbrechung.

Nein. Der Tag soll untergliedert, geteilt, unterteilt werden: Anfang, Mitte und Ende des Tages. Dem der Feierabend folgt.

Feierabend wieder ist Übergang vom Tagewerk zur Ruhe. Zum Schlafengehen.

Feierabend ist Krönung des Tages. Nach getaner Arbeit.

So wird der Tag sinnvoll geteilt. Begonnen. Beendet.

Zu Beginn eines jeden dieser Abschnitte setzt uns die Kirche ein Beispiel. Überall dort steht Maria. Die es verstand, den Tag zu leben.

„Der Engel des Herrn brachte Maria die Botschaft." So beginnt der Tag. Wir grüßen Maria. Mit einem Danke an den Schöpfer, daß wir die Nacht überlebt haben, daß ein neuer Tag vor uns steht. Ein Tag mehr in unserem Leben, der uns geschenkt wird.

Egal, ob wir jung sind, ob wir in der Mitte des Lebens stehen oder am Ende desselben. Jeder Tag ist eine Botschaft. Der Engel des Herrn bringt sie uns. Ja, dieser Engel hat viele Gesichter. Es sind die Eltern. Die Meister. Die Lehrer. Es ist der Chef. Mein Vorgesetzter. Es ist der Ehemann. Es ist die Ehegattin. Andere können es auch sein. Selbst Kinder.

Der Engel des Herrn. Die Engel des Herrn, sie haben uns etwas zu sagen. Sie bringen eine Botschaft.

Nichts ist sinnlos, was mir heute gesagt wird. Mir aufgetragen wird. Oder anvertraut wird unter dem Siegel des Schweigens. Weil andere Menschen zu mir Vertrauen haben.

Alles ist Botschaft des Herrn.

So bekommt der Tag ein neues Gesicht.

„Und Maria sprach: ‚Ich bin die Magd des Herrn.'"

Ja, ich bin ein Knecht des Herrn. Du bist es, ein Knecht oder eine Magd des Herrn. Wir sind nicht Herrn selbst. Irgendwie dienen wir.

Eine Magd sein, ein Knecht sein, ist heute nicht modern.

Wann war das Dienen überhaupt modern? Nicht einmal am Anfang der Welt. Damals, als alles heil war. „Non serviam" hieß es. Nicht dienen wollen. Und wozu hat es geführt? Der „Träger des Lichtes", Luzifer, entschied sich gegen Gott. Und schuf mit seinen Anhängern die ganze höllische Brut von Satanassen und Teufeln. Unter denen auch der „Starrblickende" war. Der Drache. Der, der Zwietracht sät.

Jeder will Herr sein, aber der Herr ist nur einer, Gott. Ist es nicht schön, wenn wir in der Wirklichkeit bleiben. Wir haben uns doch das Leben nicht selber gegeben. Vom Herrn haben wir es empfangen, ihm geben wir es wieder zurück.

Also Sie. Auch ich. Ein Knecht, eine Magd des Herrn. Und das zu Mittag. Bevor wir uns hinsetzen, um zu essen. Zurückblicken auf die vergangene Hälfte des Tages. Ein bißchen nach vorne schauen. Ist das nicht herrlich? Sinnvoll?

„Und das Wort ist Fleisch geworden und hat unter uns gewohnt."

Die Sonne geht dem Westen zu oder hat ihn bereits erreicht.

Sie ist am Untergehen oder ist bereits untergegangen, oder wir sehen ihn einfach nicht, diesen Sonnenuntergang, weil Wolken uns die Aussicht nehmen.

Der Tag geht dem Ende zu. Gott ist zu uns gekommen. Er war heute da. Er ging überall mit mir. Und jetzt ist er auch noch da. Er wohnt bei mir. Ich muß kein Frömmler sein, wenn ich solche Gedanken pflege.

Diese drei Etappen des Tages tragen viel dazu bei, daß wir gesund bleiben.

Sie helfen uns, aussichtsreiche Menschen zu sein. Nicht in einer Tour dahinzujagen, sondern jeden Tag in Abschnitten zu erleben. Ja, „er"leben, nicht „ver"leben. Es ist ein großer Unterschied. Erleben heißt: Wir bereichern uns selber und andere. Verleben heißt: Wir verbrauchen uns unser selbst willen. Nicht weil wir für andere dasind, sondern weil uns die Leidenschaft gefangen hält. Weil wir einfach „hinein"leben in den Tag. Nur auf uns selber schauen. Womöglich den Bauch zu unserem Herrgott machen.

Verlebte Menschen sind eigentlich arme Menschen. Sie leben für sich selber, und das ist sehr wenig.

„Sie sind Hausfrau. Helfen Ihrem Mann im Geschäft. Sind politisch tätig. Organisieren hier und dort. Wie schaffen Sie das? Von einem zum andern." Frage ich eine nervlich sehr labile Dame, die, vom Ehrgeiz getrieben, keine Ruhe findet.

„In einem Ford, Herr Pfarrer!" Gibt die Dame, nicht mehr jung, zufrieden und geschmeichelt zugleich, zur Antwort. Fügt aber eilig hinzu: „Sportklasse, Herr Pfarrer." Und als hätte sie das Wichtigste vergessen, holt sie das Versäumte rasch nach: „Ich bin auch bei einem Autofahrerclub. Das habe ich Ihnen vorher nicht gesagt."

„In einem fort, das hab' ich mir gedacht, ihre Nerven sind entsprechend strapaziert."

Arbeitswechsel ist etwas Gutes. So finden viele Frauen beim Stricken Entspannung. Leichte Gartenarbeit erfüllt den gleichen Zweck. Alte Stauden nach der Blüte zurückschneiden. Gießen mit dem Schlauch in der Hand. Oder ähnliches. Aber nicht hetzen. Nicht in einem fort. Ohne Unterbrechung.

In den vergangenen Jahrhunderten haben Mönche in den Klöstern viel Arbeit geleistet. Materiell, aber auch kulturell. Sie haben sich geplagt, jedoch nicht gehetzt. „Gebet und Arbeit" hieß ihre Devise. Und das Arbeiten wurde zum Gebet. Zur Gottverbundenheit.

Es muß nicht nur mit den Lippen gebetet werden. Mein ganzes Sein tut es. Dient dem Schöpfer. Lobt und preist ihn durch das Werk, das ich vollbringe.

Nicht in einer Tour. Nicht in einem fort. Etappenweise den Tag vollbringen. Ohne Hetzerei.

Ich selber kenne keinen Streß. Mein Tag ist oft lückenlos eingeteilt. Aber ich hetze nicht. Ich wechsle die Arbeit.

Ich entspanne mich oft, indem ich in mich gehe und dabei heilatme.

Beim Einatmen spreche ich: „Herr Jesus Christus"; dann halte ich den Atem an, während ich sage: „Sohn des lebendigen Gottes." Zuletzt atme ich langsam und lange aus, unter den Worten: „Erbarme dich meiner."

Nur zum Einüben braucht man dabei die Lippen bewegen. Später genügt das Mitsprechen im Geist oder das Mitmeditieren.

Ich sehe dabei in die Ferne. Gelöst von Raum und Zeit. Alles rückt zaghaft näher.

Dann lösen sich Geschehen und Gestalten aus dem Grau der Vergangenheit. Rücken in das klare Licht des Augenblicks.

Eines verschwindet. Das bin ich selbst. Nein! Ich verschwinde nicht. Ich werde ganz leicht. Ätherleicht. Körperlos.

Dann steht sie vor mir. Die biblische Szene. Ganz gegenwartsbezogen. Mich selbst miteinschließend.

Ein Rollentausch.

Eine große bunte Menge Menschen drängt sich um Jesus, der soeben Jericho verläßt.

Auf dem Wege knotzt ein Bettler.

Der blinde Bartimäus. Sohn, Bar, des Timäus.

Der „Sohntimäus" ist blind. Aber nicht taub. Er hört den Tumult der begeisterten Masse. Hört ihre Schritte. Und Rufe der Begeisterung. Der Hoffnung vor allem. Hoffnung auf Wende im eigenen Leid. Gebrechen.

Er hört, daß dies alles um Jesus von Nazareth geht. Sich um Ihn dreht. Hoffnung auf einen Hoffnungsschimmer ringt sich aus seinem Herzen. Nimmt Gestalt und Wirklichkeit an. Wird zur Überzeugung der Erwartung. Zur Hoffnung. Zu jener vollkommen entwickelten Fähigkeit des Menschen auf geistig-seelischem Gebiet, eine Wende seiner Lage zu erwarten, etwas zu bekommen oder das sittlich Gute zu verwirklichen.

Hoffnung steht an der Seite von Glaube und Liebe und gehört zu den drei Haupt- oder Grundtugenden. Hingegen zählen Klugheit, Gerechtigkeit, Mäßigkeit und Tapferkeit zu den Kardinalstugenden, denen alle anderen Tugenden zugeordnet sind.

Laut ruft Bartimäus, der Blinde: „Sohn Davids, Jesus, erbarme dich meiner."

Dieser laute Ruf störte die Menge um Jesus. Weil da einer kommt, der noch lauter ruft als sie. Sie wollten ihn zum Schweigen bringen. Auch diese Einmischung Fremder in seine rein persönliche Sache stört ihn nicht, und doppelt so laut schreit er aufs neue: „Sohn Davids, erbarme dich meiner."

„Jesus blieb stehen und sagte: ‚Ruft ihn her!' Sie riefen den Blinden und sagten zu ihm: ‚Nur Mut, steh auf, er ruft dich!' Da warf er seinen Mantel ab, sprang auf und ging zu Jesus.

Und Jesus sagte zu ihm: ‚Was willst du, was soll ich für dich tun?' Der Blinde antwortete ihm: ‚Rabbuni, ich möchte wieder sehen können.' Jesus sagte zu ihm: ‚Geh! Dein Glaube hat dich geheilt.' Und sogleich konnte er wieder sehen und folgte ihm auf seinem Weg." (Mark. 10/49–52)

Nun sehe ich die Wirklichkeit. Die reale. Die Gegenwart. Sehe mich selber, wie ich bin. Und lebe.

Ich atme ein.
Halte still.
Und atme aus.
„Herr Jesus Christus. – Sohn des lebendigen Gottes. – Erbarme dich meiner."

Frühlingsknotenblume
Leucojum vernum

Alles Dunkel wechselt wieder ins Licht

Im Leben hat alles seinen Sinn. Auch das Leid.

Es ist im Winter. Ein Mann sitzt bei mir im Pfarrhof und erzählt: „Stellen S' sich vor. Bei 15 Grad Kälte bringt unsere Hauskatz', die Murli, ein ganz kleines blindes Kätzchen heim. Wir hab'n uns um das Katzerl ang'nommen. Hab'n es auf vorgewärmte Watte g'legt und ihr mit dem Tropfenzähler Milch eing'flößt. Unsere Hauskatz' hat das Adoptivkatzerl warmg'halten und ist immer bei ihr g'leg'n. Aber sie hatte keine Milch. Eh klar, sie konnte keine hab'n. Sie hat ja das Kleine nicht selber geboren."

„Jetzt", so sagt der Mann, „sieht das Katzerl schon. Unser Bambino. Und trinkt ganz von selber aus dem Napf. Wir alle hab'n eine mords Freud' an unserer Dahergetragenen. Denn Daherg'rannte kann man nicht sagen, weil's wirklich hergetrag'n word'n is'."

Ein „elendes" Kätzchen. Hilflos. Alleingelassen. Vielleicht sogar weggelegt zum Sterben.

Eine Katze, vom mütterlichen Instinkt geleitet. Bringt das Junge heim.

Menschen mit Herz für Tiere nehmen es auf. Pflegen es. Geben ihm ein Zuhause. Freuen sich mit dem Tierchen, dem es gut geht.

Wenn einer sich im fremden Land befindet. Verbannt ist. „Im Elend sitzt." Will nichts anderes sagen, als „fremd" im Lande sein.

Nicht „daheim" sind Tier oder Mensch, wenn ihnen „elend ist".

Der leidende Mensch sucht und braucht „Mit"-leidende. Mitleid ist kein „so-gehört-sich's". Kein Akt des Anstandes bloß. Ist ein „Heimholen" eines Menschen aus der Fremde der Umstände, in denen er sich befindet und deswegen „elend" daran ist.

Eine Wort-Sinn-Deutung bringt Licht in die vom Schleier der Jahrhunderte verdeckten Wurzeln unserer Redewendungen. Besonders dann, wenn es um Worte geht, die wehtun. Leid tut jedem weh.

Der Kreuzweg Christi ist keine einmalige geschichtliche Tat, die geschehen ist und aufgehört hat. Der Kreuzweg Christi ist nicht abgeschlossen. Ist nicht passé, vorübergegangen.

Christus geht auch heute, jeden Tag, bis ans Ende der Welt durch unser Land. Schnurstracks geht er manchesmal auf mich zu. Bleibt stehen. Und ich? Schau ihn an, aber ich seh' ihn nur durch einen Schleier. Wenn ich ihn sehe. Wenn ich nicht gerade vorbeischaue an ihm.

Dieser Christus mit dem Kreuz auf den wunden Schultern hat tausend Gesichter. So viele Gesichter, wie es leidende Menschen auf der Welt gibt. Und solche gibt es unzählige, weil das Leid eben vielschichtig ist.

Christus kann zum Beispiel die Gestalt einer leidgeprüften Frau haben. Ich nenne sie Magdalena. Lebt irgendwo. Heißt in Wirklichkeit anders. Sie hat mir geschrieben und will nicht, daß ich ihren Namen nenne.

Ist ein leidgeprüfter Mensch. War dies schon als Kind. Mit vielen Geschwistern aufgewachsen. In einer armen Familie. Mußte die Kleinen am Buckel herumtragen. Weil sie die ältere war. Hat sich dabei ein Kreuzleiden zugezogen.

Später hat sie geheiratet. Nichts wurde besser. Im Gegenteil.

Dem Mann blieb in seiner Kindheit vieles versagt. Den Vater kennt er nicht. Liebe hat er nicht viel erfahren. Kein Wunder, daß er nicht weiß, was Liebe ist. Und jetzt leidet sie, seine Gattin, durch ihn.

Menschen, die miteinander leben, aber leiden.

Der Kreuzträger Christus geht vorüber.

Ich schrieb der Frau unter anderem: „Sie werden gebraucht! Achten Sie auf Ihre Gesundheit. Es gibt viele Frauen, denen es so ähnlich geht wie Ihnen. Sie sind nicht allein. Gottvertrauen muß unsere große Stütze sein. Es hat im Leben alles einen tiefen Sinn, auch das Leid. Nur die Verzagtheit allein macht unser Leben unglücklich."

Und diese Frau ist sicher nicht allein in dieser Kategorie von Ehefrauen. Dankbar, wenn sie jemand versteht. Bei dem sie sich aussprechen kann. Und Trost findet.

Eine andere Frau. Edith aus Piesting: „Ich hätte nur eine große Bitte. Vielleicht könnten Sie in der Fastenzeit einige tröstende Worte für alle Frauen und Mütter bringen, die einen lieben Menschen verloren haben. Im Zusammenhang zur Auferstehung und zur Osterzeit."

Ich weiß, daß diese Frau und auch mehrere ihrer Freundinnen Kinder durch Unglücksfälle verloren haben.

Weiße Kreuze am Wegesrand.

Immer wieder stehen sie da. Zwei einfache Holzlatten. Gekreuzt.

„Etwas ging in die Quere", das wollen sie sagen. In ihrer stummen Form, aber in deutlicher Sprache.

„Hier starb ein Mensch im Straßenverkehr", sagen wir. Und fahren weiter.

Vor Jahrhunderten starben auch Menschen am Straßenrand. Nicht so alltäglich wie heute. Man setzte ihnen Bildstöcke: Eine Blechtafel, die mit ungeschulter Hand primitiv bemalt wurde, von einem „Stock" getragen. Darüber wölbte sich ein blecherner Bogen mit einem ebensolchen Kreuzlein.

Im großen Wald an der Straße stand in meiner Kindheit das „Matzinger-Bildl". Zwischen Deichsel und Rädern eines mit Holzstämmen beladenen Pferdefuhrwerkes steckte ein Mann. Der Matzinger-Hias. Ein Bauernknecht. Die Pferde bäumten sich auf. In deutlicher Aussage überlieferte ein Unbekannter der Nachwelt, was hier geschehen war.

So war es damals.

Die Form hat sich seitdem geändert, aber die Aussage blieb.

„Sei selber vorsichtig, damit du nicht der Nächste bist." Erzählung und Warnung zugleich.

Sehen Sie. Leidende sind wir eigentlich alle. Aber sind wir davon überzeugt – nach jedem Karfreitag kommt ein Ostersonntag! Nach jeder Nacht ein neuer Tag. Mit Sonne am Himmel. Auch wenn Wolken sie verdecken.

Den Mut nicht verlieren.

Auf Christus vertrauen.

Alles Dunkel wechselt wieder ins Licht.

Der Bildstock steht auch heute noch am Wegrand. Neu gefaßt. Als Künder von einst. In der Form von jetzt.

Am Straßenrand wuchert die *Wegwarte* (Cichorium intybus). „Sonnenbraut" nannte sie der heilige Albert der Große*) schon vor 900 Jahren.

Sie drängt sich nach vorne. Um den leidenden Menschen Hilfe anzubieten. Eindringlich hell-blau leuchten ihre himmelblauen Blüten. Sie öffnen sich nur tagsüber. Kurz. Dann schließen sie sich wieder.

Ein Papyrustext der alten Ägypter kennt sie bereits. Eine äußerst beliebte Heilpflanze des Altertums. Heute relativ selten angewandt. Vergessen? Oder unbekannt? Beides. Leider!

Wegwartewurzel – hauptsächlich verwendet man in der Naturheilkunde die Wurzel – ist das richtige Oberbauchkraut. Das Kraut für Leber, Galle, Milz, Magen und Bauchspeicheldrüse. Ihre Wirkung erfaßt diesen gesamten Organkomplex. Dort wo der „Ärger wohnt". Wo der „Kummer nagt". Wo die „Traurigkeit brütet". Wo das „Leid sitzt".

Die Fröhlichkeit steigt aus der Leber nach oben. Dort ist die Quelle.

Menschen, die Kummer und Leid haben, sind „Wegwarte-Typen".

Nach einem unerwarteten Todesfall einige Zeit lang Wegwartewurzeltee trinken. 2 Eßlöffel getrockneter, zerkleinerter Wurzel für ½ l kaltes Wasser. Über Nacht ansetzen. Kurz aufkochen. Abseihen. In eine Thermosflasche füllen. Tagsüber langsam und schluckweise trinken. 3 Wochen lang. 1 Woche Odermennigtee (Agrimonia eupatoria)**) trinken! Dann wiederholen.

Hinter dem Bildstock steht das *Rupertuskraut* (Geranium robertianum), auch Ruprechtskraut. Viele nennen es „Stinkender Storchenschnabel" oder „Stinkender Storchschnabel".

Im Halbschatten wächst dieses Heilkraut. Pfirsichrot blüht es. Unangenehm riecht es. Aber es will helfen.

Verwendet wird die ganze Pflanze ohne Wurzel. Frisch oder getrocknet. Gesammelt von Mai bis August. Zu Bündeln gebunden und im Schatten auf luftigem Dachboden aufgehängt.

Im Aufguß zubereitet, 2 Teelöffel für ¼ l kochendes Wasser. Täglich davon früh und abends je 1 Tasse trinken. 1 Woche lang. Dann wieder 1 Woche aussetzen. Eine vollständige Kur dauert mit der angegebenen jeweiligen Unterbrechung 3 Monate lang. Kann jährlich im Frühjahr und Herbst durchgeführt werden.

---

*) Albertus Magnus

**) Odermennigtee-Zubereitung: Aufguß. 2 Teelöffel für ¼ l Wasser. 15 Minuten ziehen lassen. Abseihen.

Der heilige Albertus Magnus kannte bereits die „zusammenziehenden Eigenschaften" dieser Heilpflanze. Die sie auch heute noch befähigen, bei „Krebsgefahr und Entzündungen der Brüste" vorbeugend eingesetzt zu werden. Es gilt nämlich als erwiesene Tatsache, daß vor allem Kummer, Leid, Enttäuschung und übermäßige Sorge um die Gesundheit Krankheiten fördern. Die Entwicklung des Krebses begünstigen.

Beim Selbersammeln des Storchenschnabels achte man darauf, nicht das „falsche Kraut" heimzutragen. Nicht dasjenige, das auf Wiesen und an sumpfigen Orten wächst, große dunkelviolettblaue Blüten hat. Sondern das Kraut mit den pfirsichroten, kleinen Blüten, das mit Vorliebe in Mauern und Felsenritzen wuchert, aber auch auf geschotterten Waldwegen zu finden ist.

Ruprechtskrautwein kann anstatt des Tees verwendet werden. Täglich früh und abends 1 Likörglas davon trinken. Zubereitung: 150 g frischen, blühenden Krautes zerkleinern, mit 1 l gutem Weißwein übergießen, 8 Tage lang im warmen Raum stehen lassen. Abseihen. Dunkel und kühl lagern. Die beste Zeit zum Eindecken für den Jahresvorrat sind die Monate Juni und Juli.

Jedes Leid verliert den verletzenden, tödlichen Stachel, wenn wir daran denken, daß der Herrgott uns Heilkräuter dagegen wachsen läßt.

Und so wechselt alles Dunkel wieder ins Licht.

Mais
Zea mays

Unkraut, das heilt

Schmutz in der Wohnung.
Unkraut im Garten.
Ist zweimal das gleiche.
So meinen wir. Das aber mit Unrecht.
Schmutz ist Unrat. Träger von Bazillen, Bakterien, nicht selten von Parasiteneiern und Brutstätte von Ungeziefer.

Unkraut aber ist vor allem und zuerst ein Kraut. Und da muß ich unterscheiden. Unter den Kräutern gibt es eine Anzahl, die zur Heilung und als Gemüse verwendet werden kann. Auch wenn sie gemeinhin als Unkräuter gelten.

Nicht die Pflanze selbst hat sich unter die „Unkräuter" eingereiht, sondern der Mensch hat dies besorgt, ohne das Kraut zu fragen. Weil er es zuwenig kennt. Das Kraut. Zuwenig erforscht hat. Zuwenig dabei verdient. Und weil es ohne viel Pflege überall wächst. Vor allem dort, wo der Mensch anderes Kraut bauen will, das ihm mehr Reinertrag abwirft. Mehr Geld einbringt. Weil es sich leichter verkaufen läßt. Weil es mehr gefragt ist. Weil sein Verwendungszweck bekannt ist.

So wird die Bedeutung dieses Krautes geschwächt. Ja sogar umgedreht. Als schädlich bezeichnet. Das alles mit der Silbe „Un". So kam der Mensch vom Kraut zum Unkraut. Nicht ohne seinen Nachteil. Obwohl er meinte, und viele halten auch heute noch daran fest, dies sei zu seinem Vorteil.

Wir kennen sehr viele Unkräuter. Weil eine ganze Industrie dafür aufgebaut wurde. An behördlichen Stellen hat man eigene Ämter dafür eingerichtet. Sprechen wir heute doch von einer „Unkrautbekämpfungsmittel-Erzeugung". Und von der Bekämpfung von Unkräutern. Die zum Teil einer behördlichen Kontrolle unterliegt.

Anhand eines einzigen „Unkrautes" möchte ich aufzeigen, was so ein Unkraut alles kann.

Der *Löwenzahn* (Taraxacum officinale), die „Milchblume", hat tiefe Wurzeln. Die Pfahlwurzeln des ersten Vegetationsjahres reichen tief in den Boden hinein. Sie können 30, ja bis zu 50 cm Länge und darüber erreichen. Der Durchmesser eines vierjährigen Wurzelstockes, mit kräftigen Haupt- und Nebenwurzeln, bis 4 cm.

Und diese Wurzeln, die will man um jeden Preis vergiften. Will mit dem Gift ½ m und tiefer in den Boden eindringen. Geben Sie es bitte auf! Tun Sie es nicht!

Ein biologischer Gemüsebauer besitzt ein Grundstück, auf dem früher mit Kunstdünger gearbeitet worden ist. Jetzt baut er mehrere Jahre Gras und Klee als Weide für seine Schafherde an. Bricht letztlich um. Macht ein Karottenfeld daraus. Bei der amtlichen Kontrolle wird er angezeigt. Die Karotten enthalten noch Giftstoffe, die von der Schädlingsbekämpfung herrühren. Und gesundheitsschädlich sind. Zwar nur in Spuren, aber sie sind vorhanden. Diese Giftstoffe.

Der Gemüsebauer geht der Sache auf den Grund. Dabei stellt sich heraus, daß vor neun Jahren Drahtwürmer bekämpft wurden. Larven des Schnelläufers. Und heute? Die Vergiftung ist noch feststellbar. Weil diese Art von Gift zehn Jahre im Boden aktiv bleibt.*)

Bei der Gerichtsverhandlung wird der biologische Gemüsebauer freigesprochen. „Wegen Geringfügigkeit der vorhandenen Giftstoffe."

Gibt uns das nicht zu denken? Was durch Spritzmittel angerichtet wird? Darf man sie leichtfertig verwenden? Nein!

Wenn Sie den Löwenzahn aus Ihrem Rasen entfernen wollen, bedenken Sie auch, daß der ganze Rasen nicht steril und sauber sein muß. Erfreuen Sie sich an dem, was anfliegt, was die Natur bringt. Was weiterwandert.

*) Name des Spritzmittels: Aldin.

Denn gewisse Kräuter wandern. Sie nähern sich dem Menschen.

Das Auftreten bestimmter Heilpflanzen gibt oft einen Hinweis auf jene Krankheiten, die vorhanden sind und damit behoben oder vermindert werden könnten. Dies wurde wiederholt festgestellt.

Lassen Sie also den Löwenzahn auch in Ihrem Garten stehen. Aber halten Sie seine Vermehrung in Grenzen. Die Wurzeln, die Blätter und die Blüten können gesammelt werden. Es ist nicht gleichgültig, wann Sie die einzelnen Teile ernten. Blüten werden natürlich nicht zu Weihnachten, wenn der Löwenzahn nicht blüht, eingebracht. Sie müssen diese zur Blütezeit sammeln. Das ist klar.

Je mehr Blüten Sie abernten, desto weniger Möglichkeit der Samenentwicklung besteht. Diese Unterbindung verhindert auch die weitere Ausbreitung des Löwenzahns.

Sie verstehen also, daß man die „Kuhblume" durch richtigen und rechtzeitigen Einsatz und Verwertung in bestimmten Grenzen halten kann.

Die Blüten zur Blütezeit sammeln. Die Blätter vor oder nach der Blüte – zur Zeit des auslaufenden Sommers. Die Wurzel ist im August am wertvollsten. Sie wird auch im Frühjahr, bevor die Pflanze blüht, gegraben. Enthält aber z. B. im Juni kaum 1 Prozent Inulin, einen wertvollen Wirkstoff. Ende August kann dessen Anteil bis 30, ja sogar bis 40 Prozent betragen.

Sammeln Sie die Wurzel des Löwenzahns am besten nach einem Regen im Monat August. Suchen Sie aber solche Stöcke aus, die eine breite Blätterkrone tragen. Es sollen vierjährige sein. Solche mit wenig Blättern sind junge. Die können Sie noch stehenlassen. Die Wurzel ist daumenstark am wirksamsten.

Nach der Ernte die Wurzel spalten und nach dem Trocknen und Zerkleinern am besten in einem Glasgefäß von dunkler Farbe, das man gut abschließen kann und vor Licht schützt, lagern. Jedoch nicht länger als 1 Jahr! Die Aufbewahrung soll auch nicht in einem warmen, sondern in einem mäßig kühlen Raum erfolgen. Wenn Sie die Löwenzahnwurzel so aufbewahren, dann steht diese auch im Winter zu Ihrer Verfügung.

Der Löwenzahn ist ein Oberbauchkraut, das heißt, die Wirkstoffe, die er enthält, fördern die Gesundheit jener Organe, die wir im Oberbauch tragen. Das sind der Magen, die Gedärme, die Milz, die Leber und die Galle. Dazu gehört aber auch die Bauchspeicheldrüse.

Nun wieder zu den frisch geernteten Blättern. Man kann sie fein hacken und anderen Kräutern beimischen. Zum Beispiel zu Ehrenpreis, Gundelrebe, Brennessel-, Schafgarben- und Himmelschlüsselblättern und einen schmackhaften Käseaufstrich zubereiten.

Die Blätter werden frisch oder getrocknet für Tees verwendet. Ebenso die Blüten.

Eine ganz besondere Kraft besitzt die Wurzel. Mit der Fleischmaschine heruntergedreht und in die Suppe hineingegeben, verschafft sie Linderung schwerkranken Menschen, vor allem Krebskranken, die von einer Operation aus dem Krankenhaus entlassen worden sind. Gesunden ist diese Suppe ebenfalls von Zeit zu Zeit sehr zu empfehlen. Reisschleimsuppe eignet sich dafür besonders.

Sie können die Wurzel in Alkohol ansetzen. Das Verhältnis wären 1 Teil der zerkleinerten Wurzeln und 4 Teile 75prozentiger Alkohol. Für inneren Gebrauch ist der Obstbrand am wertvollsten. Sie geben beides, zerkleinerte Wurzel und Alkohol, in ein weithalsiges Glasgefäß, lassen es 14 Tage an der Sonne stehen, seihen dann ab, verdünnen den Alkohol mittels abgekochtem, abgekühltem oder auch mit destilliertem Wasser aus der Apotheke bis auf 40 Prozent. In Flaschen füllen und kühl und dunkel lagern.

Diesen Extrakt, die Tinktur, können Sie tropfenweise auf einen Würfel Zucker geben und so bei Magen-, Leber- und Gallenbeschwerden verwenden. 2- bis 3mal täglich 10 bis 12 Tropfen.

Auch mit der getrockneten Wurzel sollte Tee zubereitet werden. 2 Teelöffel der Droge mit ¼ l kochendem Wasser übergießen, 15 Minuten ziehen lassen, abseihen. Manche kochen die Wurzel auf, ich jedoch ziehe Aufguß vor. Beim Kaltstellen und Kochen genügen 1½ Teelöffel Wurzeln für ¼ l Wasser.

Löwenzahnwurzeln können aber auch als **Kaffee-Ersatz** Verwendung finden. Der Geschmack ist dem echten Bohnenkaffee sehr ähnlich. Enthält aber kein schädliches Koffein. Die Wurzel wird im Herbst gegraben. Gründlich abgeschrubbt. Nicht schälen! Gespalten. An der Sonne getrocknet. Hernach mit kaltem Wasser leicht übersprüht und im Backrohr knusprig geröstet. Grob in einer Kaffeemühle gemahlen. Wie üblicher Kaffee aufgebrüht.

Löwenzahnwurzelgemüse: Die im Herbst gegrabenen und sofort gereinigten Wurzeln werden im frischen Zustand in kleine Scheiben geschnitten. In kalt gepreßtem Mohnöl geschmort. Für eine ¼-Liter-Tasse Löwenzahnwurzelstücke 1 Eßlöffel Mohnöl nehmen. Etwas Wasser und Salz hinzufügen. Die Pfanne zudecken, auf Sparflamme stellen. Dünsten lassen bis die Wurzelstückchen weich sind und der Großteil der Flüssigkeit verdampft ist. Vor dem Servieren einen Schuß Sojasauce darübergeben.

Löwenzahn gilt als Musterbeispiel dafür, daß auch ein Unkraut heilen kann.

Derer aber gibt es viele. Der Un-Kräuter, die Heil-Kräuter sind. Für den, der sie kennt. Und unterscheiden kann.

Im Oktober 1911 schrieb der Schweizer Kräuterpfarrer Johannes Künzle*): „Dem Volke helfen ist eine christlich-soziale Tat", und er überraschte die breite Öffentlichkeit mit seinem unscheinbaren Kräuterbüchlein „Chrut und Unchrut". Das unterdessen in Millionen Exemplaren, übersetzt in viele Sprachen, um die ganze Welt ging.

„Kraut und Unkraut" wirkte auf weite Kreise des Volkes wie eine sensationelle Entdeckung. Es hat gezündet und verständnisvollen Beifall gefunden. In seiner urigen Ausdrucksweise meint er, „daß jede Gais es verstehe, die Kräuterkunde in die Praxis umzusetzen".

Er wollte aufzeigen, „daß der liebe Gott dem Menschen die besten Heilkräuter in den Weg gelegt hat, vor die Hausflur, in den Garten, als unvertilgbares Unkraut, in die nahe Wiese, in Berg, Ried und Wald".

Wer dieses hilfreiche Angebot Gottes nicht annimmt, zu dem müßte man sagen: „Geh' ans Brünneli, trink aber nit."

So meint Pfarrer Künzle.

„Löwenzahn sagen Sie?"

„Ja, Löwenzahn sagte ich. Löwenzahnwurzel."

„Ich möchte ja meinem Mann helfen. Würde gerne das tun, was Sie mir geraten haben, Herr Pfarrer, deshalb bin ich ja auch hergekommen, daß Sie mir helfen. *Aber* . . ."

„Was aber?"

„Mein Mann und ich stehen beide im Lehrberuf, an leitender Stelle. Wir haben durch Jahre unseren Garten „von jedem Unkraut" saubergehalten. Dazu gehörte auch der Löwenzahn. Alle haben wir sie vergiftet, die Unkräuter, um ja einen geschlossenen englischen Rasen vor der Haustür zu haben. Soll ich jetzt zur Nachbarin gehen und sie um Löwenzahnwurzeln bitten? Sie hat ihren Garten nicht vergiftet."

Ich gab der Dame Löwenzahnwurzeln mit. Und ihr Mann erfuhr wenigstens Linderung in seiner schweren Krankheit.

*) Johannes Anton Künzle, geboren am 3. September 1857 in Hinterspesen bei St. Gallen. Als Kräuterpfarrer weltweit bekannt. Verfasser von „Chrut und Unchrut", von „Kräuter-Atlas" und von „Das große Kräuterheilbuch". Gestorben am 8. Jänner 1945.

Was ich alles habe

„Wem der große Wurf gelungen,
eines Freundes Freund zu sein“

stammt aus Schillers Lied „An die Freude“ und hat viel zur Redensart „Einen guten Wurf machen“ beigetragen.

Wer sehnt sich nicht danach, mehr zu erreichen, als eigentlich zu erwarten ist? Wer verfolgt nicht gleichzeitig mehrere Ziele? Ein jeder. Ich auch.

Wünsche ans Leben zu stellen ist menschlich. Gehört dazu, zum Menschsein. Das Menschliche. Ebenso auch das Verlangen nach Freundschaften.

„I hob mei Bier, mehr brauch' i nit“, sagte der Trampler-Johann, als ich in die Gaststube kam. Er hatte immer sein Bier. Im Sommer so seine Dutzend Flaschen. Im Winter, „weil's kalt is und das ‚Hinausgehen‘ schwerfällt“, trank er nur die Hälfte. Da tat's ein halbes Dutzend auch.

Mit fünfundfünfzig mußte der Johann frühzeitig pensioniert werden, und bevor er achtundfünfzig wurde, tranken andere das Bier nur krügerlweise, beim Trunk nach dem Trampler seinem Begräbnis.

Es war „Gratisbier“. Kostete nichts. Deshalb schmeckte es doppelt gut.

Dabei meinte der Schuster Honefsky: „Der Johann hätt' halt

eine Kläranlage gebraucht, eingebaut unter die Rippen, und nicht ein Paar Nieren. Die haben das viele Bier nit derpackt, das der Trampler getrunken hat. Und dann hat's ihn erwischt."

„I hob mei Bier, i brauch' nit mehr."

Bier ist gesund. Reinigt die Nieren, fördert den Stoffwechsel. Aber mit „Maß und Ziel" getrunken und nit die „Maß" allein hinunterschütten.

Im Leben hängt alles von der Einstellung ab. Bier allein macht keinen Menschen glücklich.

„Was ich alles habe?" Diese Frage soll man sich öfters im Leben stellen. Nicht im Wirtshaus, sondern wenn man ganz allein ist. Wenn es so ganz still ist. Nicht nur in der Kirche, obwohl man es dort auch machen kann, weil dieses Fragestellen zum Gebet wird. „Zum Dankeschönsagen."

Probieren Sie es einmal. Ich schreib' es mir manchmal sogar auf. Und dann merke ich, daß dieser Brief eine eigenartige Adresse trägt, so ähnlich wie damals, als ich noch dem „Christkind im Himmel" schrieb. „Wenn's gerade auf Nr. 5 in unserem Dorf vorbeikommt", wo ich daheim war, schrieb ich zaghaft.

Jetzt wird dieses Schreiben an die himmlische Bestimmung ein „Danke an den guten *Vater*". Der wieder antwortet im „Handumdrehen" mittels eines unsichtbaren Boten – eines Angelus, eines Engels.

In meinem Herzen spüre ich es. Dieses Rauschen. Es löst in mir ein starkes Gefühl der Freude aus. Dabei aber geht es gleich „drunter und drüber". So viele Gestalten stürmen über mich herein und stellen sich der Reihe nach auf. Blicken mich an.

Da stehen sie alle: die Inhaftierten, „weil sie einmal durchgedreht hatten". Die Mütter stehen da, mit einem Häufchen Kinder, die weinen, „weil der Vater alles versäuft". Die Verwundeten im Orient, in Südamerika und anderswo, wo man Krieg führt. Jetzt braten sie in der Sonne und wehren sich vergebens gegen die durstigen Fliegen. Niemand verbindet ihnen die Wunden. Gibt ihnen einen Schluck Wasser. Und die Millionen Vertriebener in aller Welt? Wer sättigt sie? Wer beherbergt sie? Wer trocknet ihre Tränen?

Unendlich ist die Prozession, die da hereinbricht in „mein Glück". Und da drängt sich die Frage auf meine Lippen: „Herr, was habe ich getan, daß es mir so gut geht? Und die andern? Warum?"

Jetzt habe ich mich ertappt. Mich selber. Jetzt habe ich die Wahrheit gesagt. Die ich mir immer verheimlichte. „Daß es mir gut geht!" Und noch etwas anderes habe ich mir selber ausgeplaudert: „Daß ich vieles habe!" Nur habe? Nein, mehr noch. „Ich habe vieles, was andere nicht haben!"

Da tut sich etwas bei der Tür. Auch bei den beiden Fenstern meiner Stube. Es knistert im Ofen, obwohl das Holz schon ganz niedergebrannt ist und gar nicht mehr zu knistern bräuchte. Im Ofen.

Kleine schwarze Gestalten sind es, die „Reißaus nehmen". Jetzt erkenne ich sie. Eine habe ich gerade noch am Hosenbund erwischt. „Das sind ja meine Wünsche: Alle jene Wünsche, die haben möchten, was andere haben, und mich blind machen."

Ich löse meine Hand vom „Wunschwichtel". Durch den Rauchfang verläßt auch er, wie alle anderen Gefährten, meine Stube.

Jetzt erst sehe ich, jetzt, nachdem der letzte „Kobold" weg ist, **„was ich alles habe".**

Erkennen ist eins. Danach leben ist zwei. Dabei geht es um dich. Und für dich diesen Rat. Ein Teevorschlag.

„Ein fröhlich Gemüt":

Anis 1 Teil, Fenchel 4 Teile, Koriander 2 Teile, Kümmel 3 Teile, Wacholderbeeren 5 Teile. Beim Einkauf ist darauf zu achten, daß Wacholderbeeren zerstampft eingepackt werden.

Zubereitung: 2 Teelöffel der Mischung mit ¼ l kochendem Wasser übergießen, 15 Minuten zugedeckt ziehen lassen, abseihen und täglich nüchtern, gleich nach dem Aufstehen, 1 Tasse trinken.

Ich bin glücklich mit dem, was ich habe. Zufrieden.

Und Zufriedenheit ist die Grenze, die mein Leben umschließt. Es zu einem Leben macht. Das mir gehört.

Wünsche sind ein ewiges Ausborgen. Anleihezeichnen.

Wünsche sind berechtigt. Sind legitim.

Wünsche müssen unter Kontrolle gestellt werden. Immer unter strenge Kontrolle. Müssen geprüft werden. Überprüft werden.

Wünsche müssen nach Vordringlichkeitsgrad gereiht und geordnet werden.

Wünsche dürfen keine „Grauen Eminenzen" werden. Die alles beherrschen. Regieren. Tyrannisieren.

Wünsche müssen aneifern. Zur Leistung führen. In Spannung halten. Ordnen. Dann sind sie gesund. Gesundheitsfördernd.

Wünsche dürfen nicht verwirren. Unglücklich, unzufrieden machen.

Wenn Wünsche „durcheinanderbringen“, dann sind sie schlecht. Sind sie zu verwerfen.

Gartenbohne
Phaseolus vulgaris

Die „Kardinalsmedizin"

„Fasten?"

Heute noch fasten? In einer Zeit des Rekordkonsums?

Hat da fasten noch einen Sinn? Ja! Fasten hat einen Sinn.

Durch Fasten gewinnen wir die Herrschaft über uns selbst.

„Wastl, heut hast d' uns alle im Stich 'lassen", sagt der Bürgermeister zum Holzknecht. Der in der Pfarrmatrik als Sebastian Hirletzberger geführt wird. In Patschenhausen aber nur der „Knödl-Wastl" heißt, „weil er eine Unmenge Zwetschkenknödel auf einem Sitz vertilgen kann". Heute hat er es nicht geschafft. „Nur auf 87 Knödel hat er's 'bracht. Der ‚Leitner-Gigi' hat 91 Knödel obidruckt, und die Sitzenberger hab'n das ‚Knödel-Wettessen' gewonnen."

Ob ein „Wettessen" wert ist, im Fernsehen übertragen zu werden? Ob es sich überhaupt lohnt, daß man so etwas organisiert? Ich möchte gar nicht Moral predigen und auf den vielen Hunger in der Welt hinweisen. Eines aber will ich sagen: Man soll sich auf das Essen freuen, jeden Tag. Soll froh sein, wenn man Appetit hat. Soll sich aber nicht „übernehmen". Fast hätte ich gesagt „überfüttern".

Trotz eines täglich geregelten Eßplanes darf man den Wert des Fastens nicht übersehen. Man muß es von zwei Seiten her betrachten.

Erstens: Der Körper braucht gerade in unserer Zeit des „regelmäßigen Sich-satt-essen-Könnens“ auch regelmäßig Zeit zum „Ganzabgeben“, zum „Ausrasten“, zum Ganzentleeren“, zum „Ausspannen“.

Wir müssen immer wieder das „Gefühl des Hungers“ richtig erleben. Dürfen aber danach nicht mit „einer Doppelportion“ das Versäumte nachholen. Das ist gänzlich falsch.

Zweitens: Unser Geist muß sich über den Körper erheben können. Das kann er aber nur, wenn er nicht immer alles bekommt, was er sich wünscht. Und darin liegt der Hauptgewinn des Fastens. Wünsche materieller Natur in punkto Nahrung einmal gänzlich ausschalten. Für einen Tag.

Es wird einen Kampf geben. In uns. Aber man muß hart bleiben. Bald erlebt man die Freude, daß sich der Geist durchsetzt, und dann ist auch der Körper zufrieden.

Einmal probieren!

Vorschläge:

Wassertag: Nichts essen, nur 2,5 l Wasser, schluckweise über den Tag verteilt, trinken. Nicht mehr.

Apfeltag: 20 Äpfel während des Tages essen. (Diese können ebenso gerieben werden.) Sonst nichts zu sich nehmen. Auch keine Flüssigkeit.

Kräutertees: Bis 6 Tassen zu je ¼ l, aufgeteilt auf den ganzen Tag, trinken. Ich empfehle: *Brennesseltee (Urtica dioica),* reinigt stark Nieren und Blase. Nervösen Personen jedoch nicht zu empfehlen, für sie ist *Johanniskraut- (Hypericum perforatum)* oder *Melissentee (Melissa officinalis)* geeignet. *Tausendguldenkrauttee (Centaurium umbellatum)* ist zwar sehr bitter, stärkt jedoch das Gedächtnis, reinigt die Arterien, nimmt das „Zappeligsein“. Darf nur schluckweise getrunken werden. *Brombeerblättertee (Rubus fruticosus)* schmeckt gut. Tötet Keime und wirkt vorbeugend. Wohlschmeckend ist auch *Erdbeer- (Fragaria vesca)* oder *Himbeerblättertee* (Rubus idaeus).

Suchen Sie sich „Ihren“ Tee aus! *Schafgarbentee* (Achillea millefolium) darf ich nicht vergessen. Ist gut für Ober- und Unterleib. Schmeckt leicht bitter.

Probieren auch Sie einmal einen Fasttag! Wenn möglich, machen Sie es sich zur Gewohnheit, ihn wöchentlich einmal durchzuführen.

Was nützt ein Brunnen voll Wasser, wenn er so tief ist, daß man daraus nicht schöpfen kann?

Was nützen tausend Vorsätze, wenn man nicht gewillt ist, davon einen in die Tat umzusetzen?

Wer nie Hunger erlebt hat, kann eine volle Schüssel nicht richtig schätzen.

„Fasten“ kommt aus dem Althochdeutschen und heißt befestigen, festhalten. Es ist ein menschenwürdiges Unternehmen. Ein körperlich-geistiges Geschehen, das die Gesundheit festigt und der Krankheit vorbeugt.

Fasten stellt das Gleichgewicht zwischen Körper und Geist wieder her.

Heute weiden Schafe auf dem Grundstück, das eingezäunt ist.

Wenn die Sonne herunterbrennt, dann liegen sie im Schatten der Robiniensträucher, die in der alten aufgelassenen Sandgrube wuchern. Meistens sehe ich beim Vorbeifahren auf der Bundesstraße drinnen im Gehege einen Wagen mit Wasserbehälter stehen. Aus dem ein Schlauch hinunter in die automatische Tränke führt. Abwechselnd drängen sich dort Schafe und Lämmer.

Vor Jahren war es nicht so.

Da war das ganze Terrain die natürliche Ruine langjähriger Sandgewinnungsstätte. Ein beliebter Auffangraum für Wegwerfartikel. Solange, bis sich die städtische Verwaltung einschaltete und daraus eine ordentliche „Mülldeponie“ machte. Richtig gekennzeichnet mit einem richtigen Schild und aussageträchtiger Aufschrift.

Das so entstandene „Freilichtmuseum“ hatte ein recht wechselvolles Leben zu bewältigen. Jeder Tag brachte Zuwachs. Jeder Tag mußte Inventarsverluste hinnehmen. Bald wurde dieser Ort Betätigungsfeld vieler freiberuflicher Nebenverdiener, die fast alles in kleine Münze umzuwandeln verstanden. Außer Schmutz und Erde. Und das auch zum Teil.

Mauerschutt konnte dem einen helfen, den Gartenweg trockenzulegen. Alte Mauerziegelstücke dem andern, für seinen Kaninchenstallneubau Geld ersparen. Verbogener Draht ließ sich schon seit der Zeit vor der Entdeckung Amerikas wieder geradebiegen. Asche und Ruß gaben ein gutes Gartenerde-Zusatzgemisch. Von Eisen und Blechteilen gar nicht die Rede, die man direkt an den Mann bringen konnte. Der gleiche Mann, an den man Eisen und Metalle heranbrachte, konnte ebenso Altpapier und Haderteile brauchen. So setzt man auch das klingelnd ab.

Eines Tages machte ein Mülldeponieschnüffler einen ungewöhnlichen Fund. Soeben wollte er eine alte Ofenröhre mit einem festen Schlag gegen die Erde von Ruß und Asche befreien, als mit dem Ruß ein verstaubtes Bündel Banknoten herausfiel. Noch gültig.

Der Finder gab dieses Bündel ordnungsgemäß bei der Gemeinde ab, die den Fund von 30.000 österreichischen Schilling bestätigte. Nach Ablauf der gesetzlichen Wartefrist dem Finder eindeutig zugesprochen und ausgehändigt.

Unterdessen hatte sich herausgestellt, daß eine alte, bereits verstorbene Dame die eigentliche Eigentümerin gewesen war. Sie den Betrag aber nicht im Testament festgehalten und erklärt hatte. Der Erbe alles Gerümpel in die Mülldeponie brachte. Ohne zu wissen, welches Vermögen in der Ofenröhre versteckt lag.

Eine sparsame Frau hatte dort einen Teil ihres Geldes im Hochsommer versteckt. War kurz darauf gestorben. Ohne daß der Ofen angeheizt oder das Geld gefunden worden wäre.

Sparen ist gut. Sparen ist richtig. Aber richtig sparen! Nicht im Sparstrumpf der Oma. Nicht im Strohsack. Und schon gar nicht im Ofenrohr. Auch wenn es Hochsommer ist und der Ofen . . .

Auch Fasten ist ein Sparen. Ein positives. Ein heilsames.

Jesus warnt wiederholt vor dem „Schätzesammeln".

„Du Narr! Noch in dieser Nacht wird man dein Leben von dir zurückfordern. Wem wird dann all das gehören, was du angehäuft hast? So geht es jedem, der nur für sich selbst Schätze sammelt, aber vor Gott nicht reich ist." (Luk. 12/20,21.)

Aller Genuß, und wenn noch so edel, darf die Liebe zu Gott nie zurückstellen. Nur wer fasten gelernt hat, wer regelmäßig in Abständen und bewußt fastet, kann den Psalmisten verstehen: „Du bist mein Herr, mein ganzes Glück bist du allein." (Psalm 16/2.)

„Entzieht die Seele dem Leib die fleischliche Sättigung, dann wird sie durch geistliche Freuden gestärkt." (Papst Leo der Große.)*)

„Nur ein Fasten, das für Gott gegeben ist, bringt Freude." **)

Der heilige Karl Borromäus***), Erzbischof und Kardinal von Mailand, fastete so häufig und war dabei sehr gesund, so daß sein Hausgesinde das Fasten einfach „Kardinalsmedizin" nannte.

Kardinal heißt eigentlich „Türangel" oder „Angelpunkt, durch den das übrige bewegt wird".

*) Leo I., ab 29. September 440 Papst. Starb am 10. November 461 in Rom. Sein Fest: am 10. November.

**) Sri Swami Sivanada Sarasvati, Gründer eines hinduistischen Klosters und Professor der Joga-Akademie in Bombay 1948.

***) Geboren 2. Oktober 1538 in Arona, gestorben 3. November 1584 in Mailand. Fest: 4. November.

Kann man fasten, gelegentlich fasten, ohne in Not zu sein, treffender ausdrücken? Umschreiben? Erklären? Als „Kardinalsmedizin"?

Fasten ist jene Tugend, durch die „das übrige bewegt wird".
Nur durch das Fasten bekommt das Leben einen bleibenden Wert.
Fasten ist ein unmittelbarer Weg zur inneren Freude.

Gurke
Cucumis sativus

Heilende Salben, Öle und Tinkturen

Die heilende Kraft der Pflanze auf den Menschen einwirken zu lassen, war das Bemühen jeder Generation durch alle Jahrhunderte der Menschheitsgeschichte.

Als bekannteste Art hiefür galt von jeher die **Teezubereitung.**

Der im 2. Jahrhundert n. Chr. in Rom lebende Arzt griechischer Herkunft, Claudius Galenus, auch Galen genannt, aus Pergamon in Kleinasien, hat die Anwendungsweise der Heilkräuter erweitert. Seit dieser Zeit werden Salben, Öle und alkoholische Auszüge hergestellt.

Die pharmazeutische Industrie, aber auch die Kosmetik und die Likörerzeugung überbieten sich durch die fast endlos scheinende Palette des Angebotes.

Im ländlichen Gebiet, wo einerseits das Geld immer knapp, andererseits aber Rezepte vorhanden waren, die von Generation zu Generation wie ein Geheimnis gehütet und nur vorsichtig weitergegeben wurden, hat man vieles dieser Art hausgemacht. Die Erfolge in der Anwendung bei „Leut' und Vieh" sprachen dafür. Dessenungeachtet, daß die Herstellungsweisen nicht immer die gleichen waren und auch heute nicht sind, seien hier einige Grundregeln der Zubereitung angeführt.*)

Auch heute ist das Interesse sehr groß, für den Hausgebrauch selber heilende Öle, Salben und Tinkturen herzustellen. Deshalb schreibe ich hier einige Anleitungen und Vorschläge nieder.

Gerade in den letzten Jahren sind mir unzählige Briefe zugegangen, die diesbezügliche Anfragen beinhalten. Darin, wie auch in der öffentlichen Diskussion nach jedem meiner Vorträge, wird der Wunsch geäußert, mehr über die Zubereitung von Ölen, Salben und Tinkturen aus Heilkräutern zu erfahren. Allen diesen Interessierten möchte ich helfen.

Die Herstellung der wichtigsten Präparate, die in eine moderne Kräuterhausapotheke gehören, sei hier aufgezeigt. Jeder Leser kann das für seinen Bedarf Nötige auswählen.

I. Kräutersalben

Die angegebenen Mengen gelten für die Zubereitung von 1000 g, das ist 1 kg. Nur als Richtlinie, um sich so leichter orientieren zu können. Niemand soll aber mehr zubereiten, als er in nächster Zeit verbrauchen kann.

Schweinefett, am besten ist Darmfett, 675 g, *Schaftalg* 200 g, *Bienenwachs* 100 g, *Honig* 25 g und *Kräutersubstanz* 250 g, deren Art bei jedem Rezept eigens angegeben ist.

Zuerst muß man das Schweinefett erhitzen. Wobei es ausgiebig aufprasseln soll. Dann auf Sparflamme schalten, den Schaftalg dazugeben und erst nach dessen vollständiger Auflösung das Bienenwachs. Nun wird das Gefäß auf einen 1 cm hohen Drahtrost gestellt und der Honig hinzugefügt. Wenn eine Einheitsmasse vorliegt, rührt man die Kräutersubstanz ein. Solange weiterrühren, bis dieselbe richtig aufgelöst ist. Den Topf vom Herd wegstellen. 15 Minuten stehen lassen. Im Bedarfsfall durchseihen und auspressen. Das Endprodukt muß sauber, ohne Hartteile sein. In Tiegel abfüllen, in warmem Raum erkalten lassen. Dann erst abschließen und kühl und dunkel lagern. Die Salbe ist verwendungsfertig.

Odermennigsalbe (Agrimonia eupatoria): *Verwendete Teile:* Fein pulverisierte getrocknete Blätter. *Anwendung:* Bei Fisteln, krebsartigen Geschwülsten, bösartigen alten Wunden und Geschwüren.

Walnußsalbe (Juglans regia): *Verwendete Teile:* Im Juli gesammelte, grüne, feingeschnittene Walnußfrüchte mit den wei-

*) Ausführlich wird dieses Thema in einer eigenen Schrift behandelt, die sich im Stadium der Vorbereitung befindet und in absehbarer Zeit erscheinen soll.

chen Kernen. *Anwendung:* Am Abend gut in die Kopfhaut einmassieren. Durch eine Kopfbedeckung das Kopfkissen schützen. Vorbeugend gegen Glatzenbildung, Haarausfall. Zur Förderung des Haarwuchses. *Hinweis:* Färbt die Haut dunkel.

Rosmarinsalbe (Rosmarinus officinalis): *Verwendete Teile:* Frisch gepflückte blühende Zweigspitzen. Fein zerkleinern. *Anwendung:* Bei allgemeiner Ermüdung, Migräne und Kopfschmerzen. Zur Stärkung der Kopfhaut. Bei Lähmung. Bei hormonellen Störungen die Innenseite der Oberschenkel bis zwei fingerbreit vor die Leisten kreisförmig einmassieren. Bei Unterleibserkrankungen und ausbleibender Regel den Unterleib einreiben.

Hinweis! Nie kurz vor dem Schlafengehen anwenden, ansonsten Einschlafschwierigkeiten.

Schafgarbensalbe (Achillea millefolium): *Verwendete Teile:* Im Frühjahr vor der Stengelbildung gesammelte, getrocknete und pulverisierte Blätter. *Anwendung:* Zur Heilung von langwierigen Brandwunden, Geschwüren und Fisteln. Zum Zerteilen der Geschwülste. Bei Hodenentzündung. Zur Stärkung der Gebärmutter.

Linsensalbe (Lens culinaris): *Verwendete Teile:* Reif geerntete Linsenfrüchte werden im Backrohr vollständig getrocknet. In der Kaffeemühle fein reiben und sieben. Anstatt Schweinfett wird sauberes Gänsefett verwendet. *Anwendung:* Juckende Frostbeulen einreiben.

Lavendelsalbe (Lavandula officinalis): *Verwendete Teile:* Frische Lavendelblüten. *Anwendung:* Zum Einreiben der Brust und des Rückens bei argen Verkühlungen und schmerzhaftem Husten. Bei Wirbelsäulenschmerzen. Anschließend die eingeriebenen Stellen mit Wolltüchern oder mittels Katzenfell warmhalten.

Dillsalbe (Anethum graveolens): *Verwendete Teile:* Frische, in der Vollblüte stehende Blütenstände, fein zerkleinern. *Anwendung:* Zum Einreiben müder Glieder, am Abend vor dem Schlafengehen.

Hauswurzsalbe (Sempervivum tectorum): *Verwendete Teile:*Im Mai vor der Blüte gesammelte frische Blätter; faschiert. *Anwendung:* Zur Drüsenbehandlung. Bei Geschwülsten hinter den Ohren, Kehlkopferkrankungen, Kehlkopfkrebs, Ohrenschmerzen und Brustknoten. Wird vor allem bei Quetschungen,

Ätzwunden, Verletzungen, Hautentzündungen, Brandwunden und Insektenstichen aufgelegt.

Eisenkrautsalbe (Verbena officinalis): *Verwendete Teile:* Blühende getrocknete Pflanze, pulverisiert. *Anwendung:* Zum Einreiben bei Nieren-, Milz- und Gallenleiden. Bei Gelbsucht wird die Gallenblasen- und Lebergegend massiert. Bei Prostata den Unterleib einreiben. Heilt Wunden und Geschwüre.

Weiße-Lilien-Salbe (Lilium candidum): *Verwendete Teile:* Gebrauchsfertiges Lilienöl (siehe Kräuteröle). *Sonderzubereitung:* 3 Teile Lilienöl, 1 Teil Zwiebelsaft, 1 Teil Honig und 1 Teil rohes Eiweiß unter beständigem Rühren auf Sparflamme zur Salbe eindicken. *Anwendung:* Bei Kupferfinnen am Abend als Gesichtsmaske auftragen.

II. Kräuteröle

Zu *1 l kalt gepreßtem Olivenöl* werden 250 g *Kräutersubstanz* gegeben.

In einem gut verschlossenen weithalsigen Glas 14 Tage ins Fenster stellen. Dann abseihen. Den Rückstand gut auspressen. Das Öl in dunkelfarbige Glasflaschen füllen. Abschließen. Dunkel und kühl lagern. Gebrauchsfertig.

Die von dieser Norm abweichenden Spezialzubereitungen werden jeweils eigens angeführt.

Baldrianöl (Valeriana officinalis): *Verwendete Teile:* Getrocknete und fein pulverisierte Wurzeln. *Anwendung:* Bei Einschlafschwierigkeiten Einreiben des Rückens, des Halses und der Stirne. Bei Schlafstörungen kann man ½ Stunde vor dem Zubettgehen 1 Eßlöffel voll einnehmen und einen Schluck Tee nachtrinken. Bei Gelenk-, Kreuz-, Rheuma- und Gichtschmerzen einmassieren.

Dillöl (Anethum graveolens): *Verwendete Teile:* Blühendes Dillkraut. *Zubereitung:* Kleinschneiden, mit Öl übergießen, nach 14tägigem Ausziehen an der Sonne im Wasserbad 15 Minuten kochen und anschließend auspressen. Das so gewonnene Kräuteröl nochmals mit frischer Kräutersubstanz 14 Tage lang ansetzen. Diesmal nur die Hälfte des Krautes nehmen. Wieder im Wasserbad kochen. Dann ein drittes Mal mit ¼ Kräutersubstanz wiederholen. Das zuletzt gewonnene Dillöl in dunkelfarbige Flaschen füllen. Einige Zeit dunkel und kühl lagern. Jetzt erst verwenden. *Anwendung: Innerlich:* Bei Ohrenstechen, Mandelentzündungen, bei Bauchgrimmen, bei Leib- und Magenschmerzen, Lebererkrankungen, bei schmerzhaftem Harnlassen, bei krampfhaften Beschwerden der Periode der Frauen, bei Hodenentzündung und Hodenschmerzen. Schon 1 Teelöffel voll eingenommen, verschafft Erleichterung. *Äußerlich:* Als Einreibemittel bei schmerzhaften Insektenstichen, Schwellungen, Beulen, Blutergüssen, Entzündungen, bei Unterleibsschmerzen der Frauen, Hodenschmerzen der Männer, bei Nieren- und Blasenbeschwerden. Nasenlöcher, Pulse, Schläfen, Stirn, Nacken und die Partie hinter den Ohren werden bei Kopfweh, Migräne und Schlaflosigkeit eingerieben. Bei Ohrenstechen hilft neben der innerlichen Anwendung ein in Dillöl getränkter Wattepfropfen. Bei Mandelentzündung zusätzlich die entsprechende Halsgegend einreiben.

Lilienöl (Lilium candidum): *Verwendete Teile:* Frische, vollständig aufgeblühte weiße Blüten. *Zubereitung:* Kleinschneiden. Nach 14tägigem Ansatz in einem sehr sonnigen Fenster im Wasserbad kurz aufkochen. Dann erst auspressen. *Anwendung: Äußerlich* Bei Sehnenschmerzen, schmerzenden Fingern und Zehen, bei Hautverhärtung und übermäßiger Hornhautbildung. In diesem Fall die Stellen einige Abende hintereinander mit Zwiebelsaft behandeln. Anschließend ein gründliches heißes Salzwasserfußbad nehmen. Die betroffenen Stellen gut abbürsten. Erst dann mit Lilienöl einreiben. Zur Schönheitspflege wird das Gesicht am Abend mit diesem Öl massiert und morgens nach dem Waschen mit heißem Wasser und kalter Nachspülung mit Arnikatinktur betupft. Bei Kupferfinne = rote Nase, Falten und Runzeln im Gesicht siehe „Weiße-Lilien-Salbe". *Innerlich:* 1 Teelöffel voll vor dem Schlafengehen einnehmen und etwas warme Milch nachtrinken, beruhigt nach einem aufregenden Tag oder nach Kummer.

Lavendelöl (Lavandula officinalis): *Verwendete Teile:* Frische, aber auch getrocknete Lavendelblüten. *Anwendung:* Vor einem Spaziergang im Sommer in den Wald oder durch die Wiese und das Feld oder bei der Gartenarbeit. Hält lästige Fliegen, Gelsen und Zecken fern. Ein wenig durch die Nasenlöcher aufgezogen, stärkt die Nerven, befreit von Nervenschmerzen, lindert Migräne und Kopfschmerzen. Vorteilhaft ist es auch, rund um den Haaransatz damit einzureiben. Bei müden Augen betupft man mit diesem Öl die Augenbrauen. Auch für Augenschwäche vorteilhaft. Das öftere Riechen am Lavendelölfläschchen beruhigt nach Aufregungen, wirkt appetitanregend und fördert die Verdauung.

Klettenwurzelöl (Arctium lappa): *Verwendete Teile:* Frische, zweijährige Wurzel, kleingeschnitten. *Zubereitung:* Braucht 6 Wochen, 40 Tage, zum Ziehen in einem sonnigen Fenster. Dann in einem Wasserbad erhitzen und auspressen. *Anwendung:* Zur öfteren Pflege des Haares und der Kopfhaut. Nach gründlicher Haarwäsche und darauffolgendem Einreiben des Haarbodens mit Kalmusspiritus (siehe Tinkturen!) einige Stunden zuwarten und dann mit Klettenwurzelöl massieren. Fördert den Haarwuchs und verleiht dem Haar einen gesunden Glanz. Gespaltenes Haar an den Spitzen einige Zentimeter zurückschneiden, mit Klettenwurzelöl einreiben – wirkt der Haarspaltung entgegen. Verbrannte Hautstellen heilen rasch vollständig aus, wenn sie mit diesem Öl einige Zeit regelmäßig behandelt werden.

Königskerzenöl (Verbascum thapsiforme): *Verwendete Teile:* In den Monaten Juli und August frisch gesammelte Blüten. *Zubereitung:* Nach 14 Tagen Ansatz in der Sonne im Wasserbad erhitzen. Auspressen. Zweimal wiederholen, wie bereits bei Dillöl beschrieben. *Anwendung:* Zur Linderung der Schmerzen müder Füße, des Nackens nach Stehen oder Fahren bei Zugluft. Bei Schulterschmerzen nach schwerer Arbeit. Und bei Oberarm- und Schenkelschmerzen, verursacht durch Sport oder Arbeit. Königskerzenöl eignet sich bestens zur Massage für Sportler, Turnlehrer und Schilehrer.

Pfefferminzöl (Mentha piperita): *Verwendete Teile:* Junge, noch nicht blühende beblätterte Pfefferminztriebe kleinschneiden. *Zubereitung:* 40 Tage in die Sonne stellen. Im Wasserbad erhitzen. Auspressen. Mit dem Auszug noch einmal das gleiche Quantum wie beim erstenmal 40 Tage lang ansetzen. Dann abseihen. Auspressen. Ein Drittel der Gesamtmenge an Glyzerin hinzufügen. In Flaschen füllen und 3 Monate dunkel und kühl lagern. Dann erst verwenden. *Anwendung:* Zur Verhinderung der Narbenbildung nach zugezogenen Brandwunden im Gesicht oder an einer anderen sichtbaren Körperstelle. Zum Einreiben von Frostbeulen und Frostschäden am Körper.

Kamillenöl (Matricaria chamomilla): *Verwendete Teile:* An der Luft getrocknete Blütenköpfe. *Zubereitung:* 40 Tage an der Sonne ausziehen lassen. Im Wasserbad aufkochen. Auspressen. Abfüllen und 3 Monate vor Gebrauch dunkel und kühl lagern. *Anwendung: Innerlich:* 1 Teelöffel voll eingenommen und 1 kleine Tasse Kamillentee nachgetrunken, bringt den verdorbenen Magen wieder in Ordnung, läßt Kolikschmerzen abklingen, stärkt den

Magen, lindert Krämpfe aller Art, fördert die Verdauung, hilft bei Leibschmerzen und Blähungen. Erweicht harten Bauch. Wie bereits erwähnt, kann auch in all diesen Fällen 1 kleine Tasse Kamillentee nachgetrunken werden. Beschleunigt und erhöht die Wirkung. *Äußerlich:* Aufschnupfen bei Stirnhöhleneiterung und verlegter Nase. Einreibungen an allen schmerzenden Körperstellen wirken lindernd. Bei geschwollenen Beinen einen Umschlag mit leicht erwärmtem Kamillenöl anlegen. Schmerzende Beine werden zuerst in Holunderrindenabsud (Sambucus nigra) gebadet. 60 g frische oder getrocknete Holunderrinde zerkleinern, in 1 l kaltem Wasser zustellen, gut aufkochen, 20 Minuten ziehen lassen. Abseihen. In das Waschbecken geben und 2 l heißes Wasser nachgießen. Nach dem Abtrocknen der Füße mischt man 15 g angewärmtes Kamillenöl, 2 Teelöffel feingeriebenes Kochsalz und 1 Eßlöffel Kognak miteinander gut ab. Dann reibt man die schmerzenden Beine aufwärts von den Zehen bis zu den Hüften gründlich damit ein. Hernach nicht ins Freie gehen. Anschließende Bettruhe wäre angeraten.

Säuglingen, die ohne sichtbaren Grund schreien, versuche man mit angewärmtem Kamillenöl das Bäuchlein vorsichtig einzureiben. Daraufhin beruhigen sich die Kleinen meistens im Handumdrehen. Sollten Kleinkinder aber zwischen den Mahlzeiten öfters erbrechen, ist unbedingt sofort der Arzt zu Rate zu ziehen.

III. Kräutertinkturen

Der Heilkräutergeist oder die Tinktur, gerade in unserer Zeit wieder sehr beliebt geworden, erhält seinen Namen nach dem Kraut, von dem er hergestellt ist. Man kann diese leicht zubereiten und sowohl äußerlich als auch innerlich anwenden. Deswegen verwendet man ja auch genießbaren Alkohol zum „Ansetzen" und nicht Brennspiritus, der bedeutend billiger und für äußerliche Zwecke geeignet wäre, innerlich jedoch nicht angewandt werden kann.

Nimmt man zur Herstellung von Tinkturen hochprozentigen Alkohol, Weingeist genannt, so werden alle im Alkohol lösbaren Stoffe im Endprodukt enthalten sein. Benützt man einen niedrigprozentigen, dann wird nicht alles Lösbare herausgezogen werden. Nur der Fachmann kennt bei den einzelnen Kräutern den feinen Unterschied, wenn er Alkohol in seiner Prozentskala einsetzt.

Für den Liebhaber gilt die Regel, daß der Apotheker seiner Vorschrift nach als unterste Grenze für einen alkoholischen Auszug wenigstens 68prozentigen Alkohol zu verwenden hat, damit ein guter Durchschnitt der zu lösenden Wirkstoffe erreicht wird. Sie kommen dann im Endprodukt zur gesundheitsfördernden Wirkung.

Deswegen verwende ich – und rate es auch anderen – 75prozentigen Obstbrand. Somit steht sowohl die innere als auch die äußere Anwendung der fertigen Tinktur offen.

Hier gilt die gleiche Regel wie bei Ölen und Salben: 250 g *Kräutersubstanz* für 1000 g *Alkohol,* das ist 1 l. 14 Tage lang in einem weithalsigen, gut abgeschlossenen Glasgefäß in das sonnige Fenster stellen. Täglich schütteln oder durchrühren. Das Endprodukt wird dann eine zirka 70prozentige Tinktur sein. Diese ist aber für den Hausgebrauch zu stark. 50 Prozent genügen. Das erreicht man, indem man den Ansatz nach Beendigung der Auszugsdauer abseiht, den Rückstand mit ¼ l abgekochtem und völlig ausgekühltem Wasser 3 Stunden lang ansetzt, abseiht, filtriert und der ersten Flüssigkeit beifügt. So erhält man eine zirka 45- bis 50prozentige Tinktur. Diese wird nun nochmals 14 Tage lang ins Fenster gestellt, in gut verschlossenem Gefäß natürlich. Dann in Flaschen füllen und wenigstens 3 Monate lang dunkel und kühl im Keller lagern. Jetzt kann das alkoholische Produkt eingesetzt werden.

Farnkrautwurzeltinktur (Dryopteris filix mas): *Verwendete Teile:* Im Herbst gesammelte kleingeschnittene Wurzeln. *Anwendung:* Nur äußerlich zum Einreiben bei starken Rheuma- und Gelenkschmerzen. Darf innerlich nie ohne ärztliche Anweisung angewandt werden.

Knoblauchtinktur (Allium sativum): *Verwendete Teile:* Zerdrückte und geschälte Knoblauchknollen. *Anwendung:* Täglich 2mal 6 bis 8 Tropfen auf einem Eßlöffel Wasser eingenommen, wirkt krampflösend und entspannend. Treibt Würmer ab. Fördert die Durchblutung des Gesamtorganismus. Steigert den Appetit. Kräftigt Herz, Lunge, Leber und Galle. Lindert Gicht- und Rheumaschmerzen. Schafft Befreiung bei Katarrhen der Luftwege.

Taubnesseltinktur (Lamium album): *Verwendete Teile:* Zerschnittenes blühendes Weißes Taubnesselkraut. *Anwendung:* Bei Brustschmerzen der Frauen zum Einreiben. Bei Harnbrennen und nervösen Herzstörungen 3mal täglich 8 Tropfen einnehmen.

Veilchentinktur (Viola odorata): *Verwendete Teile:* Die ganze blühende Pflanze. *Zubereitung:* Die Pflanzensubstanz durch die Fleischmaschine drehen und auspressen, mit der gleichen

Menge 70prozentigen Obstbrand mischen. *Anwendung:* Täglich 2mal 5 Tropfen einnehmen. Hilft bei Unterleibskrämpfen der Frauen. Bei nervösen Störungen, Hypochondrie und häufigen Blähungen. Bei Kehlkopf- und Halskrebs auch für äußere Einreibungen benützen. Das gleiche gilt bei Lähmungen.

Thymiantinktur (Thymus vulgaris): *Verwendete Teile:* Nach Möglichkeit frisches zerkleinertes Kraut. *Anwendung:* Bei Lungenverschleimung, Abhustschwierigkeiten, Asthma. Täglich 3- bis 4mal 12 bis 15 Tropfen einnehmen. Bei Empfindlosigkeit der Glieder, Lähmungen und Rheuma. Einreiben der schmerzenden Stellen.

Lavendeltinktur (Lavandula officinalis): *Verwendete Teile:* Wenn möglich frische Lavendelblüten. *Anwendung:* Zu Einreibungen gegen rheumatische Schmerzen, aber auch nach Bädern und Rasur zur Stärkung der Haut und des Allgemeinbefindens. Fein versprühen, in Kleiderschrank und Wohnung – hält Insekten fern. Wirkt auch gegen Ameisen.

Kalmusspiritus (Acorus calamus): *Verwendete Teile:* Frische gereinigte Wurzel mit Schale. Zerkleinert. *Zubereitung:* Die Pflanzensubstanz durch die Fleischmaschine drehen. Für äußere Behandlung normalen Brennspiritus verwenden. Im fertigen Zustand noch 3 Monate lagern. *Anwendung:* Zur Behandlung des Haarbodens, bei Haarschwund, Glatzenbildung, starkem Haarverlust.

Salbeitinktur (Salvia officinalis): *Verwendete Teile:* Nach Möglichkeit frische zerkleinerte Blätter oder Triebspitzen. *Anwendung:* Einreibung gegen Nachtschweiß. Bei üblem Fußgeruch. Zur allgemeinen Behandlung der Haut nach Rasur oder Bädern. Als Zusatz zu Gurgelwasser; 15 bis 20 Tropfen. Bei übermäßiger Gasansammlung in den Gedärmen 10 Tropfen einnehmen und den Oberbauch damit einreiben. Bei Appetitlosigkeit ½ Stunde vor dem Essen 1 Eßlöffel voll einnehmen. Bei Überarbeitung Nacken und Stirn einmassieren. Wirkt entspannend und beruhigend.

Rainfarntinktur (Tanacetum vulgare): *Verwendete Teile:* Die zerquetschten, frischen Blätter. *Zubereitung:* 100 g für 1 l 70prozentigen Alkohol. *Anwendung:* Nur äußerlich zum Einreiben stark schmerzender Krampfadern. Hat lindernde Wirkung.

Rosmarintinktur (Rosmarinus officinalis): *Verwendete Teile:* Frische blühende Zweigspitzen. *Anwendung:* Zur Kräftigung des Kreislaufes und des Gefäßnervensystems. Einreibungen. Einnehmen von täglich 3mal 15 Tropfen zur Hebung niedrigen Blutdruckes, bei Schwächezuständen nach schwerer Krankheit, für körperlich schwache Menschen, bei Überarbeitung.

Johanniskrauttinktur (Hypericum perforatum): *Verwendete Teile:* Frischgepflückte Johanniskrautblüten. *Anwendung:* Täglich 3mal 10 Tropfen eingenommen, wirkt die Tinktur nervenberuhigend. Äußerlich zum Einreiben nach der Rasur.

Roßkastanientinktur (Aesculus hippocastanum): *Verwendete Teile:* Am heilkräftigsten sind rote Roßkastanienblüten. *Anwendung:* Als Einreibung bei Rheumatismus, Gicht, Krampfadern und Hämorrhoiden. Als zusätzliche Behandlung zu den genannten Krankheiten innerlich 3mal täglich 10 bis 12 Tropfen einnehmen.

Goldmelisse
Monarda didyma

Die Kraft der Ringelblume

Es gibt zwei Möglichkeiten zu agieren. Im Alleingang oder in der Gruppe. In der Gemeinschaft. Oder durch die Gemeinschaft.

„Vereint sind auch die Schwachen mächtig." Friedrich von Schiller im „Wilhelm Tell".

Liegt da vor mir ein Birkenzweig. Frisch geschnitten. Im zeitigen Frühjahr. Noch bevor der Saft ins Gehen kommt. Ich nehme ihn. Biege ihn.

Er windet sich. Hält stand meiner immer stärker werdenden, zunehmenden Kraft. Ich gebe nicht auf. Dann aber kracht es. Die Gerte ist abgebrochen. Die Einzelgerte.

„Herr Pfarrer, zum Sauberhalten." Und der junge Mann, Silomeister eines Getreidespeichers, ein ehemaliger Schüler von mir, heute verheiratet und Familienvater, legt ein halbes Dutzend Birkenrutenbesen vor die Pfarrhoftür. Ich bedanke mich.

Jetzt kann ich Kraft anwenden wie ich will. Ich probiere es gar nicht lange. Weil es eh keinen Sinn hat. Mehrere Dutzend Birkenzweige eng aneinandergereiht halten zusammen in einem Besen. Ich kann sie kaum mehr biegen, die Zweige in der Gemeinschaft vereint. Geschweige denn brechen.

Gemeinsamkeit macht eben stark. Das war ja auch die überlegte Grundwahrheit des Faschismus. Was nichts anderes heißt als

„Bündelwesen". Ja, im Bündel, in der Gemeinsamkeit wird der Mensch stärker, als er es alleine wäre.

So ist es auch mit den Heilkräften der Natur. Wohlweislich verborgen und aufgestapelt in den Heilpflanzen. Wir nennen es die Wirkstoffe. Diese sind verschiedenartig. Hauptwirkend. Nebenwirkend. Begleitwirkend. Ballastbildend.

Die Wissenschaft und die pharmazeutische Industrie können sie bestimmen, zerlegen. Und die Medizin anwenden.

Gott sei Dank, daß es dies alles gibt. So kommt dann ein Hauptwirkstoff, der, genau dosiert für ein bestimmtes Leiden, für eine bestimmte Krankheit einsatzbereit ist, zur Anwendung.

Der Mensch aber hat nicht nur ein Organ. Sondern viele, die miteinander und ineinander funktionieren. Wenn eines davon krank ist, werden leider oft auch die anderen in Mitleidenschaft gezogen.

So lehrt die Erfahrung immer wieder, daß diese an und für sich wertvollen Medikamente zwar eine vorübergehende Besserung erzielen, aber oft nicht von Dauerwirkung sind. Weil sie durch die Gegenwirkung des Zusammenspiels anderer Organe „verbogen", wenn nicht gar „zerbrochen" werden.

Die Pflanze als Ganzes in den Einsatz gebracht, wirkt zwar nicht so rasch, aber breiter und dauerhafter. Gegenkräfte können gegen das „Bündelwesen", den gesunden „Faschismus" der Heilkräuterkraft wenig ausrichten. Das rechtfertigt auch die Anwendung von Kräutertees, Kräutersalben, Kräuterölen und Kräutertinkturen oder alkoholischen Kräuterauszügen, in denen Inhaltsstoffe einer ganzen Pflanze oder eines Bestandteiles von ihr verarbeitet sind.

Die goldgelben Blütenblätter der Ringelblume sind reich an Kalk, Kieselsäure und Schwefelsalzen. Alles Aufbauwerte, Erhaltenswerte der Körperzellen.

Triterpensaponine, auch im Blütenboden und Hüllkelch enthalten, bedecken Schleimhäute und Wundoberflächen mit einem schützenden Film und ermöglichen so die Ab- und Ausheilung.

Carotinoide unterbinden Fäulnisvorgänge und beschleunigen die Neubildung von Zellen. Wirken sich günstig auf die Sehkraft des Auges aus. Und heben somit auch das Selbstbewußtsein und die Selbstsicherheit des Menschen. Was sich wieder vorteilhaft auf den gesamten Gesundheitszustand auswirkt.

Flavonoide, bezog sich ursprünglich auf die Farbe „flavus" = gelb, wirken sich indirekt auf die Leber- und Gallentätigkeit aus.

Dadurch wird die Verdauung angeregt und gefördert. Die allgemeine Kraft des Körpers gehoben.

Das in der Pflanze enthaltene ätherische Öl wirkt keimtötend und somit bakterienfeindlich.

Der Bitterstoff Calendulin kräftigt. Regt die Drüsentätigkeit an und beeinflußt die Wirkung anderer Inhaltsstoffe der gleichen Pflanze günstig.

Die organischen Säuren haben eine leicht abführende Wirkung. Fördern den Stoffwechsel, entspannen die Muskeln und verbreiten im ganzen Organismus spürbar ein gewisses Wohlbehagen. Kopfschmerzen bleiben aus oder verringern sich. Das Völlegefühl der Bauchgegend schwindet. Das Hämmern in der Schläfengegend unterbleibt oder klingt ab.

Die günstige Wirkung der Ringelblume beruht auf dem Zusammenspiel, auf der Zusammenwirkung aller in der Pflanze enthaltenen heilenden Stoffe. Ist breitflächig. Fast allumfassend. Deswegen spürbar wirksam.

Ich stehe vor einem Birkenbaum meines Pfarrgartens. Vorsichtig, aber sichtbar kommen die Knospen auf den sich herabneigenden Zweigen hervor. Ich denke an den Besen neben meiner Haustür. Denke an die Kraft des Zusammenhaltens. An die Gemeinschaft. An die Familie.

Beim Rückweg durch den Garten gehe ich an einem Beet vorbei. Das will ich umgestalten. Neu anlegen. Nicht heute. Am Karsamstag. Aber schon nächste Woche. Wenn das Wetter schön bleibt. Gegenwärtig nieselt es leicht. Ein Blick nach oben, ins Blau des Himmels, zum Teil noch bewölkt, sagt mir: Wir bekommen Schönwetter. Denn nach Regenwetter folgt immer Sonnenschein. Früher oder später. Denkt der Optimist. Der ich bin. Und ich habe mich nie geirrt.

Nach Ostern will ich Ringelblumen säen. In das Beet, das ich umgestalten möchte.

Ich liebe die Sprache und die Kraft der Ringelblume.

Heidelbeere
Vaccinium myrtillus

„I brauch' ka Uhr . . ."

Eine Frau mittleren Alters steigt aus ihrem Auto, das sie unvorschriftsmäßig geparkt hat. Merkt es aber nicht. Das Falschparken.

Eilt über die Straße. Einem Geschäft zu.

Eines merkt sie jetzt. Ihre Zeit ist begrenzt und beim Wegfahren von daheim hat sie in aller Eile die Armbanduhr vergessen.

Da läuft ihr in diesem Augenblick – das heißt, er läuft nicht, er geht – ein älterer Herr über den Weg. Gerade vor die Füße.

Sie fragt ihn: „Haben Sie eine Uhr?"

Erwidert er gelassen: „Nein! I brauch' ka Uhr, i hob Augen."

Und der scheinbar wortkarge Mann wackelt ruhig weiter.

Im ersten Augenblick will die Frau der Zorn erfassen. Da besinnt sie sich. Ärgert sich bloß über die Antwort. Dann aber hebt sie selbstbewußt den Kopf. Zur Selbstbestätigung. Sieht hoch oben die Kirchturmuhr.

Es ist soeben dreiviertel zehn. Dort oben.

Ob er die Uhr meinte? Die Uhr auf dem Turm? Fragt sich die Frau.

Aber die Antwort befriedigt sie nicht. Sie muß unwillkürlich daran denken, wie oft sie sonst während des Tages immer wieder auf die Uhr blickt. Ohne sich dabei etwas zu denken.

Jetzt merkt sie erst richtig, daß es so viele Dinge gibt, die wir im Leben ja alltäglich gewohnheitsmäßig tun. Als Mädchen schon hatte sie gelernt, bewußt zu leben und nicht einfach etwas tun, weil man es eben tut. Oder weil es alle so tun.

Was sind meine alltäglichen Gewohnheiten? Haben wir uns diese Frage schon überhaupt einmal gestellt? Diese Gewohnheiten mit unserem Denken konkret und klar erfaßt? Uns dann auch gefragt, ob das alles notwendig ist, was wir tun und wie wir es tun? Ob es nicht auch anders ginge? Wird der Mensch nicht zum Sklaven durch die Macht der Gewohnheit?

Man ist nie zu alt, um sich zu ändern. Es ist keine Schwäche, Altes, Unnützes, das in unsere Lebensweise eingegangen ist, wegzuwerfen und mit Neuem, Brauchbarem, Gesundem zu vertauschen.

Muß es denn immer wieder ein Schluck aus der Schnapsflasche sein?

Tut es nicht auch oder noch viel besser ein Schalerl Kräutertee, von dem ich von Zeit zu Zeit trinke?

Andere haben die Gewohnheit, leichtsinnig allen alles zu versprechen.

Versprechen verpflichtet. Dem Versprechen folgt das Halten. Versprechen zu brechen ist schlecht. Macht unglaubwürdig. Und wenn ich etwas verspreche, dann muß ich vorher überlegen, ob es auch gut ist, was ich verspreche. Hab' ich es einmal getan, dann bin ich daran gebunden. Ein altes Sprichwort heißt:

„Versprechen und halten
ist Pflicht für die Jungen und Alten.“

Ich las einmal eine alte Erzählung. Da fragte der Bub, der soeben aus der Schule kam, seinen Vater: „Vater, was sind schlechte Freunde? Weißt du, der Herr Lehrer hat uns gesagt, wir sollen schlechte Freunde meiden.“

Der Vater sollte Antwort geben, da kam ein Fremder ins Haus und er mußte hinausgehen.

Erst am Abend erinnerte sich der Vater an das Gespräch am Nachmittag, bei dem er seinem Buben die Antwort schuldig geblieben war.

Nun ließ er eine Schüssel mit faulen Äpfeln auf den Tisch stellen. Gab dann dem Kind einige schöne frische Äpfel aus der Obstkammer und sagte: „Leg' diese Äpfel zu den faulen, damit diese auch wieder schön und frisch werden!“

„Nein, Vater“, antwortete das Kind. „Das geht ja nicht, denn die faulen stecken auch die frischen an.“

„So ist es, mein Bub", versetzte der Vater. „Wenn wir uns mit bösen Menschen abgeben, mit Menschen, die schlechte Gewohnheiten haben, sich nicht bessern und diese Gewohnheiten auch nicht aufgeben, dann gleichen sie den faulen Äpfeln, die in der Schüssel sind.

Und die guten Äpfel, die ich dir gegeben habe, sind die Menschen, die gut bleiben wollen, die nicht einfach alles nachmachen, was die anderen tun.

Denn Böse können andere nicht gut machen. Noch eher werden die Guten durch sie auch verdorben. Das sind die schlechten Freunde, die der Herr Lehrer meint. Du kannst sie auch böse Kameraden nennen."

Ich will keine billigen Geschichten erzählen. Ich will nur einen leichten Denkanstoß geben. Dafür, daß wir nicht alles aus blinder Gewohnheit machen. Und dazu gehört auch das unnütze Immer-wieder-auf-die-Uhr-Schauen.

„Wer mit Weisen umgeht, der wird weise; wer aber der Toren Geselle ist, der wird Unglück haben." (Sprichwörter 13/20.)

Deswegen gilt auch für dich: Nicht die Äußerlichkeiten sollen dich lenken, sondern dein Gewissen.

„I brauch' ka Uhr!"

Echte Nelkenwurz
Geum urbanum

Gift ist kein Gift

Maße sind zum Messen da. Nach dem Messen kommt was? Sich danach richten. Also das Maß einhalten.

Maßhalten gehört zu einer vernünftigen Lebensordnung.

„Pfui", sagt die Mutter. „Nicht hingehen", fügt sie hinzu. Und fährt dabei den Buben, der neben ihr geht, an.

Beide sind mitsammen durch den Wald spaziert. Als sie zu einem Platz, wo keine Bäume stehen, hinkommen, zeigt sich eine aufrecht dastehende Pflanze.

Zirka 1,50 m hoch. Die Blüten braunviolett. Wie eine walzige Glocke in grünem Kelch hängen sie da in den Achseln der Blätter. Diese stehen mit kurzen bräunlichen Stielen paarweise immer ein großes und ein wesentlich kleineres, spitzförmig und ganzrandig. Die Früchte sitzen wohlbehütet im Kelch als schwarzglänzende Kirsche mit zahlreichen Samen, violettem Saft. Und schmecken verführerisch süßlich.

„Das ist giftig", hat die Mutter zum Fredi gesagt.

„Dann derschlag' ich's, wenn's giftig ist", antwortet der Fredi der Mutter. Und schon haut er mit einem Stecken auf die Pflanze ein.

Es war eine *Tollkirschenstaude* (Atropa belladonna). Was hat sie ihm getan? Nichts!

„Ich erschlag's, weil's giftig ist."

Die Tollkirsche zählt, so wie viele andere Kräuter, zu den giftigen. Ich möchte nur einige nennen: das *Bilsenkraut* (Hyoscyamus niger), den *Fingerhut* (Digitalis lanata) und den *Bittersüßen Nachtschatten* (Solanum dulcamara).

Diese Heilpflanzen gehören in die Hand der Fachleute – Ärzte, Apotheker und Wissenschaftler. Jedoch nicht in die Hand des Kräuterliebhabers.

„Weil sie giftig sind." Was heißt denn das eigentlich?

Die Tollkirschen liefern der pharmazeutischen Industrie das wertvolle Herzmedikament „Belladonna", das krampflösend, zuerst stark erregend, dann lähmend wirkt. Der Arzt kann damit dem leidenden Menschen helfen.

Es gibt eigentlich keine giftigen Pflanzen, wo man giftig mit schlecht gleichsetzen kann. Denn es liegt ja nur im Maß. Wenn man das richtige Maß einhält, dann nützen sie. In der Dosis liegen Schaden und Nutzen.

Das gleiche gilt auch im Leben. Wir können alles zum Guten oder zum Schlechten gebrauchen.

Was kann man denn mit einem Messer alles anrichten?

Ein Mensch kann andere Menschen töten. Der Arzt kann mit einem Messer operieren. Kann einem Menschen das Leben retten oder kann es ihm wiedergeben.

Der Wein erfreut das Herz des Menschen. So heißt es in der Bibel. Und was ist mit dem Wein schon alles angerichtet worden?

Nicht, weil der Wein Wein ist, sondern weil man zuviel getrunken hat.

Der Priester benützt den Wein zum heiligen Meßopfer. Wein wird in der heiligen Wandlung das Blut Christi.

Und so könnte man viele andere Dinge nennen, die man zum Guten und zum Schlechten benützen kann.

Wein kann, im Übermaß genossen, eben zum Säuferwahn führen.

Es kommt im Leben immer wieder auf das gleiche heraus. Auf das Maßhalten.

Und so kochen wir uns eigentlich auch manches an Leid ein, weil wir über das Ziel schießen. Und müssen es dann wieder auslöffeln. Gutmachen.

Maßhalten. Einer hilft uns dabei. Er litt zwar ohne Maß, aber er tat es für uns. Christus.

Ohne Licht kein Schatten. Ohne Tat keine Kritik.

Mit einem einzigen Tropfen Wasser kann man ein brennendes Zündholz auslöschen. Wurde mit dem Zündholz aber Feuer gelegt, dann braucht man einen ganzen Teich zum Löschen des Feuers, das vom Zündholz kam.

Zwei Frauen sitzen mir gegenüber. Die eine doppelt so alt wie die andere. Mutter und Tochter. Siebenundzwanzig und Mitte fünfzig.

Um die Tochter geht es. Von Beruf Hebamme. Wohnhaft und tätig in der Großstadt. Der Kreislauf will nicht mehr richtig funktionieren. Seit jenem Tag.

Seit wann?

„Edeltrude ist im Wald aufgewachsen. Droben im Hügelland. In der Einsamkeit. Mein Mann ist nämlich Förster. Schon als Mädchen hat sie den Vater gerne auf seinen Gängen durch das Revier begleitet. Alle Kräuter und Bäume lernte sie kennen und lieben. Dann kommt sie in die Stadt. Wird Hebamme in einem großen Krankenhaus. Heiratet. Während der ersten Monate der Schwangerschaft nimmt sie an einem Fitmarsch teil. Die vorgeschriebene Tour führt durch einen Wald. Sieht eine Staude und ißt davon sieben reife Beeren. Gedankenlos. Leichtsinnig. Es sind Tollkirschen. Die Rettung bringt sie bei Blaulicht ins Krankenhaus. Der Magen wird ausgepumpt. Nur dem sofortigen Eingreifen der Ärzte und ihrer Kunst ist es zu verdanken, daß sie und auch das Kind am Leben blieben. Die Kleine ist ein Jahr alt und gesund. Die Tochter leidet aber immer noch darunter. Auch seelisch."

Gift ist kein Gift.

Gift ist Gift.

Beides stimmt. Zuerst geht es um das Quantum. Dann geht es darum, daß wir mit allen giftigen Pflanzen vorsichtig umgehen. Nicht leichtsinnig kosten. Oder naschen. Mit Giftpflanzen darf man nicht scherzen.

Heilkräuter kennenlernen. Lieben. Richtig anwenden.

Kleines Habichtskraut
Hieracium pilosella

Sprüche von damals

„Buama, loßt's d' Schaf außa, da Halter treibt vorbei!", sagte meine Mutter.

Der Dorfschafhüter trieb am Morgen die Schafe aller Bauern auf die Weide. Dabei schnalzte er vor jedem Haustor mit seiner langen Peitsche. Wer die Gelegenheit verpaßte, mußte an diesem Tag seine Schafe daheimbehalten und selber füttern.

Diese Redeweise ist mir auch heute noch geblieben und will heißen: „Gewisse Gelegenheiten kommen nur einmal."

„Dreschen doan ma auf Barbara, anbaun auf Josephi", meinte mein Vater.

Zum Fest der heiligen Jungfrau, am 4. Dezember, ist es meistens kalt, da konnte man nicht mehr auf den Feldern arbeiten. Da mußte die gelagerte Ernte gedroschen werden. Zum Fest des heiligen Nährvaters Joseph, am 19. März, steht das Frühjahr vor der Tür. Die Zeit der Aussaat.

Heute heißt das für mich: „Alles zur richtigen Zeit getan!"

„Holzhackern schmeckt auch a Häferlsterz." Hörte ich nicht selten.

Schwarzmehl, Schweinefett, etwas Salz und Wasser. Daraus wurde ein recht klebriger, aber nahrhafter klumpiger Brei gekocht. Der uns Buben nicht besonders behagte.

Die Mutter wollte damit sagen: „Arbeite was, dann schmeckt dir alles."

„Scheckl, geh' in die Hütten!" Beschwichtigte der Briefträger den Beller.

Die ärmeren Leute des Dorfes liebten Hunde. Sie bevorzugten scheckige Dorfmischlinge. Diese standen den ganzen Tag vor dem Eingang und bellten alle Vorübergehenden an.

Die Redewendung wollte sagen: „Nicht so viel Geschrei, es passiert sowieso nichts."

„Pepperl, drah d' Schleifer an, talab geht's!"

Wenn Bauern mit Pferd und Wagen in die Mühle fuhren, mußte immer einer der Buben mitfahren. Der Bauer hielt die Peitsche und das Leitseil in den Händen. Daneben saß der Bub und mußte bei der Talfahrt zur Mühle die Schleife, das ist die Bremse, mittels einer Kurbel andrehen.

Der vorsichtige Vater machte das pflichtvergessene Söhnchen, das rechts und links soviel zu schauen hatte, auf seine Aufgabe aufmerksam.

„Im Wortschwall bremsen, nicht zu arg aufschneiden", heißt diese Redeweise.

„Antschi, kauf' dir an Regenschirm", sagte mein Lehrer Viktor Schneider jenen Kindern, die stolz waren und den Kopf hoch trugen.

Verblüfft schauten die Angesprochenen den Lehrer an. Und er: „Na, damit's dir halt nit in die Nasenlöcher hineinregnet."

Verständlich, auch ohne Kommentar.

„A Müder schloft a auf Drahtstiften", sagte mein älterer Bruder, wenn er morgens etwas zu spät aufstand.

„Plag' dich untertags, dann kennst du keine Schlafstörungen."

Waldalpenveilchen
Cyclamen purpurascens

Körperpflege

Ich hatte einen Onkel. Es war der „Peppi-Onkel". Der jüngste Bruder meines Vaters. Wachtmeister bei der Wiener Polizei. Wohnte im 19. Bezirk. In der Döblinger Hauptstraße.

Er war immer gesund, kannte keinen Krankenstand. Stand frühmorgens auf. Wusch sich bis ins hohe Alter täglich am ganzen Körper kalt ab. Nach dem Abtrocknen rieb er sich mit einer Kräutertinktur ein. Tags darauf nahm er Kräuteröl. Zum Einreiben.

Von ihm habe ich gelernt, daß man mit Tinkturen und Tees, aber auch mit Essigwasser die Haut „streckt", mit Ölen oder Salben „biegt". Das heißt die Haut straff, hart macht und dann wieder schmiegsam, weich. Diese Abwechslung ist notwendig. Für das „Gesundbleiben" sehr vorteilhaft.

Schwächliche Personen, dies ist auf die Gesundheit bezogen, sollen sich zuerst warm abwaschen, dann erst kalt nachduschen oder nur mit einem feuchten Frottierlappen nachreiben. Kräuterbäder werden immer warm genommen.

Den belastenden Umwelteinflüssen kann sich kein Mensch gänzlich entziehen. Temperaturschwankungen, hervorgerufen durch Kälte, Nässe, Wind und Hitze, fordern die Widerstandskraft des Körpers heraus. Das vegetative Nervensystem wird dabei belastet. Gezielte Abhärtung des Körpers steigert gezielt auch die Abwehrfähigkeit. Arbeitet der Verweichlichung entgegen.

Die Körperpflege besteht aus der täglichen Reinigung des ganzen Körpers und der allgemeinen Abhärtung.

Die wichtigsten Körperteile, die einer täglichen Pflege bedürfen, sind Haut, Gesicht, Hände, Füße und Zähne.

Körperpflege ist im weitesten Sinne mit Gesundheitsvorsorge gleichzusetzen.

Die äußere Hülle, die den gesamten Körper umgibt, die von außen her gesehen und wahrgenommen wird, das ist die Haut. Weit davon entfernt, Nacktkultur zu betreiben, strebt jeder Mensch eine zart getönte, samtig weiche Haut an. Jedes gesunde Kind hat eine schöne Haut, eben eine Babyhaut. Die vollkommene hormonelle Ruhe des Körpers im Kindesalter ist die Hauptursache dafür. Erst die beginnende Entwicklung, die Pubertät, ändert die Haut. Und die Änderung geht weiter über die Wechselzeit hinein in das Greisenalter.

Erste Bedingung im Laufe der Jahre, eine schöne, reine Haut zu bewahren, ist, den Hormonhaushalt des Körpers zu regeln. Dazu kommt noch die Tatsache, daß die Haut auf Vitaminmangelerscheinungen sehr empfindlich reagiert.

Pflanzen sind großartige Verbündete der Haut.

Ihre Wirkung ist zweifach: von innen her, aber auch von außen.

Der Hormonhaushalt des Körpers wird durch die Nahrungszufuhr sehr stark beeinflußt. Ungünstig auf die Haut wirken sich aus: fette Speisen, Wurst, Mayonnaise, Bratensoße und alle im heißen Fett mit Semmelbrösel zubereiteten, also panierten Speisen. Aber auch alle Arten von Süßigkeiten, Weißbrot und hochprozentige, trocken-alkoholische Getränke.

Ausgleichend hingegen erweist sich trockenes Vollkornbrot, Knäckebrot, Leinsamenbrot, die Verwendung von frischer Butter und das Trinken frischer Obst- und Gemüsesäfte. Besonders wertvoll sind der *Schwarze Johannisbeersaft, Brennesselsaft, Weißdorn-, Sanddorn- und Weichselsaft.*

Teemischung zum Junghalten der Haut:

Odermennig 50 g, Arnika 35 g, Weißdornblüten oder -blätter 45 g, Kamille 30 g, Lavendel 20 g und Himbeerblätter 20 g.

2 Teelöffel der Mischung mit ¼ l kochendem Wasser abbrü-

hen, 15 Minuten ziehen lassen, abseihen. Zu Beginn jeder Jahreszeit 3 Wochen lang morgens nüchtern und abends 1 Stunde vor dem Schlafengehen je 1 Tasse trinken.

Die Wirkungskraft der Teekur wird noch zusätzlich verstärkt, wenn man während dieser Zeit täglich früh, mittags und abends je 1 Eßlöffel *Karottensaft* einnimmt. Oder statt dessen jeweils 1 Eßlöffel voll *geriebener Karotten* mit einigen Tropfen kalt gepreßtem Olivenöl und ½ Teelöffel frischem Zitronensaft.

Von Zeit zu Zeit durchgeführte Blutreinigungen sind für den gesamten Gesundheitszustand des Körpers äußerst wertvoll, wirken sich aber auch auf die Haut sehr günstig aus.

Einige Wochen hindurch täglich früh und abends je 1 Tasse der **folgenden Kräutertees** getrunken, hat schon manchem geholfen. Besonders das lästige Hautjucken kann dadurch ausgeschaltet werden. Fette Haut wird normal. Die Hautfarbe wird frisch und man fühlt sich wohl in seiner Haut. Nach 3 Wochen wechselt man auf ein anderes angegebenes Kraut über.

Zubereitungsarten:

Aufguß oder Infus: Man übergießt 2 Teelöffel der Pflanze mit ¼ l kochendem Wasser, läßt 15 Minuten zugedeckt ziehen, seiht ab.

Absud oder Dekokt: Man nimmt die gleiche Menge, stellt in ¼ l kaltem Wasser zu, kocht 15 Minuten auf, ergänzt das verkochte Wasser durch Zuguß von heißem Wasser, läßt 5 Minuten ziehen, seiht ab.

Kräutertees: Frische oder getrocknete *Beifußblüten* (Artemisia vulgaris), Aufguß. Frische oder getrocknete *Arnikablüten* (Arnica montana), Aufguß. Frische *Borretschblätter* und *-blüten* (Borago officinalis), Aufguß. Frische oder getrocknete *Wegwarteblätter* und *-blüten* (Cichorium intybus), Aufguß. Getrocknete *Walderdbeerblätter* (Fragaria vesca), Aufguß. Frische *Erdrauchblätter* und *blüten* (Fumaria officinalis), Aufguß. Kleingeschnittenes *Haferstroh* (Stramentum Avenae), Absud. Frische *Kiefern-* oder *Latschenzweige* (Pinus silvestris), Absud. Frische oder getrocknete *Ringelblumenblüten* (Calendula officinalis), Aufguß. Frische oder getrocknete *Salbeiblätter* und *-blüten* (Salvia officinalis), Aufguß. Frische oder getrocknete *Blüten* und *Blätter* vom *Ackerstiefmütterchen* (Viola tricolor), Aufguß. Junge frische oder getrocknete *Brennesselblätter* (Urtica dioica), Aufguß. Frisches *Löwenzahnkraut* mit *Wurzel* (Taraxacum officinale), Absud.

Bei Akne, Hautunreinheiten, Ekzemen, aber auch bei hartnäckigem andauernden Hautjucken:

Innerlich: *Erdbeerblättertee:* 2 Teelöffel zerkleinerter getrockneter Blätter (Fragaria vesca) mit ¼ l kochendem Wasser übergießen, 15 Minuten ziehen lassen (dieses Ziehenlassen ist bei jedem Aufgußtee unbedingt notwendig, weil dadurch erst alle im Heilkraut enthaltenen Wirkstoffe frei werden). Abseihen. Täglich morgens und abends je 1 Tasse ungesüßt trinken.

Äußerlich: *Körperwaschungen:* Brennessel 50 g, Kamille 35 g, Pfefferminze 25 g, Thymian 35 g und Ackerschachtelhalm 55 g. 1 vollen Eßlöffel der Mischung in ¼ l kaltem Wasser 1 Stunde ansetzen, dann kurz aufkochen, 10 Minuten zugedeckt ziehen lassen, abseihen. Der Absud wird möglichst heiß verwendet – die betroffenen Körperteile mit einem Frottierlappen gut abreiben. Nicht abtrocknen. Einziehen lassen. Anschließend mit *Ringelblumentinktur**) einreiben.

Zur Stärkung und Abhärtung der Haut:

Innerlich: *Trinkkur mit Zwiebelsaft:* 3 Wochen lang täglich 3mal, immer vor den Mahlzeiten, 1 Likörglas Zwiebelsaft trinken. Oder *Teetrinkkur:* Rosmarin 35 g, Arnikablüten 25 g, Salbei 40 g, Käsepappel 20 g, Thymian 40 g und Lavendelblüten 40 g. Zubereitung im Aufguß. 2 Teelöffel der Mischung für ¼ l Wasser. Früh und abends je 1 Tasse warm, langsam und schluckweise trinken.

Äußerlich: Die gleiche Teemischung kann als *Vollbad* einmal in der Woche verwendet werden. Besitzt nicht weniger reinigende, keimtötende Wirkung als chemische Hautdesinfektionsmittel oder chemische Kosmetika. Für 1 Vollbad braucht man 125 bis 150 g der Mischung für 1 l kochendes Wasser. Aufguß. Nach dem Abseihen dem Badewasser beifügen. Der gleiche Teeaufguß kann auch als *Dampfbad* in der Sauna verwendet werden.

Kräutervollbäder:

Sie zählen zu den wertvollsten Außenbehandlungen der Haut. Aber auch hier gilt das gleiche: Übertreibung schadet. 2mal wöchentlich ein Kräutervollbad nehmen, genügt vollauf. Ausgenommen bei gezielten Kuren, wo man sich natürlich an den gegebenen Ratschlag halten muß.

*) Zubereitung im Kapitel 30, Seite 133.

Mit gleicher Wirkung kann man den Körper anstatt einem Bad auch mit einer alkoholischen Lösung dieser Kräuter einreiben. Vor allem dann, wenn es an der nötigen Zeit fehlt, ein Bad zu nehmen. Zur Abwechslung nimmt man Salben oder Öle der gleichen Heilpflanzen.

Ich weise hier auf das Kapitel Nr. 13. „Heilende Salben, Öle und Tinkturen" hin, wo Sie noch manchen wertvollen Tip für die persönliche Körperpflege finden.

Zubereitung von Kräuterbädern:

Aufguß: 125 bis 150 g frische oder getrocknete Kräuter werden mit 1 l kochendem Wasser übergossen, ½ Stunde zugedeckt stehenlassen. Abseihen. Den Rückstand nochmals mit 1 l heißem Wasser übergießen, umrühren, auspressen und gemeinsam mit dem ersten Aufguß dem Badewasser beifügen.

Absud: Man nimmt ebenfalls 125 bis 150 g der frischen oder getrockneten Kräutersubstanz, stellt in 1 l kaltem Wasser zu. Kocht zugedeckt 15 Minuten auf. Seiht ab. Den Rückstand behandelt man so wie beim Aufguß. Für Fuß- oder Unterarmbäder genügen 50 bis 75 g der Droge.

Anwendung: *Fichtennadelbad* (Picea excelsa), Absud. Beruhigt, wirkt schmerzlindernd. *Eichenrindenbad* (Quercus robur), Absud. Beseitigt Hautunreinheiten, nimmt Juckreiz. Hilft bei Körperschweiß. Macht die Haut widerstandsfähig. *Weizenkleiebad* (Furfur tritici), Absud. Für empfindliche Haut. *Melissenbad* (Melissa officinalis), Aufguß. Beruhigt bei nervösen Herzbeschwerden (hier den Arzt fragen, ob gebadet werden darf!). Hilft bei Einschlafschwierigkeiten. *Baldrianwurzelbad* (Valeriana officinalis), Absud. Bei Schlafstörungen. Achtung, daß man nicht in der Badewanne einschläft. *Rosmarinbad* (Rosmarinus officinalis), Aufguß. Macht frisch und munter. Darf nie am Abend genommen werden. *Thymianbad* (Thymus vulgaris), Aufguß. Wirkt entspannend bei Wadenkrampf. Bei chronischem Husten zusätzlich mit Thymiandampf inhalieren. *Lavendelbad* (Lavandula officinalis), Aufguß. Bei vegetativer Dystonie, Magen-Nerven-Schmerzen und empfindlicher Haut.

Grundsätzliches über Bäder:

Kalte Bäder: *Temperatur des Badewassers:* zwischen 12 und 18 Grad Celsius, *Dauer:* 10 Sekunden. Langsam eintauchen. Ruhig atmen. Nach Beendigung Wasser gut abschütteln und nachfrottieren. *Geeignetste Zeit:* morgens nach dem Aufstehen.

Warme Bäder: *Temperatur des Badewassers:* zwischen 30 und 37 Grad Celsius. *Dauer:* 20 Minuten. Im Bad Bewegungsübungen durchführen. Abschließend kalt abduschen oder kalt abwaschen. *Geeignetste Zeit:* vor dem Schlafengehen.

Heiße Bäder: *Temperatur des Badewassers:* von 38 bis 45 Grad Celsius. Durchführen wie warme Bäder. *Zweck:* schweißtreibende Wirkung. Nach dem Bad Trockeneinhüllung mit Leintuch und Wolldecke. 2 Stunden Bettruhe. Anschließend Abreibung mit kaltem Essigwasser.

Wechselwaschungen:

Am Morgen zur Förderung des Kreislaufes, zur Abhärtung und zum richtigen Wachwerden. Leicht durchführbar an Händen, Gesicht, Nacken und Brust. Eventuell auch an Füßen und Schenkeln.

Zuerst so heiß wie möglich gründlich abwaschen. Dann ohne Abtrocknen sofort kalt nachwaschen. Anschließend gründlich abtrocknen. Einmassieren nach dem Grundsatz: Einmal strecken, einmal biegen.

Wassertreten und Barfußgehen:

Ort: Fließender Bach oder in der halbvollen Badewanne. Nicht abtrocknen. Wasser abstreifen. Trockene Strümpfe anziehen und Bewegung machen. Das gleiche gilt auch beim Barfußgehen, durchgeführt in taunassem Gras.

Regeln zum Gesundhalten der Haut:

1. Vernünftige Nahrung mit viel natürlichen Vitaminen.
2. Körperliche Reinlichkeit durch sparsamen Seifengebrauch. Nur reine Kernseife verwenden. Kräuterwaschungen durchführen.
3. Keine übermäßigen Sonnenbäder.
4. Wert auf seelisches Gleichgewicht legen.
5. Als Körperwäsche nur Baumwolle, Schafwolle oder Seide benützen. Damit die Haut atmen kann.
6. Für gute Verdauung und täglichen Stuhlgang sorgen und sich genügend Schlaf gönnen.
7. Bei der Behandlung der Haut darauf achten: strecken und biegen. Siehe Anfang des Kapitels!

Pflege der Zähne:

Zähne und Mundhöhle sind die Vorposten des Magens. Für krankhafte Zähne ist der Zahnarzt zuständig. Ihn soll man in regelmäßigen Abständen aufsuchen, auch dann, wenn man meint, es sei sowieso alles in Ordnung.

Zur Vorbeugung hingegen kann man zur Gesunderhaltung des Zahnfleisches und der Zähne selbst manches unternehmen. Vor allem beginnt man mit den Nahrungsmitteln, die kalziumreich sein sollen, wie: *Käse, Kohl, Walnüsse, Haselnüsse, Zuckerrohrmelasse, Spinat, Rollgerste, Haferflocken, Zwetschken, Rote und Schwarze Johannisbeeren.*

Vitamin-D-Spender sind: *Ananaserdbeeren, Butter, Weizenkeime, Speisepilze, alle Milchprodukte, Bierhefe, Thunfisch* und *Sonnenblumenkerne.*

Mundspültee: Fenchelsamen 45 g, Pfefferminzblätter 45 g, Salbeiblätter 25 g, Königskerzenblüten 25 g, Käsepappel 25 g und Rosmarin 35 g. 2 Teelöffel für ¼ l kochendes Wasser. Aufguß. 15 Minuten zugedeckt ziehen lassen. Abseihen. Sehr warm den Mund spülen. Ausspucken.

Körperpflege kurz gefaßt

Vernünftige Körperpflege ist eine der Voraussetzungen, um ein hohes Alter zu erreichen. Dazu gehört noch mäßig essen, einen frohen Sinn erhalten, gute Reinigung des Körpers durch regelmäßigen Stuhlgang und genügend Schlaf vor Mitternacht. Sowie das Festhalten an den Grundsätzen:

1. Der Tag ist zum Arbeiten, die Nacht aber zum Schlafen da.
2. In schweren, trüben Stunden nicht verzagen. „Nach jedem Winter kommt wieder ein Frühling."

Schneerose
Helleborus niger

Meine erste „Tätschen" von der Mutter Hand

Ich möchte eine kleine Begebenheit aus meinem Leben erzählen und muß gleich zu Beginn selber schmunzeln. „Die heilige Barbara und meine erste ‚Tätschen' von der Hand meiner Mutter."

Klar, Sie können sich darunter nicht viel vorstellen. Aber denken Sie doch an eine kleine Dorfkirche. Wenige hundert Meter von der südmährischen Grenze entfernt. Felling heißt diese Ortschaft in der Nähe von Hardegg im nordöstlichen Waldviertel.

Die Kirche ist dem heiligen Petrus geweiht. Jetzt umgebaut, modernisiert. Aber der alte Teil blieb noch erhalten.

Vor zwei Jahren, als ich meine Großnichte dort traute, zog es mich hin an jene Stelle, wo ich mir die erste „Tätschen" von meiner Mutter geholt hatte.

Damals, vor sechsundfünfzig Jahren, hing am Ausgang vom Presbyterium zur Sakristei ein großes Bild an der Kirchenwand. Es stellte die heilige Barbara*) mit dem Turm dar. Gleich daneben

*) Die heilige Barbara, deren Fest am 4. Dezember gefeiert wird, existierte historisch nicht. Als Sterbejahr gilt 306 in Nikomedien. Die Liebe zu Christus, die in den Barbaralegenden klar hervortritt, hat auch für den modernen Menschen von heute beachtliche Anziehungskraft. Sie wird meist mit Ciborium, gehaltener Hostie und mit Turm dargestellt. Sie gilt als Patronin der Glöckner, der Glockengießer, der Bergleute, Artilleristen und Architekten. Wird bei jähem Tod, gegen Gewitter, Feuer und Pest angerufen.

waren Kerzenleuchter mit Wachskerzen an der Mauer angebracht.

Ich war zu jener Zeit neun Jahre alt. Nach den damaligen Bestimmungen durfte ich zum ersten Mal zur heiligen Kommunion gehen. Es war die „Erstkommunion". In diesem Jahr ganz feierlich, weil der Bub des Lehrers und Organisten des Pfarrortes so alt war wie ich. Sein Vater hatte alles in Bewegung gesetzt. Auch die Kirchenmusik, die er selber leitete, damit dieser Tag ja recht festlich würde.

Ich wohnte zirka drei Kilometer entfernt, im Dorf Riegersburg, das zur Pfarre Felling gehörte und auch heute noch gehört. Meine Mutter begleitete mich natürlich an diesem Ehrentag.

Wochen zuvor war der Schneider gekommen, hatte mir ein „sauberes" Gewand mit einer richtigen „¾-Takt-Hose" angemessen, weil die Hosenbeine nur bis zur Hälfte der Waden gingen. Denn eine lange Hose durfte man ja in den Zwanzigerjahren erst nach Erreichen des vierzehnten Lebensjahres tragen. Jetzt genügte für so einen Kleinen, wie ich es war, auch eine „Hochwasserhose".

Ich habe mich auf diesen großen Tag innerlich gut vorbereitet. Habe lange über meine Sünden nachgedacht. Habe sie auch dem alten Herrn Pfarrer gebeichtet. Er hat mich losgesprochen.

Mein Platz nach dem feierlichen Einzug in die Kirche war unter dem Bild der heiligen Barbara. Der Augenblick bedeutete mir sehr viel. Ich blieb bewegungslos während des ganzen Gottesdienstes. Ging zur heiligen Kommunion mit gesenktem Kopf. Kniete mich wieder andächtig unter der heiligen Barbara nieder.

Es fiel mir schwer, den Kopf nicht zu bewegen. Denn unterdessen war etwas geschehen. Die Kerzen neben der heiligen Barbara hatten ihr flüssiges Wachs herunterfallen lassen, und das rann mir nun neben dem Hemdkragen hinein in den Hals, auf den neuen Rock und herunter über Rücken und Brust.

Nicht daß meine Eltern geizig gewesen wären. Aber so ein neues Gewandl für einen Buben kostete ein schönes Stück Geld. Es mußte lange dafür gespart werden. Und jetzt, nachdem ich die heilige Kommunion nach allen Vorschriften empfangen hatte – wir durften ja damals in der Früh keinen Tropfen Wasser trinken –, nüchtern und innerlich freudig gestimmt aus der Kirche ging, da kam meine Mutter. Sie hatte von ihrem Kirchensitz aus, unter dem großen Kreuz auf der „Weiberseite", alles beobachtet und nahm mich heraußen, nach dem feierlichen Auszug, in Empfang. Schob mich hinter einen großen Kastanienbaum.

Ich konnte nicht so rasch schauen. Schon hatte ich eine anständige „Tätschen" sitzen, und die Mutter sagte entrüstet: „Für so bled hätt' i di net g'hoidn, daß d' de grod unter d' heilige Barbara knian muaßt."

Es war eine „Tätschen" von der Mutter, die mir nicht viel Freude machte. Sonst hätte ich nicht geweint.

Aber meine innere Freude an diesem Geschehen war sicherlich größer als der Schmerz der ersten „Tätschen" von der Hand der Mutter.

Ob das Folgen für mein Leben hatte?

Körperlich glaube ich kaum. Kopfschaden ist mir von dieser Ohrfeige scheinbar keiner zurückgeblieben.

Aber etwas anderes geschah.

Von diesem Tag an trat die heilige Barbara in mein Leben ein.

Wie?

Vielfältig.

„Bewirke, o Herr, daß ich auf die Fürsprache der heiligen Barbara von unvorhergesehenem Tod verschont bleibe. Daß ich im Zustand der Gnade aus dieser Welt scheide."

Obwohl nur die Legende die Motivation liefert, daß diese heilige Jungfrau Nothelferin gegen den „bösen und plötzlichen Tod" sei, gab sie mir Anlaß, für diesen so wichtigen Schritt im Leben ihre Fürsprache zu erflehen. Und das seit vielen Jahren.

Schon im Herbst suche ich mir den Kirschenbaum in meinem Garten aus, von dem ich heuer noch die „Barbarazweige" schneiden werde. Zu seiner Zeit! Und ich schneide sie jedes Jahr. Meine Barbarazweige. Vom auserwählten Baum.

Für mich sind Barbarazweige mehr als ein Brauch, der routinemäßig kommt, so wie „alle Jahre wieder . . .". Für mich vereint sich in ihnen schlichte Zeichenhaftigkeit mit ungewöhnlicher Aussagekraft, die beide vereint Hoffnung gebären. Sie sind für mich nicht nur „Reis Jesse", das in einer heillosen Welt durch das Geschehen der Heiligen Nacht Gesundung und Ordnung wiederherstellt. Erinnert mich daran, daß die Liebe zu Christus die stabile rote Achse ist, um die sich mein ganzes Leben im Wechselrhythmus dreht.

Barbara, die „legendäre" Heiligengestalt, mir in meiner Kindheit greifbar und spürbar nahe, ist heute durch ihre Transparenz für Christus bei mir geblieben.

Erst kürzlich, als ich noch an diesem Buch arbeitete, rief mich meine Nichte an: „Onkel, die Heide-Maria hat ein Mäderl geboren. Möchtest's nit taufen? Geht's dir am Pfingstsamstag um elf

Uhr aus? Sie und ihr Mann würden dann mit der Kleinen von Wien heraufkommen. Barbara heißt das Mädchen."

Ich habe zugesagt und kam. Dorthin, wo ich vor Jahren der heiligen Barbara wegen . . . Ja, Sie wissen schon. Haben es ja gelesen.

Herbstzeitlose
Colchicum autumnale

Die Leidensblume Christi

„Mutter, kommt der Förster heute sicher nit raus?"

„Nein, Bub, sei ruhig, gib mir deine Hand, wenn du Angst hast. Bet' schön mit. Der Förster ist schon längst tot, der kommt nicht mehr."

Ich, ein achtjähriges Bübel, betete schön mit: „. . . und gebenedeit ist die Frucht deines Leibes, Jesus. Der für uns Blut geschwitzet hat."

Aber trotz Betens hielt ich die Hand der Mutter vorsichtig fest umschlungen. Und ging weiter. Neben der Mutter.

Jährlich nach dem Osterfest kam so sicher, wie zehn Tage nach Christi Himmelfahrt Pfingsten kommt, der große Freudentag, von dem ich seit Wochen träumte. Der Tag, an dem ich mit zur Großmutter gehen durfte.

Der Weg war lang. Führte zuerst durch den großen Riegersburger Forst, hinein in den Fronsburger Wald. Die großen Bäume, Fichten und Föhren, hie und da eine wuchtige Eiche, drängten mit ihrem Wuchs bis an den Wegrand heran. Schoben ihre Äste hoch oben über dem Straßenschotter nach vorne. Als würden sie um den leeren Raum geizen.

Zwei Stunden lang ging es so dahin. Einmal mußten wir beim „Schwarzen Kreuz" vorbeikommen. Dort hat im Franzosenkrieg ein napoleonischer Reiter den Revierförster erschossen. Das morsche Holzkreuz bückte sich über den verwachsenen Straßengraben. Neigte sich hinein in die ausgewaschene Sandstraße, die wir beide gingen. Meine Mutter und ich. Nach Prutzendorf zur Großmutter. Die schon alt war und sich auf den Besuch von Tochter und Enkel freute.

Trotz der Vorfreude fürchtete ich mich. Vor dem Förster, der dort am Weg sterben mußte. Vom französischen Reiter erschossen.

„Mutter, warum hat der Förster sterben müssen?"

„Weil Krieg war."

Die Mutter verstand, daß mich die Antwort nicht befriedigte.

Und als das Rosenkranzgebet beendet war und zu meiner Freude auch der Förster ausblieb, der tote, da erzählte sie mir vom Leiden Jesu.

Ich stolperte die ausgewaschene Straße dahin. Schritt für Schritt. In meinem Herzen wuchs das Mitleid zum leidenden Heiland. In meinen Gedanken prägte sich die Überzeugung fest: Wirst auch einmal leiden müssen, im Leben. Wennst Jesus gern hast. Er mag dich ja auch. Hat ja für dich soviel gelitten.

Die Leidensblume Christi.

Eigentlich heißt sie *Passionsblume* (Passiflora caerulea). Oder *Passiflora*. Und gehört zu den Passionsblumengewächsen.

Ihre Heimat ist Südamerika und Ostindien. Bei uns trifft man diese Pflanze häufig nur in Zimmerkultur an. Obwohl sie den Sommer über, das ist von Ende Mai bis Mitte September, ohne weiteres in den Garten versetzt werden könnte. Ein Baum im Hintergrund als „Schlinggerüst". Also an halbsonniger Stelle. Hier in unserer Wohnung hat sie eine ganz eigene Form. Kreisrund wird sie gezogen. Erinnert so an die Dornenkrone Christi.

Auf ihrem natürlichen Standort ist sie eine bis zu 5 m lange Pflanze mit rankenden Stengeln. Die gerillten, keilförmigen Blätter sind wechselständig. Der Blattstiel mit zwei Nektardrüsen versehen. Aus den Blattachseln entspringen viele einfache Ranken.

Die Passionsblume. Eine Kletterpflanze. Die Blüten, wer kennt sie nicht, gelten als Symbole der Marterwerkzeuge Christi. Und wenn man sie analysiert, diese Bestandteile, dann findet man die Wundmale. Erblickt die Nägel. Es sind die drei Narben. Eigentlich alles, was dabei war, um Christus leiden zu lassen.

Innerhalb der Blumenkronblätter ziehen die dichten purpurroten Fadenkränze den Blick auf sich. Innen zeigen sich fast schwarze Nebenkronblätter. Aus der Blütenmitte drängen sich fünf Staubgefäße hervor. Die fünf Wundmale.

Christliches Denken hat in der Leidensblume Christi ein Spiegelbild gefunden. Ein Spiegelbild des Leidens. Seines Leidens in der lebenden Natur.

Passiflora ist eine sehr wertvolle Heilpflanze. Zur Zeit der Blüte kann man das ganze Kraut ohne Wurzel verwenden. Man schneidet dieses ab. Zerkleinert und trocknet es.

Ob diese Pflanze ein ganz hochwertiges Hilfsmittel mit einer großen Heilwirkung sein kann?

Ja! Bei nervöser Schlaflosigkeit, Nervosität, Erregungszuständen, Herzneurosen und erhöhtem Blutdruck. Meistens wird ein homöopathischer Auszug, aus der Pflanze zubereitet, verwendet. In Apotheken erhältlich.

Ein Mischtee, der schon vielen geholfen hat, wenn sie nicht schlafen konnten. Also ein richtig guter *Schlaftee mit der Passionsblume.* Er setzt sich folgendermaßen zusammen: Passionsblume 5 Teile, Baldrian 4 Teile, Hopfen 4 Teile, Johanniskraut 3 Teile, Schlüsselblumenblüten 2 Teile und Schlüsselblumenwurzel 1 Teil.

Der Tee wird durch Aufguß zubereitet: Man nimmt 2 Teelöffel der Mischung für ¼ l kochendes Wasser, 15 Minuten ziehen lassen, abseihen. Täglich 1 Stunde vor dem Schlafengehen 1 Tasse trinken. 3 Wochen lang. 1 Woche aussetzen und wiederholen.

Oder wer es einfacher machen will, der nimmt von der homöopathischen Urtinktur 3 Stunden vor dem Schlafengehen stündlich 20 Tropfen. Das ergibt insgesamt 60 Tropfen. Dieses Quantum ist durchaus unbedenklich. Mehr aber nicht einnehmen!

Alljährlich in der Karwoche steht das Leiden Christi vor uns.

ER litt für dich. ER litt für mich. ER zeigt uns so viele Wege und Hilfsmittel, das Leid zu ertragen und zu lindern. Auch durch die Kräuteranwendung.

Das Leiden hat einen Sinn. Und Karfreitag ist wahrhaftig ein Lächeln meiner Seele, wenn ich das Leiden Christi und den Sinn meines Lebens so verstehe.

Bibernellrose
Rosa spinosissima

„Kräuter-Weisheiten“

„Da wett' i um alles auf der Welt. Sog i. Da wett' i!“

„Xandl, wannst mich fragst, sag' i, wett' nit. Hast gestern erst um fünfzig Kilo den Gemeindestier danebengewettet.“

Ein Männerzwiegespräch lautstark hinter meinem Rücken. Als unbestellte Begrüßung bei meinem Einzug in ein Gasthaus im niederösterreichischen Gölsental. Wo ich auf einer Vortragsfahrt um 18.30 Uhr abends endlich mittagessen wollte. Bevor ich weiterfuhr, zur Abendveranstaltung im Nachbarort.

„Und i wett' doch, dös is der Kräuterpfarrer.“

An Schmarrn is' er's. Wo hat er denn seine Kräuterkraxen? I seh' nix!“

Xandl aus dem Voralpenland hatte die Wette gewonnen.

Der Mann, der da hereingekommen war, sich stillschweigend im letzten Eck der Gaststube an einem freien Tisch niederließ, war der Kräuterpfarrer. Buckelkorb trug er keinen auf seinem Rücken. Um die Heilkräuter anzubieten. Wie viele fälschlicherweise meinen, ihn sehen zu können.

Viele wissen nicht, daß die *roten Rosen* (Rosa centifolia), wenn sie nicht gespritzt und mit Kunstdünger behandelt werden, für einen Tee verwendbar sind.

Die Blütenblätter verleihen diesem nicht nur eine besonders schöne Färbung, sondern wirken auch sehr nervenberuhigend.

Es stellt ein richtiges Heilkraut dar, das Rosenblütenblatt. Wir sollten es viel mehr nützen und nicht wegwerfen.

Der Tee schmeckt angenehm. Läßt sich mit Äpfelschalen zu gleichen Teilen leicht mischen und mit Honig süßen.

Die *Kornblume* (Centaurea cyanus) ist ein Oberbauchkraut, aber nicht nur sie allein.

Da gibt es noch die *Bergflockenblume* (Centaurea montana). Sie enthält zwar etwas weniger Heilkraft, erzielt aber in einer etwas größeren Dosierung, 3 Teelöffel statt 1½ für ¼ l kochendes Wasser, den gleichen Heileffekt wie die erstere.

Man darf sie für alle Beschwerden, die mit Leber, Galle, Magen und Milz zusammenhängen, einsetzen. Vor allem in Teemischungen. Der Tee schmeckt bitter. Ist gesund.

Die Bergflockenblume hat den Vorteil, daß sie im eigenen Garten gezogen werden kann, und ich weiß, in meinem Garten wird nicht gespritzt. Bei der Kornblume im Freien ist man sich dessen nicht so sicher.

Die Bergflockenblume gedeiht in jedem tiefgründigen Gartenboden. Ist ausdauernd. Frostunempfindlich. Kann sowohl durch Samen als auch durch Stockteilung vermehrt werden.

Der *Waldmeister* (Asperula odorata) wirkt sehr nervenberuhigend. Man sollte Waldmeistertee jedoch nicht allein nehmen, da nicht jeder den Inhaltsstoff Cumarin verträgt. Könnte beim einen oder andern Kopfweh verursachen. Aber in Teemischungen verleiht Waldmeister einen sehr guten Geschmack. Beruhigt, im richtigen Maß angewandt. Man schläft leichter ein. Wird ein bißchen optimistischer in der Lebensauffassung.

Es ist interessant, daß die Kante zwischen Nutzen und Schaden haarscharf liegt. Denn Heilkräuter sind nicht so unschuldig, wie man sie oft bezeichnet. Wenn man zuviel nimmt, können sie eine ganz andere Wirkung auslösen. Nimmt man zuwenig, dann bringen sie nicht immer den gewünschten Erfolg.

Ich muß das richtige Maß kennen. Die richtige Zusammensetzung der Mischungen nehmen.

Ich kann nicht einfach draußen alles mögliche abrupfen. Heimtragen. Trocknen. Zusammenwerfen. Tee kochen. Trinken. Schimpfen. Wenn's danebengeht.

Ein bestimmtes Wissen gehört dazu. Geht es ja um die Gesundheit. Des Menschen. Und wenn es um die Gesundheit geht, muß man eine ganz klare Linie haben und verfolgen.

Wie heißt es beim Weidmann? „Was du nicht ansprechen kannst, das darfst du nicht schießen.“ Und was du als Heilkräuterfreund nicht eindeutig kennst und nicht genau weißt, wie es wirkt, das darfst du nicht sammeln. Noch viel weniger verwenden!

Was Sie in fast jedem Garten bewundern können, ist der *Flieder* (Syringa vulgaris). Als Heilpflanze kennen ihn die Leute viel zuwenig. Es ist nicht der Holler, der Flieder.

Seine Blütentrauben und Blätter, es können auch veredelte Sorten sein, richtig getrocknet, sind sehr nervenberuhigend und -stärkend, gleichzeitig ein leichtes Tonikum für den Magen.

2 Teelöffel frisch oder getrocknet. ¼ l kochendes Wasser, im Aufguß. 15 Minuten ziehen. Gilt als gesunder Abendtrank.

Die Regel beim *Trocknen* der Pflanzen. Ich habe einmal bei einer Ausstellung einen Apparat, der sehr gut sein mag, gesehen. Dieser ist rund, hat unten eine elektrische Heizung, ein Gebläse und darüber kleine runde Behälter mit feinmaschigem Gitter. Da hinein werden die Kräuter gelegt. Man kann einige Etagen übereinandersetzen.

Gleich von Anfang an habe ich diesbezüglich Bedenken angemeldet. Die Leute machen bei seiner Benützung einen Fehler. Sie sammeln das Kraut, geben es sofort hinein und trocknen das Sammelgut bei 35 oder 40 Grad Wärme.

Jetzt stelle ich eine Frage. Sie haben eine Gefriertruhe oder benützen eine Gemeinschaftsgefrieranlage. Können Sie da sofort das geschlachtete Schwein nehmen, zerstückeln und einfrieren? Nein, Sie müssen es wenigstens über Nacht auskühlen lassen.

Sehen Sie, bei den Kräutern darf man ebenso nicht vom richtig lebenden Zustand sofort zum getrockneten übergehen wollen. Deshalb langsam vortrocknen.

Warum? Weil einige Hauptwirkstoffe äußerst leicht verflüchten. Die ätherischen Öle zum Beispiel.

Werden sie erhitzt, dann entweichen sie, und zurück bleibt nur mehr das Heu mit Bitterstoffen. Die wertvollsten Stoffe sind verschwunden.

Lassen Sie die Kräuter nicht im Korb, sondern hängen oder legen Sie diese auf. So wie bei mir hier auf dem Tisch. Ich nenne den Raum Kräuterbude. Das ist die Galerie des Pfarrheimes. Auf Tischen, da lege ich sauberes weißes Papier auf, und dann breite ich die Kräuter aus. Lasse sie gut anwelken. Anschließend kann man sie eventuell neben dem Herd oder mit einem Trocknungsapparat noch einmal nachtrocknen. Bevor ich sie endgültig lagere.

Also, die Grundregel: Bei nicht zuviel Wärme, vor der Sonne geschützt, in einem luftigen Raum oder im überdachten Freien trocknen. Der leichte Wind ist der beste Helfer. Wenn die Sonne nicht direkt hereinstrahlt, dann bleibt auch die Farbe bestens erhalten. Das Erntegut wird nicht braun.

Da gibt es noch eine Regel: *Blüten und Blätter*, bei zunehmendem Monde gesammelt, bewahren nach dem Trocknen ihre frische Farbe.

Die geeignetste Erntezeit der *Wurzel* und aller unterirdischen Teile ist jedoch der abnehmende Mond. Zur Zeit der Vegetationsruhe.

Heilpflanzenkunde eine magische Kunst? Das Privileg weniger? Eine Geheimnistuerei? „Gschaftlhuberei?" Oder . . .?

Nein! Ist Lebensweisheit. Ist erlernbar. Wenn man Interesse dafür zeigt. Genau ist. Und die Sache ernst nimmt.

Und wann hat man ausgelernt? Nie. Man braucht dazu ein Leben lang. Gerade das ist das Schöne. Gottes Natur ist so reich. Soviel Weisheit steckt darin. Gott selber ist darin verborgen. ER steckt dahinter. Ist da. Nicht passiv. Teilt sich mit.

Heilpflanzenstudium ein Gottsuchen. Ein Begegnen mit IHM. Ein Finden. Ein Besitzen. Freude auf Erden. Himmel im Diesseits.

Silberdistel
Carlina acaulis

Jedes Leid ist ein Wachsen

Der Wald ist schön. Zu jeder Jahreszeit. Ich habe ihn gern. Den Wald. Die vermoosten Bäume, die uns die Richtung weisen. Die Sträucher in ihrer Vielzahl. Die Kräuter, die dort wachsen. Die gute Luft. Die Ruhe. Die Einsamkeit. Das Alleinsein. Das Beimir-Sein. Das Zu-mir-Finden.

Im Wald, da fühle ich mich groß. Ich liebe seine Dunkelheit. Sie tut meinen Augen gut. Ebenso den Nerven.

Ich liebe dann aber auch das Licht, wenn ich aus dem Wald heraustrete. Aus der Dunkelheit des Waldes in das Licht, das mich auf der Wiese umfängt.

Mein Schulfreund Josef, ich habe ganz einfach Pepperl zu ihm gesagt, der hat den Wald auch gern gehabt. Ist deswegen Förster geworden. Unsere Wege haben sich getrennt. Ich bin in die Mission gegangen. Als ich aus China zurückkam, da hatte ich nur den einen Wunsch, meinen Freund zu sehen und bei ihm im Forsthaus zu wohnen.

Sein letzter Aufenthalt vor unserer Trennung war in der Steiermark in einem großen Forst. Ich stellte mir vor, dort müßte er nun Förster sein.

Er, der Josef, war nicht da.

Er war in Sibirien und ist auch dort geblieben. Bis heute. Bis zum Jüngsten Tag.

Ich hörte dann später, wie es gekommen war.

Er hat geheiratet. Die Tochter eines Hegers. Es war Mittag um 11 Uhr. Eine Stunde später, um 12 Uhr, ging der Zug.

Weg vom Altar. Hinein in den Zug. Hinaus auf das Feld nach Rußland.

Er ist dort nicht gefallen, sondern in die Gefangenschaft nach Sibirien gekommen. Mehrere Jahre harte Zwangsarbeit. Unmenschliche Behandlung. Unter der Erde. In einem Bergwerk. Wenig zu essen. Und daheim war Friede.

Eines Tages hätte er heimfahren können, weil er erkrankte. An der Gelbsucht.

Als er seine Sachen zusammenpackt, da sagt ein anderer: „Du bist glücklich. Kannst nach Hause fahren. Hast eine Frau und Kinder, gelt?"

„Nein", erwidert Josef, „Ich habe keine Kinder. Hast du welche?"

„Drei Kinder hab' ich und ich erhalte keinen Passierschein. Ich darf nicht nach Hause fahren . . . Keinen Entlassungsschein."

Wie es genau zuging, weiß ich nicht. Jedenfalls hat es der Pepperl fertiggebracht, daß er dortbleiben konnte. Der Freund ist nach Hause gefahren.

Ich habe nie mehr etwas von ihm gehört. Ich glaube kaum, daß er noch lebt. Er ließ einen anderen an seiner Statt heimfahren. Er selbst nahm die harte Zukunft auf sich.

Der Kamerad fuhr heim. Fand seine Familie. Baute ein neues Leben auf. Lebt es heute noch. 35 Jahre danach.

Christus hat für uns gelitten.

Blut geschwitzt für unseres Herzens Härte.

Gegeißelt für unsere perversen Wünsche.

Mit Dornen gekrönt für unsere bösen Gedanken.

Das Kreuz getragen für unsere sündhafte Bequemlichkeit und Feigheit.

Ist am Kreuz gestorben, um uns aus dem ewigen Haß loszukaufen.

Wenn man hört, wie sich Menschen für andere aufopfern, steht man eigentlich voll Bewunderung da. Sie sind groß im Geist. Groß an der Seele.

Mein Bruder Christus.

Ich denke oft an ihn.

Der größte aber ist ER.

Ich denke an die Wiesen, die umgeackert werden. Da wird das Gras, das dort wächst, weniger. Wenn die Pflugschar die Grasnarbe aufreißt, den Wurzelfilz zerreißt, dann wächst wieder etwas Neues.

Das Leiden in deinem Leben ist die Pflugschar. Du oder ich, wir sind die verfilzte Wiese. Mit Unkraut bewachsen. Die Leiden, Mühen und das Kreuz des Lebens . . .?

Mein Bruder Christus führt den Pflug. ER stellt die Tiefe der Pflugschar ein. ER weiß, wie tief ER gehen muß. Wie tief ER ackern darf. Daß ER nicht auf widerspenstigen Fels stößt. Der die Pflugschar zerbricht. Das Ackern unmöglich macht.

Auch wenn es weh tut. Es ist ein tiefer Sinn hinter jedem Leid. – Auch wenn wir es nicht gleich verstehen. Ein Samenkorn zu einem neuen Beginnen. Zum langsamen Beginnen, aber zu einem ständigen Wachsen.

Jedes Leid ist eben ein Wachsen.

Am Tag nach der Kreuzerhöhung.

Wann ist das?

Das ist am 15. September.

An diesem Tage des Jahres 1726 verpflichtete sich der Bildhauer Jakob Seer, „drei steinerne Bildnisse unseres Erlösers und der beiden Schächer am Kreuz sowie der heiligen Magdalena bis Anfang der Fasten 1727 fertigzustellen. Die beiden Schächer, besonders der rechte, werden als sehr kunstvoll gerühmt. Über Maria und Johannes sowie über die fünf anderen Gruppen haben wir keine Nachricht; doch sind sie wohl alle vom selben Künstler.“*)

In der Nähe der Weinstadt Retz. Zur Stadt gehörend. Liegt der Retzer Kalvarienberg, dessen Name auf das Jahr 1727 zurückgeht. Früher „Katzenberg“ hieß.

Der monumentale Kreuzweg reiht sich auf zunehmend ansteigendem Gelände. Er besteht aus sechs sandsteinernen Statuengruppen in Überlebensgröße. Das Material stammt aus Zogelsdorf, in der Nähe von Eggenburg.

Dieser Kreuzweg ist in seiner Art und Form einmalig. Er umfaßt vor allem die Szenen aus dem schmerzhaften Rosenkranz. Keine vierzehn Stationen, wie sonst üblich, sondern nur sechs sind es. Das erste Gruppenbild eine „Urlauber-Marter“. Im Wald-/Weinviertel-Randgebiet Retz–Eggenburg sehr häufig anzutreffen. Es geht in der Darstellung um den „Abschied Jesu“. Dann folgen

*) Der Retzer Kalvarienberg ist ein Werk der Eggenburger Schule. Dort bestand schon 1631 eine bedeutende Steinmetzinnung. Laut Stadtarchiv Retz Nr. 45,1 und Becker Eggenburg.

die „Ölberg-Szene", die „Geißelung", die „Dornenkrönung", die „Veronika-Szene" tanzt aus der Reihe und ist als einzige von der Kreuzwegszenerie genommen. Den Schlußpunkt bildet die bereits erwähnte „Kreuzigungsgruppe".

Das Wahrzeichen Retz' sind die Windmühlen. Die den Bergrücken krönen und den Kreuzweg sozusagen zur sekundären Erscheinung werden lassen. Sie stammen aus den Jahren 1772 und 1773. Waren Steinmühlen mit einem drehbaren Dache, das mit einem „Schlitten" nach dem Wind eingestellt wird.

So kündet der Retzer Kalvarienberg mit seinen Windmühlen für Einheimische und Besucher aus nah und fern nicht nur vom Wechsel der Zeiten, sondern auch vom Leid. Ein Leid, das nicht als geschichtliche, von den Jahrhunderten verwehte Tat anzusehen ist.

Ein Leid, das stärkt.

Das erhebt.

Das Aufwind nach vorne bedeutet.

Für den, der es erahnt. Erlebt. Und ein bißchen Glauben hat.

Wer Retz hört, denkt an den bekannten Weinort. An der Stufe zum Waldviertel. In Niederösterreich. Denkt an einen fruchtigen, leichten, süffigen Weißwein mit angenehmer Würze. Eine Qualitätsmarke von Weltruhm.

Vielleicht nicht nur.

Sondern auch.

Denkt an die Windmühlen.

Denkt an den Kalvarienberg.

Vielleicht noch an mehr.

An mehr?

Ja!

An das Wachsen durch das Leid.

Walderdbeere
Fragaria vesca

Gesundheit fängt beim Kranksein an

Fängt Gesundheit beim Kranksein an?

Wirklich?

Nein.

Ich erinnere mich an den Ausspruch eines Mannes, der zwei große Wirtschaften besaß. Zwei schöne Bauernhöfe. Er hatte halt immer einen Durst. Der Bauer. Und hat den Wein sehr gern gehabt.

Solange, bis die Bauernhöfe „tschari" waren. Bis sie verwirtschaftet waren.

Dann hat er eines Tages den Ausspruch getan: „Wenn ich gewußt hätte, daß das Wasser so gut schmeckt und auch den Durst löscht, hätte ich meine zwei Bauernhöfe noch!"

Diese Geschichte hat mir meine Mutter oft erzählt. Ich kannte sie schon auswendig. Dabei war meine Mutter kein seltsames Leutl. Sie war recht natürlich. Aber sie wird schon gewußt haben, warum sie uns das öfters schilderte.

Ein bisserl nachdenken über uns selbst. Über unsere Veranlagung. Unsere Neigungen. Über unsere Gesundheit. Das ist das Richtige.

Gesundheit fängt nicht beim Kranksein an. Gesundheit beginnt beim Denken.

Immer wieder, wenn ich zu Vorträgen eingeladen werde, ist

der schönste Teil der, wo ich meine Rede beendet habe und die Leute im Rahmen einer Diskussion spontan fragen. Da ist es immer das allernetteste für mich, so viele Menschen zu sehen und zu hören. Die nicht nur fragen, was kann ich gegen das oder gegen jenes tun, sondern was kann ich tun, um gesund zu bleiben.

Eine junge Tirolerin aus Kitzbühel meint da: „Ich schäme mich nicht zu sagen, daß ich im Bett immer kalte Füße habe. Da zieh' ich einfach zum Schlafengehen frische schafwollene Socken an. Ich kann gut schlafen. Stehe ausgerastet, frisch, munter und mit warmen Füßen auf. Ist das richtig?"

Bravo, junge, mutige Frau aus Kitzbühel. Schreibe ich jetzt. Ein Jahr danach.

Damals antwortete ich ihr in aller Öffentlichkeit: „Ja! Es ist das einzig Richtige. Denn es ist eine erwiesene Tatsache, daß kein Mensch, ob alt oder jung, Alter spielt da keine Rolle, mit kalten Füßen schlafen kann. Die einfachste und gesündeste Wärmequelle ist der eigene Körper, unterstützt und gefördert durch Schafwolle. In unserem Falle sind dies die schafwollenen Socken."

Um gesund zu bleiben, muß man sich erst einmal Gedanken darüber machen. Was sind denn das für Gedanken? Ja, diese Gedanken umfassen meinen Tag, mein Tagewerk, mein Schlafen, mein Aufstehen, mein Essen, mein Arbeiten, meine Freizeit, meine Verbindungen, meine Verpflichtungen. Mein Beten. Eigentlich alles. Denn Gesundheit ist nicht etwas, was man in den Kleiderschrank legen kann und Mottenkugeln dazu.

Sehen Sie, Mottenkugeln soll man ja gar nicht verwenden. Früher haben die Leute Lavendelsträußerl hineingelegt. In den Kasten. Das ist viel gesünder. Und Lavendel gibt es auch heute noch. Wächst auch ganz gut im Blumentopf auf der Fensterbank oder auf der Veranda.

Ja, man kann die Gesundheit nicht weglegen. Sich deshalb darüber Gedanken machen. Warum? Weil Gesundheit und Leben so eng miteinander verbunden sind und das Leben das größte Geschenk ist. Für jeden Menschen, ob er gesund, nicht ganz gesund oder ob er krank ist.

Ein bisserl darüber nachdenken.

Wie lebe ich denn eigentlich? Wie lasse ich als Hausfrau, als Familienvater meine Familie leben? Wie leben wir alle miteinander?

Das lohnt sich. Denn nicht beim Kranksein fängt die Gesundheit an. Es ist viel leichter, gesund zu bleiben, als gesund zu werden.

„Wenn ich violett höre, sehe ich rot."

Das habe ich mir nicht ausgedacht. Das habe ich einmal von jemandem gehört, und zwar von einem Mann. Es ging in einer Diskussion darüber, was die Adventzeit, was die Fastenzeit eigentlich für einen Sinn hat. Ob es nur deswegen diese Zeiten gäbe, damit die Kirche ihre Macht zeigen könne.

Lächerlich. Darum geht es sicherlich nicht.

Oder ob ein tiefer Sinn dahinterstecke.

Ja!

Und da hat ein Mann eben diesen Ausspruch getan: „Wenn ich hör', daß in der Kirche wieder Violett kommt, da werde ich wie ein Stier, der ein rotes Tuch sieht."

Ist das wirklich begründet?

Muß man da wild wie ein Stier werden, wenn Violett kommt?

Worum geht es denn eigentlich?

Die geschlossenen Zeiten, Advent und Fastenzeit, die sind nicht deswegen da, damit keine Unterhaltungen stattfinden. Keine feierlichen kirchlichen Trauungen mit vielem Drum und Dran. Sondern es steckt ein ganz tiefer Sinn dahinter.

Nicht das Wohlbefinden, nicht das Sattsein. Nicht das Voller-Kräfte-Sein allein. Nicht, daß alle Wünsche erfüllt werden, macht den Menschen glücklich.

Glücklich sicher macht es den Menschen, wenn er sich beherrschen, wenn er verzichten kann. Wenn er auch einmal nein sagen kann.

Das Kirchenjahr bringt uns immer wieder das Leben Jesu näher. Jedes Jahr. Zu den kirchlichen Zeiten. Und Festen. Stellt es hinein in unser Leben. Das Leben Jesu. In seinen Etappen des Menschseins auf Erden. Läßt uns mit IHM vergleichen. In ähnlichen Situationen unseres Lebens. Fordert uns auf. Heraus. Leitet uns an zur Nachfolge. Macht uns aktiv.

Dann greife ich zum Kreuz. Zu dem meinen. Denn das ist mein Leben. Und gehe mit meinem Ich weiter. Aber den richtigen Weg. Den gesunden.

Denn Gesundheit fängt beim Denken an.

Khevenhüller-Schloß Riegersburg, Waldviertel

Ein Prophet, der kein Prophet war

Ich bin ein Bauernsohn.

Mein Vater war ein Bauer. Meine Mutter stammte von einem Bauern ab. Und mein um elf Jahre älterer Bruder Rudolf, der heute nicht mehr lebt, hat die Wirtschaft übernommen.

Er nahm mich, den Studenten, in den freien Tagen öfters aufs Feld mit.

Einmal sollten wir Rüben einführen. Die beiden Pferde wurden angespannt. Ich sollte die Seitenwände des Wagens mittels Kette zusammenziehen. Brachte es jedoch nicht zustande. Zwickte mir die Finger ein. Blut rann. Mir war nicht zum Lachen. Eher?

Da sagte mein Bruder: „Heinrich, a Glück" – denn Heinrich ist mein Taufname, heute heiße ich Hermann-Josef mit meinem Klosternamen –, „daß d' studierst, denn für an Bauern wärst d' zehnmal z' blöd."

Mein Bruder, ein realistischer, wohl gebildeter Bauer, der viel las, viele Kurse besuchte, war nicht überheblich, wenn er das sagte.

Es war vielleicht die Wahrheit. Jeder Beruf ist eine Kunst, die man erlernen muß. Man soll eigentlich über nichts einfach oberflächlich richten oder urteilen.

Deswegen jeden auf seinen Platz. Jedem seine Achtung und die richtige Einschätzung der Dinge.

 Da taucht vor mir die Frau Walcher auf. Wir Schüler nannten

sie immer „Frau". Und nie nur „Walcherin". Sie stand jedesmal am Eingang der Schule, wenn wir kamen. Musterte jeden Schüler von auswärts. Die „Überfeldler". Behielt sie im Auge. Vor allem dann, wenn Schlechtwetter war.

„Hast ja nasse Füße. Wart', ich bring' dir Patschen." Und die Frau Schulwart kam mit einem Paar Leihpantoffeln.

Das war die Frau Walcher. Schulwart der Bürgerschule von Frain. Im damals deutschsprachigen Südmähren.

Und wir mochten sie alle. Diese einfache, schlichte Frau. Von kleiner Gestalt. Sauber, aber ärmlich angezogen. Die immer auf ihrem Posten stand. Mit Augen im Kopf. Und Herz in der Brust.

Sah. Spürte. Half. Wenn notwendig. Oft war es notwendig.

In dieser Schule, so erfuhr ich erst vor einigen Jahren, stand in der Schülerbeschreibung des Heinrich Weidinger anno 1932: „Gut mittelmäßig begabt, aber außergewöhnlich fleißig."

Sich selber kennen. Erkennen. Gehört zu den Weisheiten des Lebens. So gehe ich in mich. Stelle Vergleiche an. Erinnere mich an das Gleichnis in der Bibel. Versetze mich in die Rolle des Knechtes, der seine Talente nicht vergrub. Sondern einsetzte. Und vom Herrn gelobt wurde.

Soeben, während ich beim Schreiben bin, berichtet mir einer meiner jungen Mitarbeiter von seiner Beratungsarbeit über Heilkräuteranbau im Waldviertel. Das zu organisieren meine Aufgabe ist.

„Ringelblumen bauen wir heute in Reicharts, Oberndorf, Göpfritzschlag und Hohenwarth." Sagt mir Edmund.

„Bodenbeschaffenheit? Lage des Grundstückes? Vorbereitung des Feldes? Vorfrucht?" Frage ich.

„Entspricht alles den gestellten Anforderungen für Heilkräuteranbau." Der dreiundzwanzigjährige Landwirtschaftsmeister Edmund.

Dann läutet das Telefon: „Herr Pfarrer, wie weit ist das Manuskript ‚Heilkräuter anbauen, Band 2'?" Fragt mein Verlag an.

Ich antworte noch, daß alles fertig sei und ich den ersten Band bereits für die dritte Auflage umarbeite, da wird mir ein Brief vorgelegt.

Er kommt aus Vorderstoder: „Ich möchte für meine Gäste einen Kräutergarten anlegen. Mit welchen Kräutern soll ich beginnen bzw. welche Tees kann man Sommergästen zum Frühstück anbieten? Wir haben zehn Gästebetten und daher möchte ich Sie einladen, bei der Einweihung des Kräuterpfades in Hinterstoder teilzunehmen . . .“

Und meine Antwort: „In bezug auf Kräutergarten würde ich vor allem mit Gewürzpflanzen beginnen, wie Thymian, Majoran, Schnittlauch, Knoblauch und Porree; nicht vergessen Salbei, Kamille, Wermut, Pfefferminze, Melisse, Dillkraut, Bohnenkraut, Ysop und Dost . . .“

„Nur eine Minute“, höre ich hinter mir eine von meinen 13 Mitarbeiterinnen und Mitarbeitern im Paracelsushaus sagen, die dabei ist, für die Rundfunksendung „Kräuterpfarrer Weidingers Kalendarium für Juli“ vorzubereiten. Sie will wissen, ob Johanniskraut und Hirtentäschel genügen. Ob Augentrost und Schattenmorelle für August genommen werden. Und ob das stimmt.

Ja, es stimmt so.

Wenige hundert Meter von der Grenze entfernt. Drüben. Stacheldraht. Tschechische Patrouillen pendeln. Tag und Nacht. Hinter dem Wald liegt eine Kaserne. Dort, wo zu meiner Schulzeit das Forsthaus stand. Der Jelinek-Förster als Junggeselle wohnte. Die Kaufmann-Käthe ihm die Wirtschaft leitete. Und mein Schulweg tagtäglich vorbeiführte.

Heute steht dort nicht mehr der alte Kirschbaum von damals, mit den süßen schwarzen, saftigen Knorpelkirschen, die nicht selten von innen heraus beweglich wurden, und von denen mir die Jungfer Käthe oft zu naschen gab.

Heute steht dort die Militärkaserne. Tag und Nacht hört man Schüsse.

Wer herüben steht, horcht und schaut. Weiß, dort drüben, denen ist nicht zum Scherzen. Dabei steht er in einem friedlichen Land auf freiem Boden. Wo man im Weinland zur Zeit der Lese nur auf Spatzen und Stare schießt. Und das blind. Damit sie verscheucht werden. Und am Leben bleiben. Die Vögel. So denkt man in Österreich. Das ist auch richtig so. Und soll so bleiben.

Wenige hundert Meter von der Grenze entfernt. Herüben. Ein Friedhof. Dort liegt im Grabe meiner Eltern auch mein Bruder. Der um elf Jahre älter war. Mit vierundfünfzig starb. Einst ein Prophet, ohne ein Prophet zu sein, und danebenprophezeite. Sie wissen ja, das mit dem Studieren und dem Bauerwerden.

Ja, das. Ob es stimmt?

Nahrungsmittel und Heilmittel

Lebendes Familieninventar

Nahrungsmittel zweimal unterstrichen. Das gilt für mich. Nein, es gilt für Sie, und darüber möchte ich Ihnen jetzt erzählen.

500 Kilogramm.

Ich wette, das waren 500 Kilogramm.

Das kann mir niemand weismachen, daß das nicht 500 Kilogramm gewesen wären.

Vier Personen. Die wogen ganz sicher zusammen 500 Kilogramm. Vater, Mutter und zwei Söhne.

Ich habe sie getroffen. Das heißt, gesehen. In einem Großmarkt. Ich hatte zufällig auch dort zu tun. Gewogen hab' ich sie auf der Lebensmittelwaage nicht. Wäre auch nicht leicht möglich gewesen.

Es schickt sich nicht für einen Pfarrer, daß er die Leute ausrichtet, wird vielleicht jemand unter Ihnen sagen. Nein. Ich richte niemanden aus. Aber was ich sehe, darüber mache ich mir halt auch Gedanken. Als Mensch oder als Priester? Wer kann sie teilen, die beiden? In einer Person. Eben ein Mensch, der Priester ist. Und bleibt. In alle Ewigkeit.

Und es ist gut so. Das mit dem Priester. Und Menschen.

Diese vier Personen, die waren losgelassen. Auf die Stellagen. Auf all das, was solch ein Großmarkt, ein Lebensmittelmarkt, bietet – gut dastehend, vielleicht zu gut . . . Denn sonst wären sie nicht so schwer gewesen.

Übergewicht ist ungesund, so sagte ich mir. Es stimmt auch.

Das war mein erster Gedanke. Hervorgerufen durch 500 Kilogramm lebenden Familieninventars.

Da hörte ich den Vater sagen: „Buben, sucht's euch nur aus. Könnt's alles nehmen, was euch schmeckt."

Und die Buben, so um die dreizehn, vierzehn Jahre herum, ein Gewicht wie Vierzigjährige, folgten in diesem Punkt wenigstens ihrem Vater.

Gehorsame Kinder, dachte ich. Das war der Gedanke zwei.

Es waren zuletzt schon drei volle kleine Züge, Rollwägelchen, die schwer beladen hinrollten zur Kassa.

Warum ich es sage, Nahrungsmittel und Lebensmittel?

Sehen Sie, auch hier bedarf es einer Besinnung. Essen ist nicht Essen.

„Eure Nahrungsmittel sollten Heilmittel und eure Heilmittel sollten Nahrungsmittel sein!" Sagte schon Hippokrates*).

Gerade die Hausfrau, die Mutter der Familie, die ist es, die bis zu einem bestimmten Punkt verantwortlich ist, was sie einkauft, was sie zubereitet, was sie auf den Tisch stellt. Und der Tisch in der Wohnung soll keine Stätte sein, wo gemästet, sondern wo Kraft geschöpft wird. Getankt. Vermittelt.

Ich bin Prämonstratenser-Chorherr, gehöre dem Waldviertler Stift Geras an. Dem Kloster an der Grenze. Wir haben die Augustinerregel als Lebensregel. Der heilige Norbert von Xanten**) gab sie uns. Der heilige Augustinus***) ist unser Regelvater. Und er prägte den Satz: „Es gibt in jedem Kloster zwei heilige Räume, die Kirche und den Speisesaal." Oratorium. Refektorium. Im Speisesaal holen wir uns Kraft, damit wir in der Kirche dem Herrn dienen, Lob singen können.

---

*) Hippokrates, griechischer Arzt. Um 460 v. Chr. auf Kos geboren, um 370 in Larissa gestorben. Begründer der wissenschaftlichen Medizin. Verfechter einer gesunden Ernährung.

**) Norbert von Xanten wurde zwischen 1080 und 1085 aller Wahrscheinlichkeit nach in Gennep geboren. Gründer des Ordens der Prämonstratenser-Chorherrn. Stammkloster Prémontré bei Laon. Bischof von Magdeburg. Starb am 6. Juni 1134 in Magdeburg. Sein Leib ruht in der Klosterkirche Strahow in Prag. Fest: 6. Juni.

***) Heiliger Augustinus, geboren am 13. November 354 in Tagaste in Nordafrika, Bischof von Hippo. Starb am 28. August 430. Kirchenlehrer. Fest: 28. August. Mutter: heilige Monika. Ihr Fest: 27. August.

Kraftquelle. Das ist die Küche. Denn was in der Küche zubereitet wird, was eingekauft, im eigenen Garten gebaut und verarbeitet wird, das wird dann auf den Tisch gebracht. Und von dort holen die Kinder, der Mann und die Mutter selber wieder die Kraft. Zum Leben. Und solche Kraftquellen, gesunde Kraftquellen, sollen unsere Küchen sein.

Sich darüber Gedanken machen, daß nicht alles, was schmeckt, gesund ist.

„Das darf ich nicht kochen. Das essen sie mir nicht. Und das auch nicht." Klagt die Hausfrau.

Hier, liebe Mutter, ist es richtig, daß du das Zepter in die Hand nimmst. Ein Machtwort sprichst. Entschlossen. Tonangebend sein.

Gesundes Essen macht gesunde Menschen. Gesundheit ist auch eine der Grundlagen zur Fröhlichkeit.

Die Hausfrau, die Mutter, die Köchin ist die erste Assistentin des Gemeindearztes.

Sie ist für das Gesamtgewicht aller Familienmitglieder verantwortlich. Und das muß nicht immer 4x125 sein.

Übergewicht ist Ursache vieler Krankheiten der Bauchspeicheldrüse, des Herzens, des Kreislaufes, der Wirbelsäule, der Gelenke.

Mehr gesunde Nahrungsmittel.

Weniger Heilmittel.

„Ich bin ja nur eine Hausfrau"

Die Beratung ist beendet.

Die Frau aus dem Salzburger Land sitzt mir noch gegenüber. Wir plaudern ein wenig.

„Wenn ich mir eine Frage erlaube. Welchen Beruf üben Sie aus?" Die Frau leidet nämlich seit Jahren an starker Wetterfühligkeit.

Dann schaut mich die achtunddreißigjährige Mutter von drei Kindern verwundert an. Wird leicht verlegen.

„Ich bin ja *nur* eine Hausfrau", sagt sie.

Das klingt fast so, als würde sie dabei um Entschuldigung bitten wollen. Eine Frau, die für drei Kinder von 17, 15 und 12 Jahren zu sorgen hat. Und der Mann Bauleiter bei einer Konstruktionsfirma ist.

„Das finde ich nett, daß Sie ganz für die Familie da sind. Hausfrau ist *auch* ein Beruf." Und das „auch" spreche ich dabei absichtlich gedehnt aus. „Nein", füge ich rasch hinzu, „Hausfrau ist *der* Beruf." Wobei ich „der" besonders stark betone.

Ich erfahre noch, daß die Frau die Handelsschule absolviert hat. Aber nur bis zu ihrer Heirat als Sekretärin tätig war.

In bezug auf Hausfrau–Beruf bedarf es eines Umdenkens.

Bei den Hausfrauen zuerst.

In der öffentlichen Meinung dann.

Dann. Aber nicht zu spät.

Liebe geht schließlich doch durch den Magen!

„Grüß Gott, Herr Pfarrer", und dann . . .

Dann war es mir klar. Jahre nach meiner Priesterweihe. Was es heißt, „Pfarrer" zu sein.

Christus brachte uns die Kunde vom Vater.

Beide sind „eins".

Wer den Sohn erkennt, der erkennt auch den Vater.

Simon Petrus wurde der Nachfolger Jesu Christi auf Erden.

„Jesus erhob seine Augen zum Himmel und sprach: ‚Vater, die Stunde ist da. Verherrliche deinen Sohn, damit der Sohn dich verherrlicht. Denn du hast ihm Macht über alle Menschen gegeben, damit er allen, die du ihm gegeben hast, ewiges Leben schenkt. Das ist das ewige Leben: dich, den einzigen wahren Gott, zu erkennen . . . Für sie bitte ich . . ., denn sie gehören dir.' " (Joh. 17/1,3,9)

Die Apostel sollten Petrus unterstützen, das Wort zu verkünden. „Damit sie meine Freude in Fülle in sich haben." (Joh. 17/13 b)

Petrus starb.

Die Apostel starben.

Petrus folgten andere Stellvertreter Christi auf Erden nach. Bis zum heutigen Tag. Der Papst. Der Heilige Vater.

Die Nachfolger der Apostel sind die Bischöfe. In ihrem jeweiligen Bistum. In ihrer Diözese.

Die Helfer der Bischöfe in den kleinen Kirchengemeinschaften sind die Pfarrer. In ihrer Pfarre.

Die kleinste, aber nicht geringste Kirchengemeinschaft ist die Familie.

Eines Tages, da wurde es mir so richtig bewußt, was es heißt, Pfarrer zu sein. Christi Wort zu verkünden, um die Menschen froh zu machen. Ihnen die „Frohe Botschaft des Evangeliums" weiterzugeben.

Da sagte ich am Ende der Predigt: „Euch Männer schicke ich

seit Jahren nach dem Pfarrgottesdienst am Sonntag ins Wirtshaus zu einem Krügerl Bier, damit ihr unter die Leute kommt. Euch Frauen hingegen schicke ich heim, damit ihr das Mittagessen herrichtet. Euch abrackert. Für Mann und Kinder. Und wenn ihr Männer heimkommt, euch hinsetzt zum Essen, bedenkt ihr da, wieviele Schritte eure Frau unterdessen gemacht hat, damit das Essen auf den Tisch gestellt werden kann? Was tut ihr? Manchmal murren. Das tut ihr. Murren über das Essen. Könntet ihr nicht einmal der Mutter, der Gattin ein Dankeschön sagen? Ihr vor den Kindern, ob die jetzt klein oder groß sind, ein Busserl geben? Brauchet euch nicht zu genieren. Für dieses öffentliche Danke im Kreise der Familie."

Wie das daheim dann war, weiß ich nicht. Nur eines weiß ich. An den folgenden Tagen, wenn ich durch die Pfarre ging und einer Frau begegnete, dann grüßte sie mich freundlich: „Grüß Gott, Herr Pfarrer", schaute etwas verlegen zur Seite und fügte hinzu: „Danke, Herr Pfarrer, für das Busserl von meinem Mann."

Danke!

Für die vielen Schritte, die eine Hausfrau und Mutter und Köchin täglich macht. Um im Haus alles in Ordnung zu halten. Um ein fertiges gesundes Essen auf den Tisch zu stellen.

Ist dafür ein Danke zuviel?

Wird dieses Danke auch gelegentlich ausgesprochen?

Oder wird, heimgekommen, nur kritisiert?

Auch gesunde Kritik muß es in einer Familie geben. Auch das gehört zum gesunden Zusammenleben dazu. Kritik muß aber sinnvoll sein. Darf vor allem die Liebe nicht verletzen.

Kritik muß man geben können. Man muß sie aber auch entgegennehmen können. Ein ewiges Schweigen über Mißstände ist ebenso unverzeihlich wie ein beständiges Nörgeln. Aussprache ist notwendig. Ist heilsam. Ist gesund. Fördert ein klagloses Zusammenleben.

Die Liebe aber muß über allem stehen.

Auch über der Kritik. Ja! Sie muß sie lenken und leiten.

Man muß eben wissen: wann, wo und wie.

Nicht immer gleich herausfahren, wenn etwas nicht paßt. Zuerst überlegen. Nachdenken. Nach einigen Stunden schaut es meistens anders aus. Dann urteilt man erst objektiv, auf die Sache bezogen. Nicht subjektiv, nur vom Blickwinkel des Kritikers her gesehen. Das ist das „Wann".

Nicht jeder Ort ist geeignet, Fehler anderer aufzuzeigen. Oder etwas zu kritisieren. Nicht alles ist für alle Ohren passend. Immer die Persönlichkeit achten, wenn ich etwas auszusetzen habe. Das gilt für die eigene Frau genauso wie für die Mitarbeiter. Gilt auch für Kinder. Das ist das „Wo".

Auf die Art der Sprache, auf die Ausdrucksweise kommt es auch an. Nicht alles sagen, als ob ich „Gottvater auf dem ewigen Thron" wäre. Nicht wie ein Richter im Gerichtssaal reden. Sondern wie einer, der helfen möchte. Mit einem Gesicht nicht wie „ein Wolkenbruch mit Blitz, Donner und Hagelwetter". Sondern losgelöst sprechen. Freundlich. Auch hier wirkt ein „lächelndes Antlitz" Wunder. Das Mitleid, Verständnis ausdrückt. Aber nicht „Selbstherrlichkeit" verkündet. Das ist das „Wie".

Nach jeder Kritik muß man bedenken, daß es wieder weitergehen soll. Das Zusammenleben.

Deshalb „aufrichten", nicht „zusammenschlagen, biegen, brechen".

Auch da ist Liebe erfinderisch.

Und ohne gesunde Liebe, breitspurige Liebe, geht es nicht. In der Familie.

Liebe findet immer wieder einen Weg, sich zu finden.

Der heilige Augustinus weist uns einen davon: „Singe und wandere, Gott steht am Ende der Straße."

Vogel- oder Süßkirsche
Cerasus avium

Von weit her und teuer

Die Wunderwurz mit Schlitzaugen

„Die Welt um mich ist wunderbar."

Ja, Gottes große weite Welt ist wirklich groß und weit. Und . . .?

Und wieviel kenne ich schon davon?

Eben deswegen. Weil ich vieles nicht kenne, lasse ich mich überraschen. Vor allem, wenn es um die Gesundheit geht. Und mir jemand erzählt, da gebe es etwas, daß, wenn, dann . . .

Und ich muß es haben, daß, wenn, dann.

Auch wenn ich nicht weiß, was es ist. Ich aber, vorsichtig wie ich bin und meine Geldbörse nicht übermäßig und überraschend in einen Notzustand versetzen möchte, frage, was es kostet.

„Sieben Schilling."

„Was? Nur sieben Schilling? Das ist doch kein Geld." Stelle ich, erfahren wie ich bin, fest.

Und um diese meine Erfahrung auch unter Beweis zu stellen, frage ich zurück: „Was kostet eine Kinokarte? Ein Straßenbahnschein in Wien?" Mit dieser Frage und der dazugehörigen Antwort habe ich den Gegenbeweis erbracht, daß sieben Schilling kein Geld sind.

Ich hätte aber nicht so voreilig urteilen sollen. Nicht so sehr von mir selber eingenommen sein sollen. Denn . . .

„Für eine Tasse Tee braucht man nur drei Gramm."

„Ah, so ist das! Da kostet eine Tasse Tee einundzwanzig Schilling? Ja, halt's mi, sonst fall' i um. Ja, um Gottes willen, das sind doch siebentausend Schilling für das Kilo!"

Ich hatte recht kalkuliert. Siebentausend Schilling das Kilogramm.

Was?

Seit Jahrtausenden werden Menschen von der Gestalt und der Wirkung bestimmter Wurzeln angezogen. Wie ein Magnet wirken sie, bestimmte Wurzeln.

Eine davon ist die **„Ginsengwurzel"** (Panax schinseng), von der Familie der Araliazeen. Seit 3000 Jahren das berühmteste Arzneimittel der chinesischen Medizin. Sie wird gegenwärtig großflächig in Nord- und Südkorea, in China, in der Sowjetunion und in Nepal gezüchtet und angebaut. Die Ginsengwurzel verzweigt sich in Gabelform. Braucht zu ihrer Entwicklung wenigstens zehn Jahre und erreicht dann eine Länge von 1 m.

In den modern eingerichteten fernöstlichen Plantagen zieht man heute Ginseng in einem Vierjahreszyklus. Dementsprechend ist auch die Größe der Droge, die bei uns auf den Markt kommt. Wie diese Kulturstätten gedüngt werden, damit sie rentabel sind, ist auch den meisten Europäern, die auf die Kraft der teuren Wurzel schwören, unbekannt.

In China und Japan gilt die Ginsengwurzel als Allheilmittel, mit angeblich verblüffenden Erfolgen. Ihre herzstärkende Wirkung ist wissenschaftlich erwiesen. Sie bekämpft Müdigkeit und hält den Alterungsprozeß des Menschen hintan. Wird nur innerlich angewendet.

China hat ein eigenes „Ginsenginstitut" an der Versuchsstation She bawang bei Peking eingerichtet. Die eigentlichen Großanbaugebiete aber liegen in der Mandschurei. Auch ein russisches Institut der Wissenschaftlichen Akademie in Wladiwostok befaßt sich mit den biologisch aktiven Substanzen dieses „Wundermittels".

Die europäische Arzneimittelindustrie aber bezieht ihre Ware ausschließlich aus Kaesong und Kunsan in Südkorea.

Russen und Chinesen verwenden ihre Ginsengerträgnisse nur im eigenen Land. Werten ihre Forschungsergebnisse auch nur für die eigene Bevölkerung aus.

 Die Ginsengwurzel wurde im Laufe der Geschichte von chinesischen Kaisern angewandt. Von christlichen Missionaren eingesetzt und von der Wissenschaft erprobt.

Der Mensch steht seit urdenklichen Zeiten voll Bewunderung vor jener geheimnisvollen Kraft, die sich unter der Erde in den Wurzeln von Kräutern zusammenballt. Die Kraft beginnt im Dunkel. Bei den Wurzeln, im Dunkel der Erde.

Das wußten auch die Wurzelsammler der Steinzeit. Die Mönche in ihren Klöstern im Mittelalter. Das wissen auch heute noch besonders die Bergbauern.

Ob es gerade die „Wunderwurz mit Schlitzaugen" sein muß? Die das Herz gesund hält. Den Kreislauf fördert. Vor Verkalkung bewahrt.

Weil sie so teuer ist. Oder ob gerade das einer der Gründe ist, weil sie teuer ist und von weit her kommt? Daß wir gereizt werden, sie zu kaufen und zu verwenden?

Was ist denn schon eine *Kartoffel* (Solanum tuberosum)? Sie kostet nicht viel. Ist leicht zu beschaffen. Wird im Inland angebaut. Wir füttern damit die Schweine.

Kartoffeln, vor allem Bratkartoffeln, enthalten Stärke, Zucker, Fette und eine große Menge lebenswichtiger Mineralsalze. Auf der ganzen Welt werden gegenwärtig jährlich 350 Millionen Tonnen Kartoffeln angebaut.

„Kartoffeln? Nein! Bitte kann ich Ginsengwurzel haben?"

Auch *Möhren* (Daucus carota) oder *Karotten* will ich nicht. Und dabei wären sie so wichtig für die Stärkung der Sehkraft der Augen. Im Altertum wußte man von der Kraft der Karotte. Man verwendete sie roh oder gedünstet als Aphrodisiakum. Für „müde" Ehemänner. Aber heute muß es Ginseng sein!

Und die *Selleriewurzel* (Apium graveolens)? Wurzel, Stengel und Blätter in der Küche verwenden! Besonders der Preßsaft, 3mal am Tag, mindestens 1 Stunde vor Frühstück, Mittagessen und Abendessen eingenommen, pur oder mit Fruchtsäften gemischt, wirkt als hervorragendes Heilmittel bei Wassersucht, Neigung zu Rheumatismus und Gicht. Wirkt der Fettsucht entgegen. Ist aber auch bei chronischem Lungenkatarrh, bei Brustkrämpfen, verbunden mit Angstgefühl oder Todesängsten, bei Blähungen, Magenschwäche und Appetitlosigkeit sehr hilfreich. Mangelkrankheiten werden dadurch behoben.

Bei schwacher oder unregelmäßiger Regel kommt diese wieder in die richtigen Bahnen und erfährt ihre lebensnotwendige Stärke an Blutfluß.

Schwangere Frauen aber sollen während ihrer Zeit der Hoffnung Selleriegemüse in jeder Form meiden. Schwangerschaftsschädigungen könnten die Folge sein.

Nierenkranke müssen mit Vorsicht Sellerie benützen. Weil dieses Heil- und Gewürzkraut sehr stark den Harn treibt.

Hingegen dürfen Zuckerkranke viel davon nehmen.

Die kreislauffördernde Wirkung wird allgemein anerkannt.

Selleriewurzelknollenöl, aus der Apotheke, früh und abends jeweils 8 Tropfen auf 1 Würfel Zucker eingenommen, stärkt die Nerven und fördert die Sexualkraft.

Frische, zerstoßene Selleriewurzel auf ein Leinenfleckchen gestrichen und aufgelegt, zerteilt die Milchknoten. Kann auch bei Knotenbildung in der Brustgegend der Frau verwendet werden. Achtung! In solchen Fällen den Arzt konsultieren.

Meerrettich (Armoracia rusticana) kann nie genug, aber in nur kleinen Portionen, in der Küche verwendet werden. Der Kren übt eine Reizwirkung auf die Schleimhäute des Magens, des Darmes und auf die Verdauungsdrüsen aus. Wirkt auch antibiotisch, keimtötend. Sein Reichtum an Vitamin C ist sehr hoch.

Wir haben aber auch noch andere wertvolle Wurzeln oder Knollen. Die nicht von weit her kommen müssen. Die bei uns wachsen. Wer kennt nicht den *Knoblauch* (Allium sativum)? Hilft gegen Verkalkung und Vergeßlichkeit.

Und die *Meisterwurz* (Imperatoria ostruthium), die *Angelikawurz* (Angelica archangelica) und die *Enzianwurzel* (Gentiana lutea). Alles magenstärkende Heilpflanzen.

Muß es gerade die Wunderwurz sein? Die so teuer ist und von so weit kommt?

Ich habe nichts gegen die Ginsengwurz. Ich weise nur darauf hin, daß der Herrgott auch in Europa wertvolle Wurzeln wachsen läßt.

Kennen und benützen müßte man sie.

Die Kraft der Wurzeln in der Erde unserer Heimat.

. . . klettere dabei nicht auf die Bäume

Ich war sechzehn Jahre in China. Als Missionar. War Chinese mit den Chinesen. Es war eine schöne Zeit in China. Schade. Aber man kann nicht gleichzeitig an zwei verschiedenen Orten wirken.

Ich bin auch gerne dort, wo ich jetzt bin. Will auch hier bleiben.

Als ich in China war, aß ich viel Bananen. Reife Bananen. Solche, denen es den „Bauch", die Schale, zerrissen hatte. Weil sie reif waren. Die Bananen, die ich aß. Von der Staude herunter.

Aber was sehe ich heute? Wenn ich Bananen sehe?

Grün geerntet. Dann geschwefelt. Geselcht während des Transportes. Auf dem Schiff. In den Kammern des Schiffsbauches. Wo sie untergebracht sind während der Fahrt. Die Bananen.

Einen Namen müssen sie ja auch haben. Damit sie sich leichter verkaufen, die Bananen aus Übersee. Eine Qualitätsmarke muß daraufgeklebt werden. Nichts dagegen. Aber diese Marke macht aus den grüngeernteten Früchten auch keine „reif vom Baum" geernteten.

Eßt Bananen! Eßt sie, wenn ihr wollt. Möchte niemandem das Geschäft verderben. Vor allem den Kleinkindern gebt Bananenbrei. Achtet aber vorerst darauf, wie er und woraus er zubereitet ist, dieser „Markenbananenbrei für Babies". Auch da gab es schon Überraschungen. Die gerade nicht sehr erfreulich waren. Bei Babykost.

In unseren Gärten wachsen Zwetschken und Pflaumen. Viele Bauern ernten sie gar nicht. Weil sie niemand kauft. Die einheimischen Zwetschken. Sie müssen ja aus dem Ausland kommen. Dann sind sie sicher viel wert. Auch wenn sie nichts wert sind. Oder nicht viel wert sind. Die Zwetschken aus dem Ausland. Das sag ich ja nicht. Ich denke es mir nur.

Einheimische Zwetschken essen? Nein! Die sind ja billig und wertvoll.

„Daß ein Pfarrer sarkastisch ist?"

Bin ich gar nicht, sarkastisch. Bin nur ehrlich. Und sage nur das, was Fachleute sagen. Einheimische Zwetschken und Pflaumen haben die gleichen Werte wie reifgepflückte Bananen. Wenn du welche bekommst. Reifgepflückte Bananen. Weil sie den Transport nicht aushalten.

Aber Zwetschken essen!

„Die habe ich lieber, wenn sie weiß sind, die Zwetschken." Sagt mir da einer.

„Ja!" antworte ich ihm. „Die kannst du trinken aus einem kleinen Gläschen. Bei uns in ‚Reichenberg', nein bei uns daheim, sagt man dazu ‚Stamperl'. Und Zwetschkenkerne haben sie auch keine mehr. Die ‚Weißen Zwetschken', die du trinkst. Und wenn du viel davon nimmst, dann wirst eh auch blau davon."

Wir daheim sagen halt zu den „Weißen Zwetschken" Slibowitz, auch Sliwowitz. Kann helfen Grippe vorbeugen. Wenn du nur gelegentlich und nicht zuviel davon trinkst.

Aber trotzdem ist es gesund, Zwetschken und Schwarzbrot zu essen. Im Herbst. Wenn sie reif sind, die Zwetschken, und recht billig auch noch dazu. Vor allem auf dem Lande. Dort bringen sie die Bauern eh nicht an. Kauft sie ihnen niemand ab. Die Zwetscken. Die blauen.

Und weil ich gerade beim Inland bin. Dort wo du lebst. Auch wenn das für dich, lieber Leser, nicht Österreich ist. Ebenso der einheimische Apfel ist gesund. Ist ein kreislaufförderndes Mittel.

„Bleibe im Lande und nähre dich redlich."

Schon einmal gehört? Ja! Ja?

Nicht alles muß von weither kommen. Was auf deinen Tisch gestellt wird. Muß nicht unsinnig viel kosten. Es gibt auch viel Wertvolles im eigenen Land.

Ich kletterte nicht auf die Bäume. Wie die Affen. Auch wenn ich in meiner Missionärszeit in China viele Bananen gegessen habe.

Reife Bananen. Auf den Stauden ausgereift. Durch die Kraft der Sonne.

Heute esse ich Zwetschken. Wenn sie reif sind. Und ein Stück Vollkornbrot dazu.

Schmecken mir die reifen Zwetschken. Die auf den Bäumen reif geworden sind. Noch dazu sind sie billig.

Reinigen den Darm. Die reifen Zwetschken. Enthalten neben Eiweiß, Kohlehydraten, Fett, Stärke, Rohrzucker eine beachtenswerte Menge an Mineralsalzen und Fruchtsäuren.

Zwetschken sind ein mildes Abführmittel. Fördern die Verdauung. Regen den Appetit an. Gekochte Zwetschken, der sogenannte „Zwetschkenröster", sind besonders dann zu empfehlen, wenn ein ausgesprochener Widerwillen zum Essen vorhanden ist.

Nicht genug kann auf den Wert des Zwetschkengenusses für eine gesunde Darmflora hingewiesen werden. Die ausgesprochen quellfähigen pektinartigen Stoffe der Zwetschke, vor allem der gekochten, machen den Stuhl weich und erleichtern die Entleerung des Darmes.

Zwetschken können leicht im Backrohr gedörrt, aber auch in der Tiefkühltruhe aufbewahrt werden. So daß man das ganze Jahr hindurch Zwetschken zur Abwechslung für die Küche bereit hat.

Kiwi ist nicht Kiwi

„Heuer bin ich mit heiler Haut davongekommen. Grippe habe ich keine abgekriegt.“ Sagt die Geschäftsfrau vor der Gesangsprobe des Kirchenchors.

„Ich habe auch fleißig Kiwis gegessen. Und was wir an Kiwis verkauft haben, das ist schon nimmer schön. Jetzt wo's Stück zehn Schilling kostet, geh'n s' nimmer so, die Kiwis, im Geschäft.“

Kiwifrüchte (Actinidia) oder chinesische Stachelbeeren sind länglich-ovale, braune Früchte. Sehr gesund. Schmecken wie eine Mischung von Stachelbeeren, Melone und Ananaserdbeeren.

Enthalten sehr viel Vitamin C. Jenen Ergänzungsstoff, der an vielen unserer Körperfunktionen beteiligt ist. Vor allem an der Bildung roter Blutkörperchen und Nebennierenhormonen. Vermehrt und regelt die Abwehrkräfte des Körpers.

Eine einzige Kiwifrucht enthält bis 300 Milligramm davon. Der Tagesbedarf eines erwachsenen Menschen an Vitamin C.

Actinidia arguta, ein sommergrüner getrenntgeschlechtlicher Schlingstrauch, ist jene Kiwiart, die auch in Europa gedeiht. Während die im Handel angebotenen Früchte ausschließlich aus Neuseeland eingeführt werden.

Kiwisträucher sind leicht in jedem Garten zu pflegen. Brauchen einen warmen, halbschattigen Platz. Lieben keine direkte Sonnenbestrahlung. Werden vier bis fünf Meter hoch und blühen von Mai bis Juni. Im Winter ist eine Abdeckung gegen Frost notwendig.

„Ich bekomme ein paar Kiwi." Sagt da einer, der in ein Lebensmittelgeschäft mit Direktbedienung kommt.

„Kiwi, sagen Sie? Kiwi? Höre ich richtig?"

„Habe Kiwi gesagt und möchte Kiwi haben. Wenn ich Zwetschkenmarmelade gewollt hätte, dann hätte ich Powidl gesagt."

Der Verkäufer hatte wirklich keine Kiwis im Laden. Das war die Wahrheit. Die volle Wahrheit.

Ein junger Mann, der sich gerade eine Wurstsemmel aufschneiden läßt, hört das, springt sofort ein und sagt: „Darf ich Ihnen raten? Gehen Sie doch runter in die Ringstraße, Eckstraße Sandhügel, dort beim Wildscheck bekommen Sie Kiwis auf Bestellung."

„Danke für die Auskunft. Auf Wiedersehen!" Und der rundliche Herr, der scheinbar auf seine Gesundheit viel hält, ist weg.

Auf dem Weg zu seinen Kiwis.

„Einfuhr exotischer Exemplare." Steht auf der Ecke Ringstraße – Sandhügel in Großbuchstaben hinter dem Glas zu lesen. Und darunter als Zusatz: „Was Wildscheck nicht hat, besorgt er."

Da bin ich richtig, denkt Richard Scheibenpflug. Geht schnurstracks beim Wildscheck hinein und verlangt, von einer netten älteren Verkäuferin freundlich begrüßt, „ein paar Kiwis".

War es das gepflegte Äußere des Kunden oder sein lächelndes Antlitz? Jedenfalls, er wird in einen Raum geführt. Darf kurz warten, bis der in Eile verständigte Chef persönlich ebenso eilig erscheint.

Im Endeffekt war Herrn Scheibenpflug der Einsatz für die Bestellung von ein paar Kiwis zu hoch. Fünftausend Schilling in bar, sofort hinterlegen, und nach Empfang der Ware noch einmal den gleichen Betrag zahlen.

„Ja seid's denn narrisch? Und der Klepplmeier ißt jeden Tag an Kiwi um fünftausend Schilling. Wem hot's denn do?"

„Moment, wie heißen Sie, haben Sie gesagt?"

„Scheibenpflug. Richard Scheibenpflug."

„Lieber Herr Scheibenpflug! Sie sind hier in einer Tierhandlung. Und wollen ein Paar, das sind zwei Stück, also Männchen und Weibchen, nehme ich an, Kiwis kaufen."

Richard Scheibenpflug wußte jetzt, was er wußte. Daß er sich nämlich unsterblich blamiert hatte und daß er sein Leben lang nie Kiwis essen wird.

„Die soll der Klepplmeier essen. Seine Kiwis. Der klepprige Meier. Der!"

Kiwis kommen ebenfalls aus Neuseeland. Leben dort in dichtbewaldeten Gebieten. Sind flügellose Vögel mit langem und leichtgebogenem Schnabel, der an der Spitze die Nasenöffnungen trägt. Damit spürt er im Boden Würmer und Insektenlarven auf, die als Nahrung dienen. Die Kiwis sind Nachtvögel mit an der Schnabelbasis befindlichen Tastborsten. Als Nest dienen Erdhöhlen. Da hinein legt das Weibchen zwei Eier, die es innerhalb von 65 bis 80 Tagen ausbrütet.

Ja! Kiwi ist eben nicht Kiwi.

Ist nur das wertvoll, was von weit her kommt?

Die Ringelblume drängt sich sozusagen selbst auf. So wie unendlich viele andere Heilpflanzen. Wachsen um uns herum. Wenn wir wollen, daß sie wachsen. Sie müssen nicht vom Ausland kommen.

Für vieles, was bei uns nicht heimisch ist, gibt es gleichwertigen Ersatz im eigenen Lande.

Nicht alles, was von auswärts kommt und verhältnismäßig viel kostet, ist auch wertvoller.

Eines ist sicher, es hilft denen, die es verkaufen.

Schätze all das, was deine Heimat dir an Wertvollem bietet.

Himbeeren, Stachelbeeren, Brombeeren, Heidelbeeren, Erdbeeren, Preiselbeeren, Hagebutten und Sanddorn enthalten Vitamin C. So wie Kiwifrüchte. Nicht zu vergessen alle einheimischen Äpfel und Birnen, Zwetschken, Pflaumen, Mirabellen, Ringlotten, Pfirsiche und Marillen. Ebenso alles frische und grüne Gemüse. Kartoffel, besonders gebratene. Alle Kohl- und Krautarten. Paprika, Tomaten, Karotten. Auch Milch und Leber sind Vitamin-C-Träger.

Muß es gerade Kiwi sein?

Der Korbblütler Ringelblume

„Herr Pfarrer, schau'n S' beim Fenster runter."

„Spinnst d'? Hat ein Pfarrer nichts anderes zu tun, als beim Fenster hinunterzuschauen am hellichten Tag?"

„In der Nacht, wenn S' runterschau'n beim Fenster, sehen S' erstens eh nix, weil's finster is in der Nacht. Und zweitens san S' dann meistens nimmer da."

Und ich habe hinuntergeschaut beim Fenster. Im Paracelsushaus. Von meinem Arbeitszimmer.

Dachte mir dabei, daß dieses Gespräch zwischen einer meiner Mitarbeiterinnen und mir nicht gerade sehr geistreich war. Schuld daran war ich selber, weil ich den Grundsatz habe, und dem bleib' ich auch treu, daß man nicht ewig „stur" sein soll. Nicht immer „Habtachtposition" einnehmen, mit „Hände an die Hosennaht" und die „Hacken stramm zusammengeschlagen".

„Leut'ln, blöd'lt's hie und da a bisserl", sage ich nicht selten. Wenn sie es tun, die Leut'ln, dann darf ich mich nicht wundern. Oder gar ärgern.

Ärgern tat ich mich nicht. Beim Hinunterschauen vom Fenster. Aber gewundert hab' ich mich. Vom Fenster aus.

„In unserem Heilkräuterbeet blüht ja schon alles voller *Huflattich* (Tussilago farfara)!"

Ja! Er hätt' auch ohne meine Feststellung geblüht. Der Huflattich. Aber ich habe es zuvor noch nicht gesehen und mich nicht darüber gefreut. Jetzt konnte ich das Versäumte nachholen. Ich tat es. Holte es nach. Gründlich. Und erfreute mich am Anblick so vieler „Gelbheit" auf braunschwarzem Humusboden.

Der Huflattich ist der erste Korbblütler, der uns auf dem Weg durch das Pflanzenjahr begegnet. Er fördert die Atmung, lindert den Husten, löst die Brustverschleimung. Verwendet werden vor allem die Blätter. Frisch oder getrocknet. Als Tee im Aufguß zubereitet.

Zaghaft, aber sicher löst sich von der Grundrosette am Boden die Blüte des *Löwenzahns* (Taraxacum officinale) und erfüllt den Frühling mit Leben. Weil sich eine Unzahl von Bienen um ihn tummelt. Kaum ist er verblüht, der Löwenzahn, drängt sich der *Wiesenbocksbart* (Tragopogon pratensis) nach vorne bis zum Straßenrand. Und die weißen *Margeritenblüten* (Leucanthemum vulgare) mit ihrer gelben Mitte? Wo wachsen sie nicht?

Wenn das Sonnwendfeuer von den Bergen leuchtet, auf Johanni, und den Sommerbeginn ansagt, dann blüht die stramme Schwester der Ringelblume, die *Arnika* (Arnica montana), Bergwohlverleih, auf Bergwiesen und bei Mooren. An Wegen, entlang den Straßen steht dann der „Hansl am Weg", Zigori oder *Wegwarte* (Cichorium intybus) genannt.

Und jezt beginnt ein Blumenreigen auf Wiese und Feld. Tonangebend sind die Korbblütler. Das reinste Familientreffen ist es, was uns da begegnet. *Kamillenarten* (Chamomilla), *Schafgarbe* (Achillea millefolium), *Disteln* (Carduus) in dutzendhafter Vielfalt, das *Kunigundenkraut* (Eupatorium cannabinum) und das *Jakobskreuzkraut* (Senecio jacobaea). Die *Goldrute* als *Echte* (Solidago virgaurea) und *Kanadische* (Solidago canadensis) steigt von den Auen bis hinauf in die Berge. Leuchtet hell golden und lockt die Bienen an, bevor diese in ihren Stöcken eingefüttert werden.

Das ausklingende Vegetationsjahr prangt in allen Farbschattierungen der *Astern* und *Georginen*. *Chrysanthemen* zieren noch die Gräber, bis der Frost einzieht.

Die Ringelblume hat eine große Verwandtschaft. 800 Gattungen allein zählt die Familie der Korbblütler. Aufgeteilt in 13.000 Arten. In der ganzen Pflanzenwelt findet sich nichts Ähnliches an Vielfalt und Anzahl.

Sie halten aber auch zusammen. Die einzelnen Arten. Treten gern in größeren Gemeinschaften auf. Manche, wie die *Sonnenblumenarten* (Helianthus), werden feldmäßig angebaut und industriell genützt. Andere sind in unendlich vielen Züchtungen der Stolz der Gärtner geworden: *Thalien*- und *Helenumsorten*.

Und der bittere *Wermut* (Artemisia absinthium), der den Wein zum Wermutwein macht und als Heilpflanze eine unserer besten Blutbildner ist? Auch er gehört zur gleichen Familie.

Wer kann sie aufzählen, die 800 Gattungen mit all ihren Eigenarten und Merkmalen? Einen Teil nur, einen winzig kleinen, unter die Lupe genommen, offenbart uns schon die Tiefe und Breite einer unbegreiflichen Unendlichkeit und Unergründbarkeit eines einzigen Schöpfergeistes.

Dankbarkeit und Liebe erfassen mich, wenn ich mich auch nur ein bißchen hineindenke, inmitten des bleibenden Wunders, in dem ich tagtäglich lebe. Dem Wunder der Natur.

Der Botaniker teilt die Korbblütler in zwei Gruppen ein. In Röhrenblütler (Tubuliflorae), ihre Hauptvertreter sind die Distelarten, und in Zungenblütler (Linguliflorae), wie Wegwarte und Löwenzahn. Zu den höchstorganisierten Familienangehörigen zählen jene, bei denen sowohl das Zentrum, die Röhre, als auch die Peripherie, die Zungen, vorhanden sind. Neben der Sonnenblume, der Margerite und der Arnika gehört auch die Ringelblume dazu.

Alle Korbblütler sind mit der Welt des Lichtes eng verbunden. Sie sind Lichtsucher, Lichtstreber, Lichtspeicher. Fliehen vor dem Dunkel, dem Feuchten. Ihre Farben sind sonnig-licht. Der Duft, den sie ausströmen, ist zart, trocken-süß, nicht aufdrängend.

Korbblütler sind ausgewogene Pflanzen. Sie gehen in die Waagrechte. Halten das Gleichgewicht. Wenden sich mit der Kehrseite ihrer Blüte der Erde zu. Die Oberseite aber strebt suchend und beständig zur Sonne. Bietet ihr eine breite Tragfläche an, auf die sie Wärme und Licht abgeben kann. In Fülle.

Korbblütler sind Meister des Lebens. Des Lebens in der gesunden Mitte.

Sie werden im Feucht-Erdhaften, ohne hier haften zu bleiben. Streben nach dem Kosmisch-Unendlichen, dem Hellen-Warmen, ohne das reelle Bodenhafte aufzugeben.

Zwischen oben und unten, mittendrin, da entsteht ihre Heilkraft. Ihre Werthaftigkeit.

Ein Korbblütler. O könnt' auch ich einer sein. Und Mensch zugleich.

Mit beiden Füßen im Leben stehen. Positiv. Kraft und Licht von oben erbittend, suchend.

Aus der Erde kommend. Zum Lichte unterwegs. Das möcht' ich sein!

Der Schubert-Franzl

Sie haben richtig gehört.

Es ist nicht Franz Schubert gemeint, sondern der Schubert-Franzl.

Nicht, daß ich so „du per du" mit dem Liederfürsten wäre. Es fällt mir gar nicht so leicht, das Singen. Ich bin ganz unmusikalisch. Obwohl ich das Geigenspielen als Bub auch erlernt habe.

Und da ging ich bei einer älteren Dame, einer Baronin aus Ungarn, die in Frain lebte, in die Schule. Sie spielte Geige, ich spielte Geige. Und da zählte sie eins, zwei, drei, vier. Und weil ich es halt mit dem Takt nicht so genau nahm, klopfte sie mir dabei manchmal auf den Kopf, genau im Takt. Und sagte, „nicht da-ne-ben-grei-fen". Eins und zwei. Und wieder ein Schlag auf den Kopf. Mit dem umgekehrten Geigenbogen. Er hielt es aus. Mein Kopf. Der Geigenbogen auch.

Also nicht, daß ich mich an Franz Schubert erinnere. Sondern als ich in die Bürgerschule nach Frain ging, da war ein Bub, der saß neben mir und hieß Schubert Franzl. Ein Waisenbub. Von Nordmähren kam er. Ging mit den anderen Waisenbuben in die Schule. Sie hatten alle das gleiche Gewand an. Hatten immer Hunger.

Ich werde sie nicht vergessen. Die „große Pause".

Ich bekam von daheim einen Apfel mit. Da bat er mich

jedesmal um den „Puatzn". Also um das, was beim Apfelessen übrigbleibt. Das brachte ich nicht übers Herz. Ich konnte ihm diesen „Puatzn" nicht geben. Ich gab ihm meinen Apfel.

Bei meiner Heimkehr erzählte ich es meiner Mutter. Wie ich ihr immer alles mitteilte, was in der Schule los war. Sie hörte zu und schwieg.

Später hatte ich zwei Äpfel im Schulsack. Die Mutter hatte sie hineingegeben.

Einen aß der Schubert-Franzl. Und das, solange wir Äpfel in der Kammer hatten.

Wenn ich sehe, wie die Äpfel da und dort gar nicht geerntet werden, wie sie draußen liegenbleiben, da tut mir das Herz weh. Und ich denke dabei an den Schubert-Franzl von damals.

„Wenn der Herrgott es wachsen läßt", so hat meine Mutter gesagt, „dann kannst du dich wenigstens bücken und es aufklauben. Bub, verurasse nichts!" Das heißt, lasse nichts zugrunde gehen.

Letzten Endes ist alles eine Gabe Gottes. Was gewachsen ist, sollen wir auch nützen. Die Mütter dürfen es nicht so leicht nehmen. Sprechen Sie mit Ihren Kindern, wenn Sie das oder jenes bei ihnen korrigieren. Es bleibt fürs ganze Leben.

Meine Mutter lebt schon lange nicht mehr, und ich orientiere mich immer wieder danach.

Es bleibt so vieles im Leben hängen. Man kann viel mehr Gutes tun, wenn man mit Menschen Kontakt hat. Wenn man ihnen hilft, vor allem der Jugend. Ihr Gelegenheit gibt, von der Erfahrung der Erwachsenen zu profitieren.

Wenn ich Schubert Franzl höre, denke ich gerne an diese Zeit zurück.

Schubert Franzl. Äpfel. Nichts zugrunde gehen lassen.

Auch ein Auge und ein Ohr für die Not der anderen haben.

Zur Zeit der großen Feste des Jahres, zu Weihnachten, Ostern und Pfingsten. Da hört man immer wieder, daß sich viele Menschen mit Gabel und Löffel ihr eigenes Grab schaufeln.

Es ist eigentlich furchtbar, wenn man sich überißt. Wenn man kein Maß kennt. Beim Essen.

In China habe ich gesehen, was Hunger heißt. Wissen Sie, wenn Sie einmal dastehen und sehen, wie Überbleibsel von Fischen, wo nur mehr Kopf und Gräten dasind, weggeworfen werden und sich Kinder darum raufen. Wenn sie diesen Fischkopf in den Mund stecken und versuchen, hineinzubeißen. Wenn man miterlebt hat, was Hunger heißt, wird einem ein bisserl anders. Und da sind es nicht die Pflichtkollekten oder ist dieses Dabeiseinmüssen, etwas Gebenmüssen, sondern man wird anders.

Ich schiebe das Sterben so lange hinaus, wie es nur geht. Ich sterb' wirklich gern. Einmal, weil das Sterben für mich ein Vollenden ist. Aber mit Löffel und Gabel möchte ich mir mein Grab nicht selber schaufeln.

Gott sei Dank, daß mir nichts fehlt. Aber die Hand ausstrecken, das Herz weit machen. Es gibt so viel Not. Ich glaube, das würde uns zweifach, zweimal gesund machen, wenn wir selber ein bisserl Wert auf das Fasten legen würden.

Und wenn wir auch anderen mitteilen würden: Geben macht immer seliger als nehmen.

Wir erwarten uns oft etwas. Geben wir den anderen. Macht Freude. Auch glückliche und zufriedene Augen, die einen anblicken, können ein wunderbares Geschenk sein.

Tag der Unschuldigen Kinder 1982. Ich spreche über Radio Klagenfurt in der Sendung „Magazin für die Frau". Unter anderem erzähle ich die Geschichte vom Schubert Franzl.

Zwei Tage später erreicht mich folgender Brief: „Sehr geehrter, lieber Herr Pfarrer!

Vergeben Sie bitte meine Zeilen an Sie! Aber ich habe Sie gestern im Rundfunk gehört und war von der Güte Ihrer Stimme und von Ihren berichteten Begebenheiten tief beeindruckt.

Ganz besonders hat mich Ihr Schulkamerad ‚der Schubert-Franzl' ergriffen in seiner hungernden Waisenarmut . . . Mein Gott, ist das herzzerfetzend zu denken, daß es Menschen gab und noch heute gibt, die so sehr hungern . . . da dachte ich mir, daß in Ihrer Umgebung vielleicht auch irgendwo in einem Eckerl ein Schubert Franzl auf ein gutes Stück Brot mit Wurst Gusto hätte.

Armut gibt es ja bei aufmerksamer Sicht auch heute noch. Darum bitte ich Sie, Hochwürden, meinen guten Willen recht zu verstehen und meine bescheidene, aber aus dem Herzen kommende Beilage als ein ‚verspätetes Weihnachtskerzlein' zu verwenden. Danke!"

„Liebe Frau S. L. aus Wien: *Ich danke!*"

Ich versuche ein ganzes Jahr lang, ein „Weihnachtskerzlein" brennen zu lassen.

Was die Ringelblume alles kann

Die Ringelblume ist ein Wundkraut.

„Die Kühe der kleinen Leute", hörte ich oft sagen, als ich vor dreißig Jahren, als Missionar von China zurückgekehrt, meine Pfarre übernahm.

Soeben hatte ich die Bremse gezogen. Das Fahrrad stand still.

Ich konnte absteigen. Daheim angelangt. Nach sechs Stunden Religionsunterricht. Auswärts. Da stehen vor mir ein halbwüchsiger Bub und neben ihm eine Ziege an der Leine.

„Nicht ich, Herr Pfarrer, die Ziege. Suche den Herrn Bräuer." Nur stotternd brachte er es hervor. Bevor ich mich richtig zurechtfand, mit hungrigem Magen, um halb drei Uhr nachmittags, um der Situation gerecht zu werden, hörte ich hinter mir: „Bin eh schon da, kenn' mi schon aus."

Bevor ich mich auskannte, war der Karl mit seiner Ziege und dem Herrn Bräuer verschwunden.

Ein Mann half mir gelegentlich bei den Arbeiten im Pfarrgarten. Er hieß Bräuer. War Pensionist. Und hielt sich einen Ziegenbock. Den einzigen weit und breit. Da begann jedes Jahr ein Zuwandern der Ziegen. Auf Kurzbesuch. Damit es wieder junge Zicklein und Ziegenmilch gab. Das war immer so um das Fest der großen heiligen Theresia*) herum. Mitte Oktober.

 Um Ziegenbutter zu machen, braucht man vorerst einmal

Ziegenmilch. Ziegenbutter wieder, 4 Teile, mit 1 Teil frischer zerquetschter Blüten der Ringelblume gut vermengt, ergibt die berühmte „*Ringelrosenbutter*". Sehr beliebt und bekannt in der Schweiz und im Bodenseegebiet.

Bei verdorbenem Magen, Magenkrämpfen und -schmerzen bestreicht man damit einen Leinenflecken und legt ihn 8 Stunden lang auf. Nach kurzer Zeit sind meistens die Schmerzen am Abklingen und verschwinden dann ganz.

Als Wundsalbe mit Erfolg verwendet bei krebsartigen Geschwüren und Geschwülsten, bei offenen Füßen, bei Beinfraß, Schenkelgeschwüren, bei bösen eitrigen alten Wunden.

Die Naturheilkunde kennt vier wertvolle, erprobte Wundheilpflanzen: **Arnikablüten, Beinwellwurz, blühendes Johanniskraut und Ringelblumenblüten.**

Bei der Anwendung ist zu beachten: am besten wirken *Arnikatinktur, Beinwellpflaster, Johanniskrautöl* und *Ringelblumensalbe.*

Es ist nicht gleichgültig, wofür man was verwendet. Um den besten Erfolg zu erzielen, gilt im allgemeinen die Grundregel: *Arnikablüten* (Arnica montana) bei frischen Wunden, Hautabschürfungen und Prellungen. *Beinwellwurz* (Symphytum officinale) bei Knochenbrüchen, Knocheneiterungen, Sehnenverletzungen und bei alten eitrigen, hartnäckigen Wundgeschwüren, die sich jeder anderen Behandlung gegenüber widerspenstig verhalten. *Johanniskraut* (Hypericum perforatum) bei Brandwunden, bei frischen Verbrennungen, Erfrierungen und Frostbeulen – auch wenn diese schon aufgesprungen sind. *Ringelblumenblüten* (Calendula officinalis) bei eitrigen, nässenden, schrundigen Wunden, bei Fußgeschwüren, Abszessen und Furunkeln.

Aus meiner Praxis habe ich die Erfahrung gemacht, daß ich bei jeder Wundbehandlung, welche Heilpflanze ich auch immer dazu verwende, während der ganzen Zeit der Behandlung täglich morgens für Erwachsene 8 Tropfen, für Jugendliche 4 Tropfen *Arnikatinktur* auf 1 Eßlöffel Wasser einnehmen lasse. Anschließend 1 Tasse *Brombeerblättertee* (Rubus fruticosus) nachtrinken. (2 Teelöffel getrockneter Blätter für ¼ l kochendes Wasser, im Aufguß zubereiten, 15 Minuten ziehen lassen, abseihen. Honig und etwas Zitronensaft beigeben.) Dadurch wird die Abwehrkraft des Körpers gesteigert und die Persönlichkeit gestärkt.

---

*) Theresia oder Teresa von Ávila. Geboren 28. März 1515 in Ávila. Gestorben 4. Oktober 1582 in Alba de Tormes. Fest am 15. Oktober. Von Papst Paul VI. am 27. September 1970 zur Kirchenlehrerin erhoben.

Arnikatinktur:

200 g Arnikablüten, frisch oder getrocknet, werden in 1 l 70prozentigem Weingeist 14 Tage lang in die Sonne gestellt, abgeseiht. Den Rückstand mit ¼ l abgekochtem und ausgekühltem Wasser 3 Stunden stehenlassen. Dann der ersten Flüssigkeit beifügen. Nochmals 14 Tage in die Sonne stellen. Nun dunkel und kühl lagern.

Beinwellpflaster:

Frisch gegrabene, gut gereinigte Beinwellwurz von der schwarzen Rinde befreien, zerquetschen und auflegen. Die Wurzel kann aber auch getrocknet und pulverisiert werden. Dieses Pulver wird auf ein heiß-feuchtes Leinenfleckchen gestreut, geglättet und aufgelegt. Das Pflaster alle 5 Stunden erneuern.

Johanniskrautöl:

250 g blühendes Johanniskraut werden mit 1 l kalt gepreßtem Olivenöl 14 Tage in die Sonne gestellt, abgeseiht, der Rückstand ausgepreßt und das Öl kühl und dunkel gelagert.

Ringelblumensalbe:

2 Teile Schweinefett, am besten ist das sogenannte „Darmfett", und 1 Teil Schaftalg gut schmelzen, eine Weile aufprasseln lassen und 1 Teil Bienenwachs hinzufügen. Dann wird auf Sparflamme gestellt und ¼ Gewichtsteil frischer Ringelblumenblüten eingerührt. Gut ist es, wenn dabei der Topf auf einem Gitterrost 1 cm über der Herdplatte zu stehen kommt. Beständiges Umrühren ist erforderlich. Heiß in Tiegel füllen, im warmen Raum abkühlen lassen. Abschließen. Kühl und dunkel lagern.

Ringelblumenbad „forte":

Kraut und Blüten der Pflanze, zirka ½ kg, werden mit 1 l kochendem Wasser abgebrüht und zugedeckt 1 Stunde stehengelassen. Abseihen und dem Badewasser beifügen.

Hilft bei Krätze, Flechten, schrulliger, faltiger Haut, bei Hautunreinheiten, verhärteten Drüsen und allgemein zur Gesunderhaltung der gesamten Körperhaut und zur besonderen Stärkung derselben.

Ringelblumensaft:

1 flacher Teller wird ganz mit frisch gepflückten Blütenköpfen belegt. Mit kaltem Wasser fein besprüht. 3 Stunden stehenlassen. Durch die Fleischmaschine drehen und auspressen.

Äußerlich: Warzen, Hühneraugen, harte Hautstellen an den Füßen, Überbein und Krätze werden täglich früh und abends gründlich und sorgfältig damit eingerieben, jeden dritten Tag in Salzwasser gebadet. Nach 14 Tagen bis 3 Wochen stellt sich fast immer ein sichtbarer Erfolg ein.

Innerlich: Bei allen Ringelblumenbehandlungen, sei es mit Salbe oder Saft, kann gleichzeitig früh und abends 1 Eßlöffel voll dieses Saftes eingenommen werden. Eine 3wöchige Ringelblumensaftkur hilft auch bei inneren Geschwüren des Magens und Darms sowie bei allen krebsartigen Erkrankungen.

Homöopathikum „Calendula":

Aus der Apotheke, D2 bis D6, kann überall dort genommen werden, wo Ringelblumensaft empfohlen wird, und überdies noch speziell bei Hautkrebs, Krebsgeschwülsten, bei Jucken und Schmerzen auf Narben nach der Amputation von Gliedern und bei Venenentzündung. 1 Teelöffel davon in ⅛ l warmes Wasser geben und 3mal täglich einnehmen. Bei Krebs und bösartigen Geschwüren Behandlung nur mit Rücksprache des Arztes!

Ringelblumengeist:

Damit habe ich in meiner Praxis die besten Erfahrungen gemacht.

250 g frischer Ringelblumenblütenblätter werden in 1 l 95prozentigem Weingeist angesetzt, 14 Tage lang in die Sonne gestellt und täglich durchgeschüttelt. Dann seiht man ab. Nimmt ¾ l abgekochtes und abgekühltes reines Brunnenwasser und setzt darin den Rückstand 3 Stunden lang an. Seiht ab, filtriert und fügt diesen Auszug der ersten Flüssigkeit bei.

Wirkt hervorragend als Umschlag bei Wunden (alle 8 Stunden wechseln!), bei Quetschungen, Blutergüssen, Muskelzerrungen, bei bösartigen eitrigen Wunden, bei allen krebsartigen Geschwüren, bei Krampfadergeschwüren, bei offenen Stellen durch Wundliegen. (In solchen Fällen stäubt man die Wunden mit Bärlappsporenpulver ein, nach 8 Stunden erst bringt man einen Ringelblumengeist-Umschlag an. So wechselt man alle 8 Stunden die Behandlung!) Auch bei bösartigen Brustgeschwüren mit krebsartigem Charakter oder bei „arggiftigen" Geschwüren ist Ringelblumengeist besonders zu empfehlen. Bei all diesen Krankheiten hat sich abwechselnd die Behandlung mit Ringelblumensalbe und Ringelblumengeist bestens bewährt.

Ringelblumenwein:

100 g frischer Ringelblumenblütenblätter werden in 1 l naturbelassenem Weißwein 8 Tage lang im warmen Raum angesetzt, dann abgeseiht, filtriert, dunkel und kühl gelagert.

Täglich 2mal 1 Likörglas davon getrunken, hilft sowohl Frauen bei verspätet einsetzender Regel als auch allgemein bei Gelbsucht. Das angegebene Quantum darf bei letzterem Leiden nicht überschritten werden.

Wundbalsam:

Ist eine Mischsalbe und wird auf die gleiche Weise wie Ringelblumensalbe zubereitet. Man benötigt dafür folgende Kräutermischung: Ringelblumenblütenblätter 75 g, Weinrautenkraut 45 g, Arnikablütenblätter 45 g, blühendes Johanniskraut 35 g. Nach Möglichkeit alle Kräuter im frisch geernteten Zustand verwenden.

Diesen Balsam als Pflaster bei Verwundungen, Verletzungen jeder Art, bei Geschwüren und alten Schäden anwenden. Eignet sich vor allem bei länger andauernder Wundbehandlung als Abwechslung.

Ringelblumen-Blütentee:

Hat eine krampflösende, gallentreibende Wirkung.

2 Teelöffel frischer oder getrockneter und zerkleinerter Blütenköpfe mit ¼ l siedendem Wasser abbrühen, 15 Minuten ziehen lassen, abseihen. Bei Krämpfen aller Art und bei Gallenbeschwerden werden 2 bis 3 Tassen täglich mäßig warm getrunken.

Ringelblumenmilch:

2 Teelöffel frischer oder getrockneter Ringelblumenblütenblätter werden in ¼ l Milch gesotten, abgeseiht, mit Honig gesüßt und auf nüchternem Magen getrunken.

Bringt Fortschritt für Genesende nach langer Krankheit oder schwerer Operation. Hilft aber auch bei Magen- und Darmgeschwüren sowie Unterleibs- und Brustgeschwüren. Frauen hatten damit bereits bei Milchknotenbildung oder bei Knotenbildung in der Brustgegend Erfolge.

Teemischung bei Magengeschwüren:

Diese erprobte Teemischung hat schon vielen Menschen geholfen. Sie finden sie in meinem *Teekarten-Paket Nr. 3*, Verdauung. Zu bestellen bei: Verein Freunde der Heilkräuter, Paracelsushaus, A-3822 Karlstein/Thaya, Tel.-Nr. (0 28 44) 348.

Gegen Periodenschmerzen:

Die Volksmedizin schätzt die krampflösende Wirkung der Ringelblume bei schmerzhafter Periode. Ich habe mit folgender Mischung nicht wenigen jungen Mädchen, aber auch Frauen helfen können:

Ringelblumenblüten 75 g, Quendel 50 g, Weiße Taubnessel 50 g und Hopfenzapfen (Strobuli Lupuli) 25 g.

2 Teelöffel der Mischung mit ¼ l kochendem Wasser abbrühen, 15 Minuten zugedeckt ziehen lassen, abseihen. 1 Woche vor der einsetzenden Regel früh und abends je 1 Tasse trinken.

Zusätzlich besorgt man sich in der Apotheke das Homöopathikum „Dictamnus albus" D3 bis D6. Nimmt davon 12 Tropfen auf 1 Eßlöffel frischem Wasser ein und trinkt den angegebenen Tee nach.

Man führt diese Kur noch 2 Tage nach der beendeten Regelblutung durch, um vor der nächsten Periode wieder rechtzeitig neu zu beginnen.

Hält man diese Kur gewissenhaft 3- bis 6mal, dann normalisieren sich alle Unregelmäßigkeiten, und die Schmerzen verschwinden. Sollte dies nicht der Fall sein, ist auf alle Fälle ein Arzt aufzusuchen.

Als Beimischung:

Getrocknete Ringelblumenblütenblätter werden gerne anderen Kräutertees beigegeben. Durch ihre Farbe verleihen sie dem Ganzen ein schönes Aussehen und beeinflussen durch die krampflösende und keimtötende Wirkung auf günstige Art jede Teemischung.

Wenn ihr Anteil nicht mehr als 10 Prozent beträgt, kann man sie bedenkenlos jeder Kräutermischung beigeben.

Dies ist übrigens eine gute krebsvorbeugende Art.

Steigerung der Wirksamkeit der Ringelblume:

Obwohl die Wirkung der Ringelblume als „Volksheilkraut" nicht in Frage gestellt werden kann, darf eines nicht übersehen werden: Man kann ihre Wirksamkeit bedeutend dauerhafter machen, wenn man nach einer gewissen Zeit mit der Benützung aufhört.

Nimmt dann durch 3 Wochen 3mal täglich 20 Tropfen vom Homöopathikum „Echinacea Tinktur" D6 auf 1 Eßlöffel frischen Wassers ein. Diese Tinktur ist in Apotheken erhältlich.

Echinacea angustifolia ist der Echte Sonnenhut. Diese Heilpflanze kam von den nordamerikanischen Indianern zu uns und ist ein ausgezeichnetes bakterientötendes Naturmittel. Ihre Wirksamkeit gegen alle Krankheitserreger ist wissenschaftlich erwiesen. Ich selber habe durch eine 3wöchige Kur einer heranziehenden Grippe wiederholt mit Leichtigkeit ausweichen können.

Ringelblumen im eigenen Garten

Nichts ist einfacher, als die so wertvolle Ringelblume im eigenen Garten zu kultivieren. Niedrige Sorten, sogenannte Zwergringelblumen, dienen ausgezeichnet zur Beetumrahmung, aber auch zur Schalenbepflanzung oder für Balkonkästen.

Normale Sorten werden zwischen 25 und 70 cm hoch. In bunten Sommerbeeten, zur Rabattenbepflanzung, eingestreut im Gemüseland und am Rande von Salatbeeten, zaubern sie überall die Lieblichkeit ihres sonnigen Lächelns hinein.

Niemals sollte man Ringelblumen in die unmittelbare Nähe von *Studentenblumen* pflanzen, denn gegen die Tagetes haben sie eine Antipathie. Solche Abneigungen sind im Pflanzenreich nicht selten.

Gern hat die Ringelblume die Nähe von *Garten- oder Klatschmohn,* von dunkelrotem *Fuchsschwanz* oder von bunten *Sommerastern.*

Für heilkundliche Verwendung kommen vor allem die gefüllten dunkelorangen Blüten in Frage. Man erreicht einen hohen Prozentsatz dieser Farbschattierung im eigenen Garten, wenn man vor allem solchen Samen aussät. Dann aber darüber wacht und alle andersfarbigen Blüten vor der Samenbildung abpflückt und verwendet. Man läßt nur dunkelfarbige, gefüllte Blüten stehen und ausreifen.

Die Ringelblume, einmal im Garten angesiedelt, bleibt haustreu, wenn man – wie oben beschrieben – gezielt einige Samenköpfe stehen läßt. Da diese Pflanze leicht verwildert und dann nur mehr margeritenähnliche einfache Blüten von einer verwaschenen Farbe hervorbringt, muß auf eine Ringelblumenkultur im eigenen Garten schon geachtet werden.

Am besten gedeiht die Ringelblume auf lehmigem Boden, der schon längere Zeit bearbeitet und bepflanzt worden ist. Neuumrisse eignen sich nicht. Wird der Samen gezielt ausgesät, dann mit einer sehr dünnen Erdschicht bedecken.

Gesammelt werden die vollerblühten Blütenköpfchen. In den Morgenstunden, ehe sie sich für den Tag öffnen, nur bei schönem, trockenem Wetter und nie nach vorhergegangenem Regen. An zugigen Orten im Schatten vortrocknen, dann die gelben Randblüten abzupfen und vorsichtig nachtrocknen. Das ergibt die wertvollste Droge. Der zurückbleibende Blütenboden mit den Staubgefäßen steht für Badezwecke zur Verfügung. In der Volksheilkunde werden auch die ganzen Blütenköpfe gut getrocknet und dann zerkleinert verwendet.

Warum ist die Ringelblume ein so ausgezeichnetes Wundheilmittel?

Sie wirkt reinigend, leicht ätzend-reizend und aktiviert so die natürlichen Abwehrkräfte des Körpers. Weiters wirkt sie zusammenziehend und strafft das Gesamtgewebe des Körpers. Fördert die Zirkulation des Blutes, und somit beschleunigt sie das Wachstum neuer Granulationsgewebe.

Kein Alleskönner!

Durch die vielfältige Anwendungsmöglichkeit der Ringelblume könnte man fälschlicherweise schließen, dieses Heilkraut sei ein „Alleskönner". Davor möchte ich eindringlich warnen.

Setzt man seine Hoffnungen zu hoch, dann ist die Enttäuschung umso größer, wenn die Erwartungen nicht erfüllt werden.

Erfolge hängen immer von der gewissenhaften Durchführung einer Kur ab. Die gleichen Heilkräuter wirken bei verschiedenen Personen auch daher unterschiedlich. Die Ringelblume kann viel, aber sie kann nicht alles. Das gilt nicht nur für sie, sondern für alle Heilpflanzen.

Die Ringelblume ersetzt den Arzt nicht! Kann vorbeugend und auch heilend mithelfen. Aber erst dann, wenn durch genaue ärztliche Untersuchung festgestellt worden ist, was wir haben. Ansonsten wird durch „Herumkurieren" an sich selber oder an anderen kostbare Zeit versäumt. Das könnte in kritischen Fällen katastrophal enden.

Die Ringelblume ist ein Haus- und Heilmittel, das in unserer Hausapotheke nicht fehlen darf. Ihre vielseitigen Verwendungsmöglichkeiten habe ich soeben aufgezeigt, und nun will ich zum genauen Studium der dargebotenen Wege und Mittel einladen.

Was die Ringelblume alles kann, haben Sie, lieber Leser, gesehen. Nun liegt es an Ihnen, zu zeigen, was die Ringelblume an Ihnen kann.

Offene Fragen

beantwortet Ihnen gerne der **Beratungsdienst** des Vereines Freunde der Heilkräuter, Paracelsushaus, Hauptstraße 17, A-3822 Karlstein/Thaya, Tel.-Nr. (0 28 44) 347.

„Ich bin eine Ringelblume"

Könnte auch ich so im Dienste des Nächsten stehen. So vielseitig. So selbstlos. Jederzeit bereit. Wie die Ringelblume es ist. Dann wäre mein Leben ein erfülltes Leben.

Meinst du nicht auch? Möchtest du nicht auch eine Ringelblume in diesem Sinne sein?

Vielen oberflächlichen Beobachtern bleibt in der Welt der Pflanzen nicht wenig verborgen. Dringt man aber einmal tiefer in das „Ganzsein" einer Heilpflanze ein, dann kennt man auch mehr von ihrer Wirkung. Dann erahnt man sein eigenes, ureigenes Sein, auf dem Weg zum vollendeten Werden.

Der Mensch, wenn er ins Leben tritt,
ist weich und schwach,
und wenn er stirbt,
so ist er hart und stark.

Die Pflanzen, wenn sie ins Leben treten,
sind weich und zart,
und wenn sie sterben,
sind sie dürr und starr.

Darum sind die Harten und Starken
Gesellen des Todes,
die Weichen und Schwachen
Gesellen des Lebens.

Darum:
Sind die Waffen stark, so siegen sie nicht.
Sind die Bäume stark, so werden sie gefällt.
Das Starke und Große ist unten.
Das Weiche und Schwache ist oben.

(Laotse in seiner Weisheitslehre
„Tao te king", Spruch 76)*)

*) Die Philosophie Chinas. Laotse, Tao te king. Aus dem Chinesischen übertragen und erläutert von Richard Wilhelm. Eugen Diederichs Verlag, Düsseldorf, Köln, 1976.

Verbrennung ohne Flamme

„Was sind Kalorien? Zuviel Kalorien! Kalorienarm! Kalorienreich!"

Fragen. Feststellungen. Beteuerungen. Die man in einer Zeit, wo es dem Menschen bei uns gutgeht, manchesmal leider zu gut geht, oftmals hört.

Berichte des Fernsehens und des Rundfunks. Nachrichten der Tagespresse. Ausführliche Artikel der örtlichen Kirchenzeitungen. Flugblätter und Aktionen. Thema „Hunger". Drastische Darstellungen über den Hunger in der Welt. Leider getreu der Wirklichkeit entsprechend. Es geht dabei um Menschen, die unsere Brüder sind. Denen es „gottjämmerlich" geht.

Eine Kalorie*) ist ein Heizwert, notwendig, um 1 kg Wasser von 14,5 auf 15,5° C zu erwärmen. Der erforderliche Tagesaufwand für einen Erwachsenen, der mittelschwere Arbeit verrichtet, sind 2900 Kalorien.

In jedem menschlichen Körper geht eine Verbrennung ohne Flamme vor sich. Das gibt dem Menschen Kraft. Zum Leben. Vorerst. Zum Denken und Schaffen. Dann.

Jeder Mensch ist also ein Ofen.

*) Große Kalorie, abgekürzt: cal. 1 cal = 4,187 Joule, abgekürzt J. – 1 J = 0,239 cal. Seit 1. Jänner 1978 ist die Kalorie als Einheit nicht mehr zugelassen.

Jeder Ofen besitzt ein Heiztürl. Ein Aschentürl. Und einen Rauchabzug. Fehlt einer dieser Bestandteile, dann funktioniert er nicht. Der Ofen.

Der Mensch nimmt Nahrung zu sich. Er ißt. Diese Nahrung muß er verarbeiten. Das nennt man Verdauung.

Gibt die Rückstände, die Schlacken, ab. Das ist der Stoffwechsel.

Braucht einen richtigen „Zug". Um Sauerstoff für die Verbrennung zu haben. Das ist die Atmung.

Von dem ersten lebenswichtigen Vorgang, der *Verdauung*, soll hier die Rede sein.

Verdauungsanregend:

Die *Kalmuswurzel* hat eine sehr starke verdauungsanregende Eigenschaft. Sie macht Appetit. Regt das Verlangen nach Nahrungsaufnahme an. Scheidet Körpergifte aus. Reinigt den Verbrennungsapparat. Wirkt blutbildend. Kräftigt den Gesamtorganismus. Verleiht rasch wieder Kräfte. Man nimmt mehrere Male pro Tag, zwischen den Mahlzeiten, ein kleines Stück getrockneter, geschälter Kalmuswurzel (Acorus calamus). Kaut es langsam und bedächtig. Schluckt es letztlich hinunter. Schmeckt sehr bitter. Bald aber gewöhnt man sich daran. Verleiht einen guten Mundgeruch. Strafft die Mundwinkel. Verhilft zu einem klaren Denken.

Wegwartewurzeltee: Fördert den Gallenfluß. Stärkt Darm und Nieren. Lindert Kreuzschmerzen. Baut Traurigkeit ab. Fördert ein fröhliches Gemüt. Getrocknete, zerkleinerte Zichorienwurzel = Wegwartewurzel (Cichorium intybus), 2 Teelöffel davon, wird in ¼ l kaltem Wasser 1 Stunde lang angesetzt. Kurz aufgekocht, wobei das Kochgeschirr zugedeckt ist, 10 Minuten ziehen gelassen. Abseihen. Morgens nach dem Aufstehen und abends 1 Stunde vor dem Schlafengehen trinkt man langsam und schluckweise 1 Tasse. 2 bis 3 Tage genügen.

Gestörte Verdauung:

Rohes Sauerkraut, 2 bis 3 Eßlöffel voll, einige Zeit hindurch vor der Hauptmahlzeit essen. Beschleunigt die Verdauung der darauffolgenden Mahlzeit. Nimmt das sogenannte „Völlegefühl", das man oft den ganzen Tag hindurch mit sich schleppt und nicht selten Kopfschmerzen als Folge hat.

Enzianwurzeltee, stark eingekocht, 2½ Teelöffel der zerkleinerten Wurzeln (Gentiana lutea) werden 1 Stunde lang in ¼ l kaltem Wasser angesetzt. In zugedecktem Topf kurz aufgekocht. 10

Minuten ziehen lassen. Abseihen. Schluckweise und langsam vor der Hauptmahlzeit trinken. Damit erzielt man den gleichen Effekt wie mit dem Essen von rohem Sauerkraut. Beides nie gemeinsam, sondern abwechselnd nehmen.

Heidelbeersaft, 1 Glas voll gleich nach dem Aufstehen getrunken, hilft Verdauungsschwierigkeiten beheben.

Getrocknete Heidelbeeren (Vaccinium myrtillus), 2 Eßlöffel voll aufgeteilt auf den ganzen Tag, langsam und bedächtig kauen, schafft ebenfalls bei gestörter Verdauung Abhilfe. Dabei darf aber nicht vergessen werden, daß deren Genuß stopfend wirkt. Ist nur dann angebracht, wenn ein leichter Durchfall vorhanden ist. Darf auf keinen Fall bei Stuhlschwierigkeiten genommen werden.

Vegetative Dystonie oder Verdauungsschwierigkeiten nervöser Art:

Angelikawurzelpulver (Angelica archangelica), 1 Messerspitze voll 3mal täglich, also vor jeder Mahlzeit, eingenommen und etwas frisches Wasser nachgetrunken, beruhigt die Magennerven. Nimmt Gereiztheit und behebt gestörte Verdauung.

Wacholderbeeren (Juniperus communis), 5 Stück, aufgeteilt auf den ganzen Tag, jeweils davon je 1 Beere in den Mund nehmen, langsam kauen, mit viel Speichel vermischen und hinunterschlucken, schafft Besserung bei nervösem Magen.

Pfefferminztee, früh und abends 1 Tasse getrunken, ist ein wirksames Mittel bei vegetativer Dystonie. 2 Teelöffel frischer oder getrockneter, zerkleinerter Blätter (Mentha piperita) werden mit ¼ l kochendem Wasser abgebrüht. 15 Minuten stehenlassen und ungesüßt trinken.

Wermutwein beruhigt einen nervösen Magen. Man trinkt davon 1 kleines Gläschen voll vor den Mahlzeiten. Ratsam ist es aber, den Wermutwein selber herzustellen. Der im Handel angebotene kommt durchwegs aus dem Ausland, größtenteils von Frankreich, und wird aus minderwertigen Weinqualitäten erzeugt. Für 1 l naturbelassenen herben Rotwein nimmt man 10 g frischer zerkleinerter Wermutblätter (Artemisia absinthium), setzt 4 Tage lang bei 20° Zimmertemperatur an. Seiht ab. Lagert in gut verschlossener Flasche 3 Monate lang dunkel und kühl. So zubereiteter Wermutwein kann als wertvolle Medizin betrachtet werden.

Magenschwäche, bei einem empfindlichen Magen:

Aniskörner (Pimpinella anisum), 2mal täglich, vormittags und nachmittags, ½ Teelöffel voll davon kauen, gut mit Speichel vermischen und hinunterdrücken, stärkt den schwachen Magen. Nur muß man dazu Ausdauer haben und dies 3 Wochen lang gewissenhaft durchführen.

Zuwenig Magensäure:

Tausendguldenkrauttee (Centaurium umbellatum) ist in der Naturheilkunde eines unserer wertvollsten Mittel für alle inneren Krankheiten. Besonders des Magens. Der Bitterstoff Erytaurin regt die Sekretion des Magens an. Fördert die automatische Bewegung des Magens und der Gedärme. Peristaltik genannt, ohne die es keine Verdauung und keine Stuhlabgabe gibt. Tausendguldenkrauttee schmeckt außergewöhnlich bitter. Man muß einmal den Mut dazu aufbringen, sich zu überwinden, und wird bald eine gewisse Sehnsucht danach spüren. Gesüßt darf dieser Tee nicht werden. 1 Teelöffel voll zerkleinerten und getrockneten blühenden Krautes wird in ½ l kaltem Wasser 8 Stunden, über Nacht, im Zimmer angesetzt. Morgens abgeseiht und zimmerwarm getrunken. Nicht anwärmen. Tausendguldenkrauttee wirkt sich auch sehr günstig auf das Gedächtnis aus.

Zuviel Magensäure, Sodbrennen:

Hier reagieren nicht alle Menschen gleich. Man müßte eben eines der angegebenen Mittel vorsichtig ausprobieren.

Tausendguldenkrauttee mit Honig. Tausendguldenkrauttee, bitter getrunken, wird bei zuwenig Magensäure als probates Mittel angewandt. Hingegen ¼ l dieses Tees, mit 1 Eßlöffel Bienenhonig gesüßt, schluckweise getrunken, hat schon oft bei Sodbrennen überraschend geholfen.

Spitzwegerichwein: 50 g getrockneter und zerkleinerter Spitzwegerichblätter (Plantago lanceolata) werden in 1 l naturbelassenem Weißwein gekocht, abgeseiht, filtriert und 3 Monate kühl und dunkel gelagert. 3mal täglich 1 Likörglas getrunken, behebt Sodbrennen.

Frischer Kartoffelsaft: 1 rohe, gereinigte Kartoffel reiben. Den Saft auspressen. In den Kühlschrank stellen. Täglich frisch zubereiten. 2mal täglich je 1 Eßlöffel voll einnehmen. Dies ist ein vielfach bewährtes Mittel gegen Sodbrennen, das nicht selten von Ärzten empfohlen wird.

Zuwenig Gallenfluß:

Besonders nach überstandenem Ärger oder nach einer Aufregung kann es zu Verdauungsschwierigkeiten kommen. In solchen Fällen hilft nichts besser, als *Wermuttee* zu trinken. 2 Teelöffel getrockneter Wermutblätter werden mit ½ l siedendem Wasser übergossen. 15 Minuten ziehen lassen, abseihen. Auf den ganzen Tag aufgeteilt trinken. Immer aber mit Abstand vor den Mahlzeiten. Das heißt nicht innerhalb ½ Stunde vor und nicht innerhalb 1 Stunde nach den eingenommenen Mahlzeiten. Wermuttee wirkt sich außerdem noch sehr günstig bei Magenkrämpfen, Blähungen und Koliken aus. Mehr als ½ l pro Tag darf von Erwachsenen nicht genommen werden, weil sonst das Gegenteil erreicht wird. Es kommt zu vermehrten Magenkrämpfen. Auch soll man Wermuttee nicht jeden Tag nehmen. Sondern nur gelegentlich. Eventuell 1mal in der Woche oder alle 14 Tage. Das ruhig längere Zeit hindurch.

Blähungen mit oder ohne Leibschmerzen:

Mischtee von 75 g Pfefferminze, 75 g Kümmelsamen und 50 g Fenchelsamen. Davon 2 Teelöffel voll mit ¼ l kochendem Wasser überbrühen. Einmal in zugedecktem Topf kurz aufwallen und anschließend 15 Minuten ziehen lassen. Abseihen. Früh und abends 3 Wochen lang je 1 Tasse trinken.

Lindenholzkohle: Zusätzlich zum Mischtee nehmen. 1 Messerspitze in 1 Glas lauwarmem Wasser auflösen. Davon jede ½ Stunde 1 Teelöffel voll einnehmen.

Majorangewürz den Speisen beifügen, hilft gegen Blähsucht vorbeugen.

Dillsamenwein wirkt urintreibend und ist ein vorzügliches Mittel gegen Blähungen und Leibschmerzen. 10 g zerstampfter Dillkörner (Anethum graveolens) werden in 1 l naturbelassenem Weißwein kurz aufgekocht, 15 Minuten ziehen lassen, abseihen, filtrieren. Dunkel und kühl lagern. Eßlöffelweise mehrmals während des Tages einnehmen. Bei öfteren Leibschmerzen ist ein Arzt zu Rate zu ziehen.

Waldläusekraut
Pedicularis silvatica

Der Frosch und die Ringelnatter

Das alte Sägewerk meines Heimatortes, das hatte es mir angetan. Damals, als ich noch ein kleiner Bub war.

Der große Rauchfang war für mich ein Weltwunder. Da war einmal die Rauchfahne. Die an Wochentagen zuerst über den großen Fischteich dahinstrich. Geduckt und abwartend. Um sich dann über die Dächer der Bauernhäuser zu erheben und letzten Endes in der Atmosphäre aufzugehen.

Dann war es die Dampfpfeife. Die pünktlich um 12 Uhr mittags genau wußte, daß die Schule aus war. Ich heimkam. Und das Essen schon auf dem Tisch stand. Die aber auch wußte, wann es Zeit war, abends in den Stall zu gehen und die Tiere zu füttern. Das war sechsmal in der Woche pünktlich um sechs Uhr abends.

Und am Sonntag? Da wußte die Dampfpfeife, daß dies der Tag des Herrn war. Da pfiff sie nicht. Und der Rauchfang rauchte nicht. Weil das Werkl stillstand. So erfuhr ich es später.

Ich folgte oft dieser Rauchfahne. Ging auch gern hin zum Sägewerk. Gemeinsam mit anderen Buben. Wenn die Arbeiter hineingingen, oder wenn sie von der Arbeit kamen.

Eines Tages aber wurde es stillgelegt. Das alte Sägewerk. Die Hallen zum Teil abgerissen. Der Rest verfiel. Dann stand es da wie ein Sarg. Ruhig und still war es dort geworden.

 Am Ende dieses Gebäudes breitete sich der große Fischteich

mit dem unübersehbaren Schilfgürtel aus. Dahinter grenzten die Felder an.

Jahre später, als ich bereits Student war, ging ich dort einmal über einen Feldrain, als ich unverhofft stehenbleiben mußte.

Was ich da sah, ließ mir den Atem stocken.

Vor mir die blitzenden Augen einer Ringelnatter, die auf einen Frosch gerichtet waren, der sie kalt anstarrte und sich ihr unweigerlich näherte.

Ein Frosch im Banne der Ringelnatter. Willenlos näherte er sich Zentimeter um Zentimeter dem offenen Maul dieses Reptils, bis er vor meinen Augen darin verschwand.

Ich sah noch die Wölbungen im Schlangenleib, die mir den Wanderweg des Frosches ins Innere der Schlange anzeigten. Dann wurde der bis jetzt starre Schlangenleib beweglich und glitt ins nahe Kornfeld.

Daß mich zwei Tiere gar nicht beachtet hatten. Daß eines auf das andere so fixiert war. Daß sie sich um mich, den Zuschauer, gar nicht kümmerten. Das war für mich ein Erlebnis.

Wir Menschen werden oft von fixen Ideen unwiderstehlich angelockt und gehen so dem Unheil entgegen. Dies könnte man jetzt in den verschiedensten Variationen beschreiben, und jeder würde darin festgefahrene Situationen des eigenen Lebens erkennen.

Ob es jetzt gewisse Gewohnheiten sind, in der Lebensweise, in der Ernährung, in der Freizeitgestaltung oder in anderen Lebensbereichen, Sturheit fördert nie das Heil des Körpers und des Geistes.

Weißdorn, Zweigriffeliger
Crataegus laevigata

Wo Luft was zählt

„I kriag ka Luft!“ oder „Mi zerreißt's vor lauter Husterei“!

Und wenn dann einer „nicht genug Sacktücher einstecken kann“, weiß man, daß er verkühlt ist.

In all diesen Fällen handelt es sich um die Luftwege. Oder besser gesagt, um Erkrankungen derselben.

Spricht man von Atemwegen, dann sind damit eine Anzahl von Organen unseres Körpers, die daran beteiligt sind, gemeint. Wie Nasenhöhlen, Rachen, Kehlkopf, Luftröhre, Bronchien, Lunge, Brustfell und Zwerchfell.

Der Mensch braucht zum Leben Luft. Der Sauerstoffanteil der Luft ist der eigentliche Kraft- und Lebensspender.

Viel Luft. Gute Luft. Hält den Menschen gesund.

Wenig Luft. Schlechte Luft. Muß den Menschen krank machen.

Wenig essen, wenig trinken. Sparsam mit Essen und Trinken sein. Und dennoch leben wir. Wenn wir dies vernünftig tun, dann leben wir gar nicht schlecht.

Wenig Luft. Mit Luft sparsam sein. Muß dem Menschen schaden. Ohne Luft gibt es überhaupt kein Leben.

Erkrankungen der Luftwege dürfen nicht leichtfertig hingenommen werden.

Schnupfen:

Schnupfen ist eben nicht nur ein „Nasentröpfeln", so unangenehm es auch sein kann, vor allem in Gesellschaft, sondern Schnupfen ist viel mehr. Muß wichtiger genommen werden. Denn dies ist eine Ausscheidung des Blutes. Eine Reinigung der inneren Organe. Ein Alarmzeichen einer „Vergiftung". Schnupfen zu unterdrücken ist gefährlich. Mithelfen, den Körper zu reinigen, muß Zweck und Ziel einer jeden „Schnupfen-Behandlung" sein.

Kochsalz-Jod-Inhalation: In ½ l kochendes Wasser gibt man 1 Teelöffel Kochsalz und 2 Tropfen Jodtinktur. Das Gefäß wird auf den Tisch gestellt. Ein Tuch über den Kopf gegeben und 10 Minuten lang die aufsteigenden Dämpfe eingeatmet.

Das *Homöopathikum „Pulsatilla" dil. D3* dient zur Behandlung des einfachen Schnupfens, des sogenannten „Tröpfelschnupfens". Alle 2 Stunden nimmt man davon 10 Tropfen ein. Sollte aber viel Nasenschleim abgehen, dann verwendet man von *„Mercuris solubilis" trit. D4* täglich 4mal 1 Messerspitze voll.

Knoblauchmilch: 1 Knoblauchzeherl wird zerdrückt und in ½ l Milch aufgekocht. 15 Minuten ziehen lassen. Abseihen. Tagsüber schluckweise trinken.

Lavendelblütentee: 25 g Lavendelblüten (Lavandula officinalis) werden mit 1 l kochendem Wasser übergossen, 15 Minuten ziehen gelassen, abgeseiht und tagsüber schluckweise und langsam genommen. Wichtig ist, daß der Tee in der Thermosflasche warm gehalten wird.

Heiserkeit und Husten:

3 Tropfen *Arnikatinktur**) auf 1 Eßlöffel lauwarmen Wassers einnehmen.

1 Eßlöffel voll frischen *Brunnenkressensaftes* 3mal täglich schlucken.

Gebratene Äpfel mit Honig essen.

Heil-Ziesttee mit Honig: 2 Teelöffel getrockneter und zerkleinerter Heil-Ziestblüten (Stachys officinalis) werden mit ¼ l kochendem Wasser übergossen. 15 Minuten ziehen lassen. Abseihen. Mit Honig süßen, Zitronensaft beigeben und 3 Tassen täglich trinken.

Ehrenpreispulver: 1 Teelöffel pulverisierten Ehrenpreiskrautes (Veronica officinalis) wird mit 1 Eßlöffel Bienenhonig abgerührt und als Tagesration teelöfferlweise eingenommen.

*) Zubereitung siehe Seite 132.

Atembeklemmung:

Zwiebelhonig hilft bei Atembeklemmung. Man nimmt 1 Eßlöffel voll frisch gepreßtem Zwiebelsaft und rührt ihn mit ebensoviel Bienenhonig ab. In den Kühlschrank gestellt, nimmt man davon stündlich 1 Teelöffel voll ein. Vermischt im Mund gut mit Speichel, bevor man es schluckt.

Ackerstiefmütterchentee: 1 Eßlöffel voll getrockneten und zerkleinerten Krautes (Viola tricolor) mit ¼ l kochendem Wasser abbrühen, 15 Minuten ziehen lassen. Abseihen. 1 Woche lang täglich früh und abends je 1 Tasse, mit Honig gesüßt, sehr warm und schluckweise getrunken, reinigt die Bronchien und die Lunge vom Schleim. Hilft bei Atembeschwerden.

Reiner Atem:

Heilkräuter, die mithelfen, daß wir in der Öffentlichkeit nicht unangenehm durch unreinen, übelriechenden Atem auffallen, sind vor allem der *Wermut* (Artemisia absinthium), der *Echte Alant* (Inula helenium), die *Pfefferminze* (Mentha piperita), der *Echte Salbei* (Salvia officinalis) und der *Thymian* (Thymus vulgaris).

Doppelte Portion Tee in der Früh zubereiten. Mit der einen Hälfte gründlich nach dem Zähneputzen gurgeln und die andere Hälfte trinken. Man benötigt für ½ l Tee 2 Eßlöffel getrockneter oder frischer Kräutersubstanz. Abbrühen. 15 Minuten ziehen lassen. Abseihen. Alantwurzel wird am besten nur getrocknet und pulverisiert verwendet.

Stets reinen Atem zu haben, dazu hat sich in meiner Praxis folgendes bestens bewährt: Man kaut morgens eine Prise frischer *Petersilienblätter* (Petroselinum hortense) oder nimmt 1 Teelöffel *Thymianpulver* ein und trinkt ein Glas abgestandenes Brunnenwasser nach.

Traubenkirsche
Prunus padus

Heilkräuter sind mehr als . . .

In der Geborgenheit des mütterlichen Leibes hat jeder Mensch seinen Anfang. Hier ist er umgeben von einem „Menschsein", das sich mitteilt und teilnehmen läßt an seiner ureigensten Kraft. Die nährt, erhält und zum „Ganzwerden" führt.

Und wenn der Mensch geboren ist, dann ist er unselbständig und lebensunfähig, aus sich allein heraus. Er ist ein Kind, das die Mutter braucht. Sich nach ihr sehnt. Sie liebt. Und die Gegenliebe der Mutter wird zum Bezugspunkt für ihn. Ist sein Glück auf Erden. Ist der Weg zur Entfaltung. Ist ein Vorzeichensetzen seines künftigen Lebensweges. Was er hier empfängt, wird er auch später weitergeben.

So prägt jede Mutter primär die Pfade des gesamten Lebens ihres Kindes.

Der junge Mensch lernt Gott kennen. Seine ersten Beziehungen zu IHM entstehen. Er erlebt die Vergänglichkeit des Irdischen. Die Realität des Sterbens. Des Todes. Um ihn herum. Er bezieht diese Wirklichkeit auch auf sich. Er sucht Geborgenheit in der Gemeinschaft. In der Freundschaft. In der Zweisamkeit. Erfährt aber auch hier die Unbeständigkeit. Die Wechselhaftigkeit jedes irdischen Glückes. Die eigene Beschränktheit.

Je mehr Gott in sein Leben eintritt, desto leichter wird er die Probleme, seine Probleme, lösen können.

Die eigene Ohnmacht durchbrechen. Einen Bezugspunkt zum Unendlichen hin finden. Sich danach orientieren. Sein Leben hin ausrichten.

Alles Geschaffene kann unsere Beziehung zu Gott einleiten. Vollziehen aber müssen wir sie selbst. Je intensiver wir dies tun, umso wertvoller, reicher, erfüllter wird unser Leben. Es wird ein Werden zum Werden hin.

Heilkräuter sind mehr als äußere Form. Als Farbe. Mehr als ein wirksames Mittel gegen Krankheiten. Sie haben ihr Wesen. Ihr Sein. Das uns viel sagen kann. Uns auf dem Weg zum Werden weiterhelfen kann.

Eseldistel
Onopordon acanthum

Verborgenes Leben der Ringelblume

„Blumen sind Sterne der Erde", sagte Paracelsus und fügte hinzu: „Sterne sind Blumen des Himmels."

Tiefsinnig und aussagekräftig, Blumen mit Sternen und Sterne mit Blumen zu vergleichen. Beide haben vieles gemeinsam.

Das wichtigste gemeinsame Merkmal aber dürfte sein, daß wir viel zuwenig über sie wissen. Über ihre innere Kraft. Die ihnen der Schöpfer gab, gemeinsam mit einer unergründlichen inneren Ordnung, von der wir nur zum Teil die äußeren Effekte registrieren können.

Vieles bleibt uns im Leben verborgen. Manches aber können wir erahnen, erschauen, aufnehmen, erleben und bestaunen. Ganz klein und ganz groß zugleich werden wir dabei.

Klein deswegen, weil uns die erschaute Größe zeigt, wie kleinlich, oberflächlich und aufgeblasen wir selber sind.

Groß deswegen, weil mich der Herrgott annimmt und liebt. Mir die Möglichkeit gibt, so manche seiner „Wundertaten" miterleben und erschauen zu dürfen.

Das vorliegende Kapitel will versuchen, in das verborgene Leben der Ringelblume hineinzuschauen. Zusammenhänge zu ergründen. Vergleiche mit mir selber anzustellen.

Diese Konfrontation kann innerlich bereichern, wenn wir uns ganz dafür auftun. Kann und soll uns für alles Leben um uns herum das geistige Auge öffnen. Vor allem für die Heilpflanzen, die umso mehr heilen, in uns, an uns, je mehr wir in sie hineinschauen.

Pflanzencharakter auf der einen Seite. Menschentyp auf der anderen.

Und daraus die Erkenntnis mitnehmen, daß alle Pflanzen, ob Bäume, Kräuter oder Blumen, unsere Partner und Gottes sichtbare Spuren in der Natur sind.

Denn die letzte Ursache der heilenden Kraft aller Heilpflanzen ist die Liebe und Güte Gottes zu seinen Geschöpfen.

Der große und unvergeßliche Heilkräuterpionier, der Schweizer Pfarrer Johann Künzle, war fest davon überzeugt:

„Nichts in der Natur kommt von ungefähr,
Alles kommt vom Höchsten her.
Drum tadle nie im Unverstand,
Was du nicht gründlich hast erkannt;
Was du zerstampfest als den Feind,
Ist oft dein allerbester Freund."

In der Calendula, der Ringelblume, sprechen alle Teile der Pflanze eine klare, unmißverständliche Sprache. Alles ist in und an ihr wunderbar geordnet.

Im Gesamtbild der Ringelblume:

Positive Lebensbewältigung. Erdverbundenheit. Gleichzeitiges unermüdliches Bemühen, von der Erdfeuchte loszukommen.

Der schnell keimende Samen ist Ausdruck positiven Lebenswillens. Lebensbejahung. Aber auch Ausdruck aufgestauter Vitalität.

Daraus entwickeln sich rasch viele Blätter. Sauerstoffaufnehmer. Energisches Selbsteingreifen in das weitere Werden.

Das ganze Kraut, das sich flott entwickelt, meldet unbändig starke Schwell- und Wucherkräfte. Versteht aber auch, die gegenwärtige Situation auszunützen. Holt aus dem Zusammenwirken von Boden, Witterung, Jahreszeit all das heraus, was es braucht, um zur Vollendung zu gelangen.

Das zeigt sich im Streben nach einer stengeligen-ästigen Form und dem baldigen Eintritt in den Blütezustand. Denn in ganz kurzer Zeit zeigen sich die plumpen Blütenknospen. Die bereits vorhanden sind, bevor die Pflanze ihre normale Gesamthöhe erreicht hat.

Hiermit steht eine andere Eigenschaft der Ringelblume deutlich ausgeprägt vor uns: die Zielstrebigkeit unter sorgfältiger Ausnützung der gegebenen Situation und Möglichkeiten.

In der Blüte der Ringelblume:

Vollendete Form einer Korbblüte.

Wunderbare Ordnung. Geometrische Klarheit. Anmutiges Gesamtbild. Gefällige Präsentation.

Überraschende Wende aus der schwerfällig-dicken, nach vorne überhängenden Knospe zur rasch erblühenden, im starken Rotgelblicht erstrahlenden Blüte. Die Eile hat, um einer neuen Blüte Platz zu machen. Während die alte in der Samenbildung rasch zur Vollendung drängt. Zur Möglichkeit der Weiterentwicklung in der Neubildung. Die Eile, diese Geschäftigkeit, diese Zielstrebigkeit!

In der Ringelblume ist alles wunderbar geordnet. Eine geometrische Klarheit in der Blüte von starker rot-gold-gelber Farbe.

Die Farbe selbst spricht ihre Sprache. Ein Gruß an die Sonne. Ein Ja zum Licht. Ein Sehnsuchtsschrei nach Frieden.

Für mich bedeutet dies Heimweh nach einer im goldgelben Lichte erstrahlenden friedlichen Gegend, der „himmlischen Heimat". Ort voller Entfaltung des ganzen Seins. Allumfassende Weite. Ohne jede Einschränkung. Ohne jeden Zwang. Freieste Freiheit. Wo Goldgelb zur Harmonie wird. Farbe zur Musik.

Kein Schwarz lichtloser Gefilde hat hier Platz. Hat keine Seinsberechtigung. Hier. Kein Hinweis gegeben auf Abgeschiedenheit. Kein Zurückdrängen.

Nur Entfaltung. Nur Vereinigung im Einssein. In überdimensionalem Abglanz. Für mich ein Bezug auf: Was kein menschliches Auge je gesehen! Was jedes Erahnen übersteigt!

Der äußere Kranz der Blüten besteht aus unfruchtbaren Scheinblüten. Sie vergrößern die der Sonne zugewendete Blütenfläche. Sind lichtgierig. Auch hier erfinderisch. Situationsbezogen. Diese Scheibenblüten sind unfruchtbar und ein anlockender Landeplatz für Bienen, die nur die inneren Zungenblüten befruchten können. Hier entsteht dann die Frucht.

Der Lebenskreis der Ringelblume vollendet und schließt sich zugleich in einem Jahr.

Im Kraut der Ringelblume:

Der Kampf mit den wäßrigen Wucherkräften aus dem Erdhaften ist im Kraut der Ringelblume deutlich erkennbar.

Der aromatische Geruch wird überspielt von einem an offene Gräber erinnernden Muff. Ein Hinweis auf Verwesung und Tod. An das Zurückkehren zur Erde. An die Auflösung.

Klebrig anhaftend wirkt jede Berührung mit der Hand. Ein Hinziehen zur Erde. Ausgelöst durch die Absonderung eines harzigen Stoffes. Einem Balsam gleich, der vor dem Zerfall schützen will.

Dem Ziehen nach unten widersetzt sich die obere Region des Blütenhaften.

Ätherisches Öl strebt nach oben, der Wärme, dem Lichte, der Unendlichkeit zu.

Karotine mit dem Kieselsäuregehalt wollen zum Licht.

Bitterstoffe, im Menschen das Denkvermögen stärkend, greifen nach der unendlichen Sphäre.

Und letztlich sind es die Schleimstoffe der Pflanze, die vor Verhärtung und vor Verstofflichung schützen.

Im Wirkungsfeld der Ringelblume:

Aus einem harmonischen Zusammenspiel aller eigenen Kräfte baut sich das Wirkungsfeld der Calendula auf. Das Heilen von Wunden.

In der Entzündung und im Eiter wohnt die Zersetzungskraft. Der Zerfall. Die Vernichtung. Letzten Endes der Tod als vollzogener Akt der Zuwendung zum Wäßrigen. Zum Erdhaften.

Der Mensch erlebt diese negative Abkehr vom Leben als Schmerz.

Der Eiterungsprozeß ist ein Aufflammen des Lichthaften, um Fremdkörper zu verdrängen. Um Abwehr zu schaffen. Dabei kommt es zum substanzerneuernden Wachstum. Das leicht überwuchert. Unbezähmbar wird. Und wieder zum Tod führt. Zum Krebstod.

Im Kräftekampf der Ringelblume:

Mitten drinnen im pflanzlichen Kräftekampf steht die Ringelblume. Mit ihrer heilenden Wirkung. Wo das Warme über das Wäßrig-Erdhafte, das Licht über das Dunkel die Oberhand gewinnt.

Wunder, wenn entzündliche Schwellungen drüsiger Organe, Magengeschwür und Venenentzündung abklingen und ausheilen?

Wunder, wenn selbst krebsartige Wucherungen zurückgehen und das Wachstum der Gewebe in die richtigen Bahnen gelenkt wird? Wenn wieder Ordnung über Unordnung die Oberhand gewinnt? Der Körper funktioniert? Und das Leben normal verläuft?

Ein Kräftekampf im pflanzlichen Bereich. Ausgetragen zwischen Ringelblume und dem zertrümmerten Gewebe des menschlichen Organismus. Verborgene Kraft im Pflanzenleib. Kommt zum Durchbruch. Zum Tragen.

„Verborgenes Leben ist tief, weitreichend,
anders als alle Dinge;
aber zuletzt bewirkt es das große Gelingen.“

(Laotse in seiner Weisheitslehre
„Tao te king“, Spruch 65)

Gartenkirsche
Prunus avium

A G'spür muß man hab'n

„. . . und zur richtigen Zeit muß einem was einfallen. Aber das Richtige."

Sagte der Mann in Knickerbocker und einem rotkarierten Baumwollhemd. Denn das ist die vorschriftsmäßige Kleidung des Keglerklubs „Zur goldenen Wolfsgrube".

„Und das G'spür hast d' g'habt, Ferdl? Man merkt halt doch, daß du ein Studierter bist. A Lehrer."

Das mit dem Gespür hat damals begonnen, als die Frau des jungen Schuldirektors Ferdinand Dittersberger in der Adventzeit Anisscharten für den Weihnachtstisch buk.

Sie schlug die Eier in den Topf. Gab Zucker dazu und bearbeitete diese Grundmasse mit der Schlagrute zu flaumigem Schaum.

In der Ecke der Stube brannten drei Kerzen auf dem Adventkranz.

Da griff der Mann, der daneben am Tische saß und Hefte verbesserte, nach einem Aniskörnchen, das neben vielen anderen in einer offenen Dose lag. Steckte es zwischen die Zähne und kaute. Dann nahm er drei weitere Körnchen und legte auf jede Kerze eines darauf. Ein leichtes Aufprasseln und sogleich breitete sich ein feiner würziger Anisgeruch in der Stube aus.

 Ein leichter Polterer. Der junge Lehrer springt auf, so daß die beiden Töchter, die im Zimmer nebenan ihre Aufgaben schreiben, erschrocken den Kopf heben. Und ruft: „Mutti, ich hab's. Ich hab's. Die Kräuterkerzen. Du weißt, Kerzengießen ist unser aller Freude, und ab jetzt werden wir es im großen Stile machen!"

Der Lehrer Dittersberger, ein tüchtiger, strebsamer Mann, der die Freizeit nicht totschlug, hat's geschafft. Er hat an der richtigen Stelle für Musterschutz eingereicht. Das Patent für die Kräuterkerzen wurde ihm erteilt. Und hat eine nette Fabrikation aufgebaut, bei der nicht nur die ganze Familie, sondern auch einige Angestellte mitwirken konnten.

Es ging auf den Namen seiner Frau, das Geschäft, und es blühte. So wurde geraspeltes Sandelholz neben vielen anderen Dufthölzern, nicht zuletzt würzigen Kräuterwurzeln, verarbeitet, und ein Kerzentyp nach dem anderen gesetzlich geschützt.

„A G'spür muß man haben."

„Die Gelegenheit beim Schopfe packen", lautet eine Redeweise. Das hat der Lehrer Dittersberger getan. Und es war richtig so. Eigeninitiative, Gedankeneigentum kann genützt werden. Das Sprichwort sagt es ja richtig. Eine Gelegenheit ist eine Möglichkeit. Und wenn man diese Möglichkeit personifiziert, dann kann man sie auch beim Schopfe packen, so wie einen Buben, den man beim Schopf packt, damit er nicht davonlaufen kann. Damit sie nicht entfliehen kann, die Gelegenheit.

Diese Redeweise ist nahezu 2500 Jahre alt. Damals, als die lockige Göttergestalt der griechischen Mythologie, mit kahlem Nacken, „Kairos", davongeflogen war, kam man erst darauf, daß man ihn beim Schopfe packen und zurückhalten hätte können.

Das Gespür, den richtigen Riecher zu haben, dabei geht es vor allem darum, daß man im Leben alle günstigen Gelegenheiten erkennt und richtig ausnützt. Es ist verkehrt, wenn einem mit sechzig einfällt, was man mit zwanzig hätte tun sollen oder mit fünfundvierzig. Dem Versäumten nachweinen, führt zu nichts. Aber den richtigen Augenblick richtig nützen, das bringt etwas. Es bringt vor allem Frieden und Freude. Und das ist schon sehr viel. Auch noch mit sechzig und später.

Mein Vater war sparsam, meine Mutter äußerst freigebig zu den Armen. Sie spürte sozusagen die Not der anderen und fand immer wieder den besten Weg, ihnen das Richtige, in diesem Augenblick Notwendige zu geben. Seien es Kleider, seien es Nahrungsmittel oder sei es auch Geld. Mein Vater war sehr wortkarg. Er hatte dagegen nie etwas gesagt.

Eines Abends, und ich tat es öfters, als ich so im Alter um die sieben, acht Jahre war, saß ich auf seinen Knien und er erzählte mir. Und ich hab' sie nicht vergessen, die Geschichten meines Vaters, der beim Erzählen gesprächig wurde und auch sachlich und herzlich schildern konnte.

„Weißt d', Bub, ich war siebzehn, als wir abbrannten. Wir und die beiden Nachbarn. Und da taten sich mehrere Männer im Dorf zusammen, gingen in die Nachbarortschaften und sammelten Heu und Stroh für die Stallungen, Körndln, aber auch Geld. Ich werde es nicht vergessen. Südmähren gehörte auch damals, so wie Mähren, zur Monarchie. Es gab keine Grenze wie heute zwischen ihnen und uns. Und wir kamen nach Schafa.

Der Halmetsschlager in Schafa hatte nicht nur einen Ziegelofen, sondern auch eine Großwirtschaft. Da er der Größte im Dorf war, fingen wir bei ihm an. Mir zitterte das Herz unter dem Kalmuckjanker, als wir in den Hof kamen. Denn der Halmetsschlager war als recht sparsamer Mann bekannt. Die Leute sagten: ‚Der läßt keinen luckerten Kreuzer aus.'

Und als wir in den Hof hineingingen, da stand er mitten drinnen, wachelte mit den Händen und schrie einen Knecht an, weil er über Nacht die Zuggestränge im Freien liegengelassen hatte, mitsamt den Pferdedecken, und ein Regen war gekommen.

Meine älteren Begleiter sagten: ‚Der wird nichts geben.' Aber wir waren überrascht. Er lud uns ein in die Stube. Begrüßte uns recht freundlich. Wartete uns ein Jausenbrot auf. Gab uns Geld und versprach auch eine Fuhr Ziegel für jedes der abgebrannten Gehöfte zustellen zu wollen. Nicht nur schenken, sondern auch zustellen. Er gab mir ebenso für meine Mutter einen Häfen voll Schmalz mit, ‚weils ein Haufer Leut' seid's, daß bei den Bauarbeiten etwas zu essen habt's'.

Und als sich dann einer von uns im Namen aller recht herzlich bedankte und bemerkte, daß wir uns gar nicht hineingetraut hätten, weil er den Knecht geschimpft hatte, da meinte der Halmetsschlager: ‚Es muß so sein. Wenn man sein Sacherl nicht zusammenhält, kann man Menschen in der Not nie helfen. Und das vertane Zeug, das man zugrunde gehen läßt, hilft keinem Menschen.'

Bub, jetzt begreifst d', warum auch ich immer sag': Die Sachen zusammenhalten. Nichts zugrunde gehen lassen. Nichts verludern."

Damals begann ich meinen Vater richtig zu verstehen.

Da fällt mir ein – die wunderbare Brotvermehrung. Hat da nicht auch Jesus gesagt: „Sammelt die übriggebliebenen Stücke, damit sie nicht verderben"?

Ein G'spür muß man haben für die Not der anderen, aber auch für seine eigenen Sachen. Alte Kleider, alte Decken können oft noch irgend jemandem nützlich sein.

Nicht übermäßig essen, nicht zuviel trinken. Und mit diesem ersparten, nichtkonsumierten Übermaß kann anderen geholfen werden.

„Wenn jemand auf dieser Welt Güter hat und sieht seinen Bruder Not leiden und verschließt sein Herz vor ihm, wie könnte die Liebe Gottes in ihm wohnen?" (1. Joh. 3/17)

Ja. Ja. Ein G'spür muß man haben.

In vielen Dingen des Lebens. Und des Zusammenlebens.

Rote Johannisbeere
Ribes rubrum

Grundmauer des Wohlbefindens

„. . . garamba . . ."

„. . . das kann doch kein Mensch für möglich halten", sagte der Arzt mehr als erstaunt und schüttelte ungläubig den Kopf. „. . . wenn er es nicht mit eigenen Augen gesehen hat."

Doktor Antonio Costa da Nunes Ferreira, seit Jahren Militärarzt in Macao, der portugiesischen Überseeprovinz an der Küste Chinas. Er war immerhin schon zweiundvierzig Jahre auf der Welt. Davon fünfzehn Jahre in Asien. Hatte manches gesehen. Erlebt. Als Mensch und als Arzt.

Die Leiche war geöffnet. Lag vor mir auf dem Seziertisch. Der Darminhalt, hart wie Stein und braun wie Kiefernharz, war herausgenommen worden.

„Der Mann hat zirka drei Wochen lang keinen Kot abgegeben", stellte der Arzt fest. „Harnentleerung hat funktioniert. Die Flüssigkeit ging durch Schweiß und Ausdünstung durch die Haut weg. Kein Wunder bei unseren Temperaturen. Der Ballastanteil des Kotes ist zu harziger Masse geworden."

Noch einmal sah ich im Geiste den jungen Priesterstudenten Barnabas Ly tung-tzi vor mir. Er hatte sich nie beklagt. War nie zu mir auf die Krankenstation gekommen. Nur eines war mir aufgefallen in letzter Zeit. Er klopfte sich instinktmäßig oft mit den Fingern der rechten Hand auf die Halsgrubengegend. Gefragt, ob er etwas hätte, verneinte er es stets.

„Da oben drückt es mich ein wenig", sagte er bloß. Lehnte jede ärztliche Untersuchung ab. Und da er vor Prüfungen stand, schrieb man dieses Verhalten seiner nervlichen Überbelastung zu. Und ich selbst, von früh bis abends schwer beschäftigt, hatte dies bald vergessen. Bis wir Barnabas eines Tages in der Früh tot im Bette fanden.

Drei Wochen lang keinen Stuhlgang. Ob es so etwas gibt? Sie haben es gelesen. Ich habe es erlebt. Sie und ich, wir wissen es nun.

Die Grundmauer jedes körperlich-geistigen Wohlbefindens, auf die erst alles andere aufgebaut werden kann, ist ein geregelter Stuhlabgang. Im Vergleich zum Ofen entspricht dies der Aschenbeseitigung.

„Der Ofen muß saubergehalten werden, dann zieht er", hört man jene sagen, die einen Kachelofen lieben und auf ihn etwas halten. Vor allem aber wollen, daß er funktioniert. Wärme entwickelt. Und abgibt.

„Ein Heuhaufen voll Sauereien", sagte ein alter Landarzt zu einem Bauern in den mittleren Jahren, der beständig an Stuhlverstopfung litt.

Sachter ausgedrückt, „Schlampereien" sind es, wenn man jahrelang mit Darmträgheit lebt und nichts anderes kennt, als dagegen mit schweren Abführmitteln einzuschreiten.

Es gibt viele Ursachen der Stuhlverstopfung.

Viele Krankheiten im Leben hätten zum Teil vermieden werden können, wenn man von Jugend auf Wert auf regelmäßigen Stuhlgang gelegt hätte.

Das wieder hängt eng mit den Ernährungs- und Eßgewohnheiten zusammen.

Mit Ruhe essen. Sich beim Essen Zeit lassen. Nie ganz sattessen.

„Bub, mußt immer aufhören, wenn es dir am besten schmeckt", hat schon mein Vater gesagt, und das war nur ein einfacher Bauer.

Nie mit vollem Magen zu Bette gehen. Jedes Übermaß an Alkohol meiden. Jeden Bissen gut kauen. Diese Grundregeln können nie oft genug in Erinnerung gerufen werden.

Stuhlfördernde Hausmittel:

Sauermilch, mit Apfelmarmelade angerührt, 1 Stunde in warmem Raum stehenlassen und dann langsam trinken. Ein Stück

Vollkornbrot dazuessen. – Oder in die Sauermilch *Leinsamenschrot* einrühren.

Die Wirkungskraft beider Möglichkeiten wird erhöht, wenn man 1 Stunde vorher 1 Tasse *Abführtee* trinkt: 50 g Sennesblätter, 35 g Süßholzwurzel, 25 g Himbeerblätter, 25 g Tausendguldenkraut, 35 g Odermennig und 30 g Johanniskraut. 2 Teelöffel dieser Mischung werden mit ¼ l kochendem Wasser abgebrüht, 15 Minuten ziehen gelassen, abgeseiht.

Olivenöl mit Zitronensaft, auf 1 Eßlöffel 1 Teelöffel voll, gut abrühren und jeden Morgen gleich nach dem Wachwerden einnehmen.

Möhrensaft, bei leichteren Fällen, täglich morgens getrunken, ¼ l, fördert nicht nur den Stuhlgang und treibt eventuelle Würmer ab, sondern stärkt auch die Sehkraft der Augen.

Roher-Wildgemüse-Sauerkraut-Salat, knapp vor jeder Hauptmahlzeit gegessen, verbessert durch Vitaminzufuhr die Abwehrkräfte des Körpers, verleiht ein allgemeines Wohlbefinden, stärkt die Denkkraft. Übt auf die Stuhlregelung eine Langzeitwirkung aus. Dazu werden verwendet: Rohes Sauerkraut, Löwenzahnblätter, Schafgarbenblätter, Gänseblümchenblätter, Guter Heinrich (wildwachsende Urform des Spinates). Nicht vergessen: etwas geriebene Möhren mit einigen Fäden gerissenen Kren. Alles kleinschneiden, gut abmischen, einige Tropfen Zitronensaft und nicht wenig kalt gepreßtes Mohnöl.

Ein großartiges Mittel, Magen- und Darmschleimhäute in Ordnung zu bringen, ist eine 4wöchige *Feigenkur.* 5 getrocknete Feigen werden klein geschnitten, mit ¼ l kaltem Wasser übergossen und über Nacht bei Zimmertemperatur angesetzt. Morgens gleich nach dem Aufstehen auslöffeln. Erfolg stellt sich aber nur dann ein, wenn diese Kur mehrere Wochen lang pünktlich jeden Tag durchgeführt wird.

Rhabarber-Sauermilch-Kur: Rhabarberstengel, frisch geerntet, werden geschält, in ganz kleine Stücke geschnitten oder durch die Fleischmaschine gedreht, was vorzuziehen ist. 1 Löffel Honig dazumischen, mit ¼ l Sauermilch übergießen und über Nacht stehenlassen. Morgens getrunken, fördert es die Bakterienbildung des Magens und Darms, wirkt aber auch abführend.

Frische Bierhefe, täglich morgens 1 Teelöffel voll vor dem Frühstück eingenommen. Ein Schluck saure Milch nachgetrunken, fördert ebenfalls Bakterienbildung und Stuhlgang. Nach 1 Woche Anwendung 1 Woche aussetzen, um dann zu wiederholen.

Holunderkoch ist in vielen ländlichen Gegenden eine beliebte Beigabe zur Mahlzeit.

„Knödel und Hollerkoch
macht gehend und g'sund."

Heißt es im Waldviertel. Wobei man unter „gehend" stuhlfördernd versteht. Hollerkoch oder Holundermus wird so zubereitet: Frische Holunderbeeren mit Wasser, Zucker und zur Geschmacksverbesserung mit etwas Gewürznelken und einem Stückchen Zimtrinde weichdünsten. Dann etwas Zitronensaft hinzufügen und mit Stärkemehl eindicken.

Holundermus kann natürlich auch außerhalb der Mahlzeiten, vor allem früh oder abends, genommen werden. Wer sich einmal an den eigenartigen Geruch und das Aroma gewöhnt hat, findet in ihm ein wohlschmeckendes Mittel, die Darmentleerung anzuregen. Vor allem dann, wenn Entzündungen im Magen- oder Darmtrakt vorhanden sind. Bereits für Kleinkinder jeden Alters ein völlig harmloses, wohlschmeckendes und erprobtes Stuhlgangsmittel.

Homöopathikum „Nux vomica" dil. D4 in 50 Gramm aus der Apotheke. Davon nimmt man 3mal täglich, also vor jeder Mahlzeit, 10 Tropfen auf 1 Eßlöffel mit Wasser ein.

Leinsamen und Rosinen: Davon je 1 Eßlöffel voll in ¼ l kaltem Wasser einweichen. Über Nacht stehenlassen. Morgens auslöffeln. Fördert den Stuhlgang.

Schlehenblütentee: 2 Teelöffel frische oder getrocknete Schlehenblüten (Prunus spinosa) werden mit ¼ l kochendem Wasser abgebrüht; 15 Minuten ziehen lassen, abseihen. Morgens und abends je 1 Tasse getrunken, hilft bei Stuhlverstopfung.

Die Natur schenkt uns so viele Mittel, geeignet, den Stuhlabgang zu fördern. Es ist gefährlich, sich einzig und allein an chemische Mittel zu gewöhnen.

Auch das Einnehmen von Bitter- und Glaubersalz ist einzuschränken oder, noch besser, ganz abzulehnen. Alle diese genannten Mittel regen die Dickdarmmuskel gewaltig an und bewirken eine heftige Darmbewegung. Es folgt dann eine wuchtige, gewaltsame Entleerung. Dabei werden nicht nur Ballaststoffe, also für den Körper wertloser Kot, abgestoßen, sondern auch wichtige Mineralien und Vitamine. Für den Magen-Darm-Trakt wertvolle Enzyme gehen ins Freie. Werden für den Körper wertlos. Dabei ist auch ein großer Wasserverlust zu verzeichnen. Wer kann dann die Mangelerscheinungen abschätzen, die dabei auftreten und für den Körper verheerende Folgen haben können?

Die Heilkraft der Sauerkirsche darf nicht vergessen werden!

Weichselkirsche (Prunus cerasus), Sauerkirsche, Weichseln, Amarelle oder Morelle genannt. Stammt aus Kleinasien. Ist aber in unseren Gärten heimisch geworden.

Man sammelt und verwendet die reifen Früchte, die Kerne und die Stiele.

Auch das Harz der Rinde wird zu gleichen Teilen von Schweinefett, Schaftalg und Bienenwachs auf Sparflamme geschmolzen, mit Beinwellpulver im Verhältnis 1 Teil Beinwell, 4 Teile genanntes Gemisch vermengt. Als *Wundbalsam* verwenden. Auf ein Leinenfleckchen dünnschichtig auftragen und 8 Stunden oben lassen.

Die Pharmazie benützt den *Weichselsaft* (Syrupus Cerasorum) als Heilmittel. Ergibt ein kühlendes Getränk. Besitzt eine ausgesprochen harntreibende Kraft. Wird besonders bei Herz- und Bauchwassersucht eingesetzt.

Man kann ihn auch selbst zubereiten. Zuerst werden die Kerne ausgelöst und kleingestoßen. Dann mit dem Fruchtfleisch vermengt und gut ausgepreßt. Für 1 Teil Saft gibt man 2 Teile Rohzucker. Kurz aufkochen. In Flaschen füllen. Auf 70° Celsius erhitzen. Flaschen verkorken. Kühl und dunkel lagern.

Gedörrte Weichseln sind ein ausgezeichnetes Mittel gegen hartnäckigen Durchfall. Sollen trocken, ohne Kerne, gegessen werden. Bitte nicht übersehen! Frische Weichseln fördern den Stuhl! (Siehe unten.)

Weichselkerne werden vom äußeren Steingehäuse befreit und täglich 3mal 6 Stück, aber nicht mehr, gegessen. Dabei gut gekaut. Lösen Nieren- und Harnsteine. Helfen bei Harnstauungen. Stillen Husten. Treiben lästige Eingeweidewürmer ab. Die Kerne schmecken bitterlich, mandelähnlich.

Weichselstiele werden an der Luft getrocknet. 2 Teelöffel davon mit ¼ l kochendem Wasser übergießen, zugedeckt noch einmal aufwallen lassen, 15 Minuten ziehen. Ergeben einen ausgezeichneten, leicht bitter schmeckenden Brusttee, der bei Dauerhusten sehr wirksam ist. Aber auch bei jungen Mädchen im Entwicklungsalter, vor allem, wenn sie an Bleichsucht leiden oder auch nur ein blasses Aussehen haben, hat dieser Tee, täglich morgens 1 Tasse getrunken, 3 Monate lang, schon merklich geholfen.

Sauerkirschenkur: Einer der einfachsten Wege, die Stuhlverstopfung auf natürliche Weise loszuwerden, ist die Weichselkur. Es geht hier um die reife Weichsel- oder Sauerkirschenfrucht. 3-

bis 4mal täglich ißt man 1 Handvoll Früchte, natürlich ohne Kerne. Kerne können nämlich gefährlich werden, besonders Kirschen- oder Weichselkerne, auch wenn sie verhältnismäßig klein sind. Wenigstens ½ Stunde lang kein Wasser und auch keinen Tee nachtrinken.

Diese Kur festigt und stärkt ebenso die Unterleibsregion: Gebärmutter der Frau und Hoden der Männer.

Weichselkerne werden gewaschen. Getrocknet. Aufgehoben. Nach Bedarf wie oben angewandt.

Weichseln gehören zu jenen Früchten, die ihrer Verwertung nach ein „Mauerblümchendasein" führen müssen. Weil sie leicht zu haben sind, vor allem in ländlichen Gegenden, werden sie viel zuwenig verwendet. Sie sind bedeutend wirksamer und heilsamer als Kirschen.

In jeden Garten gehört auch ein Weichselbaum.

Die Natur bietet sich an zu helfen. Stoßen wir sie nicht zurück! Die Natur. Sie ist ja unsere Mutter. Wir ihre Kinder. Uns alle hat Gott der Vater geschaffen.

Hier sind viele Hilfsmittel aufgezeigt worden. Wähle davon für dich! Wechsle auch ab! Sammle deine Erfahrungen! Für dich. Für deine Gesundheit.

Weiße Pestwurz
Petasites albus

Die Lösch-Marie sagt „Vergelt's Gott!"

„Bub, merk' dir das. Arme Leute muß es geben. Arme Leute gibt es immer. Und Gott sei Dank, daß es sie gibt. Man muß nur die Augen aufmachen, damit man sie sieht, die armen Leute. Und dann muß man ihnen helfen."

Das war kein Pfarrer, der dies gesagt hat. Das war meine Mutter.

Dann hat sie mir einen Teller voll Grammeln in die Hand gedrückt, und ich bin losmarschiert mit meinen Holzschuhen. Vom Bauerndorf hinaus. Über den Teichdamm. Rechts und links die zwei großen Fischteiche. Hinunter in die „Häuseln", dem zweiten Teil meines Heimatortes. Wo damals Maurer und Zimmerleute wohnten. Im Sommer arbeiteten sie auswärts. Im Winter, wenn sie keine Arbeit hatten, mußten sie hungern.

Und da bin ich immer losgezogen. Mit Grammeln und einer Blunzensuppe. Das Milchsimperl in der einen Hand. Den großen Holzteller in der anderen. Die Hände voll zu tun. Hatte ich.

Das Schweineschlachten im Winter zählte zu den angenehmsten Bauernarbeiten. Aber nicht für mich. Das „Sauabstechen" fürchtete ich. Wenn es irgendwie ging, verkroch ich mich hinter der Bodenstiege. Kam erst wieder hervor, wenn das Schwein zu schreien aufgehört hatte.

 „Vater, muß man denn die Sau abstechen?"

„Lebendig kannst du s' ja auch nit essen. Und a Fleisch, a Schmalz, Grammeln, Würst' und a Leber willst d' a hab'n. Ich stich eh guat. Is' eh glei' hin, die Sau. Fürcht di' nit."

Ich fürchtete mich nicht. Aber das Vieh tat mir leid. Weil ich alle Viecher auf dem Hof gern hatte. Auch die Säu'.

Wenn wir nach dem Schweineschlachten im Haus Blutwürste gemacht hatten, mußte ich diese mit einer Stricknadel anstechen, damit die Suppe gut wurde. Und dann habe ich sie fortgetragen. Die Suppe.

So bin ich auch zur Lösch-Marie gekommen. Auf den Kastenberg. Die hatte recht geschwollene Füße. Konnte kaum hinausgehen.

Sie hat sich so gefreut, wenn ich ihr einen Teller voll frische Grammeln hingebracht habe. Hat immer ein herzliches „Vergelt's Gott!" gesagt.

Meine Mutter hatte mir aufgetragen, ihr nach der Heimkehr alles zu erzählen. Ob die Leute irgend etwas gesagt oder etwas anderes gewollt haben. Und ich habe es einfach berichtet.

„Mutter, die Lösch-Marie hat ‚Vergelt's Gott!' gesagt."

„Segen's Gott", war die Antwort. Und ich habe gemerkt, daß das gar nicht so etwas Kleines war, dieses „Vergelt's Gott!" von der Lösch-Marie mit den geschwollenen, dicken Füßen.

Das „Vergelt's Gott!" der Lösch-Marie und das „Segen's Gott!" meiner Mutter sind heute noch Quader des ganzen Gefüges meines Seins. Gesunde Ideen. Darauf habe ich aufgebaut.

Wenn mein Vater damals, als ich zwanzigjährig in die Mission ging, gesagt hat: „Bub, mit dem Hute in der Hand kommt man durch das ganze Land", habe ich das nicht so richtig verstanden.

Heute aber bin ich ihm dankbar. Jetzt verstehe ich, was der Vater gemeint hat.

„Nicht warten, bis dich die Leute grüßen. Nicht darauf anstehen. Und nicht eine Parade machen. Sondern von innen heraus muß das kommen. Freundlich sein. Nicht immer glauben, die Türen und Tore gehen von allein auf. Man muß auch klopfen. Und nach dem Klopfen ein bißchen warten. Wenn sie dann aufgehen, freundlich grüßen. Und beim Eintreten Frohsinn und Frieden mitbringen."

Bei der Herbergsuche, ist es da viel anders gewesen? Wenn wir heute zurückdenken? Den, dem alles gehört hätte, dem Herrn der Welt, hat man hinausgesperrt. „Er kam in sein Eigentum. Doch die Seinen nahmen ihn nicht auf."

Nicht beleidigt sein. Zufrieden sein. Alles richtig einschätzen können und richtig einzuschätzen wissen.

Die Lösch-Marie sagt „Vergelt's Gott!" Und mir, dir, tut es gut. Das „Vergelt's Gott!" der Lösch-Marie. Die nicht mehr lebt. Aber da ist. Mit ihrem dankbaren Herzen.

Haselwurz
Asarum europaeum

Was sagt die Ringelblume zu Krampfadern?

Die Frage war gestellt.

Die Angesprochenen wurden aktiv.

„Woran denkst du, wenn du das Wort Krampfadern hörst?"

„Wenn ich Krampfadern höre, denke ich an die Erweiterung und Schlängelung der Venen an den Schenkeln und an geplagte Frauen."

Eindeutig war dies die beste aller gegebenen Antworten in der Runde.

Was sind Krampfadern wirklich?

Krampfadern sind die Folge einer Bindegewebeschwäche. Die auslösenden Ursachen sind zwei. Angeborene Schwäche oder gegebene Umstände. Das Erscheinungsbild ist immer das gleiche: knotig verdickte Gefäßgeflechte an den Unterschenkeln, auch an den Oberschenkeln. Dabei kommt es zu Entzündungen und Schwellungen.

Wichtig ist dabei die Feststellung, daß jeder Mensch mehr oder weniger viele vererbte Neigungen schon bei seiner Geburt mitbringt, die im Laufe der Jahre die eine oder die andere Krankheit begünstigen oder auslösen können. Wenn . . .

„Wenn was?"

Wenn die Umstände in seinem Leben dafür geschaffen werden.

Hat die Mutter Krampfadern, dann muß vor allem die Tochter eine Reihe von Faktoren meiden, die auch in ihr das gleiche Übel auslösen könnten. Sie muß mehr und gezielter darauf achten, als ihre Kollegin, deren Mutter keine Krampfadern hat.

Welche Begleitumstände begünstigen Krampfadernbildung?

Schwangerschaft fördert die Neigung zu Krampfadern. Krampfadern müssen aber nicht jeder Schwangerschaft folgen.

Übergewicht und Stehberufe, zu enge Kleidung, darunter vor allem Strumpfbänder und Gummizüge, aber auch Verdauungsstörungen und Gallenleiden können Ursache der Entstehung von Krampfadern sein. Vor allem dann, wenn die Neigung angeboren ist.

Angeborene, erbliche Bindegewebeschwäche kann außer zu Krampfadern auch zu Rundrücken, Plattfüßen, Bandscheibenschäden oder Hämorrhoiden bei den Nachkommen führen.

Sind Krampfadern ausschließlich ein Leiden der Frauen?

Auch Männer können Krampfadern haben. Und das ist heute, wo das Vorhandensein von Übergewicht gang und gäbe ist, gar nicht selten. Aber in der Praxis sind Frauen häufiger als Männer von Krampfadern geplagt. Bei ihnen kommt es besonders an den Unterschenkeln, nicht selten aber auch an den Oberschenkeln zur Erweiterung und Schlängelung der Venen. Wobei sich oft ganze „Knotenknäuel" bilden, welche die Haut durchdrängen. Klar sichtbar und greifbar sind. Und schmerzen.

Warum treten Krampfadern häufiger bei Frauen als bei Männern auf?

Die Hauptursache ist in der Natur der Frau zu suchen. Frauen haben eine ungünstige Beckendurchblutung. Dadurch wird die Haut blauviolett verfärbt und führt nicht selten zu juckenden Stauungsekzemen. Dies wieder kann die Ursache vom „offenen Bein" oder vom Krampfaderngeschwür sein. Die Folgen davon sind Venenentzündung, Thrombosen und Embolien.

Vorbeugende und heilende Maßnahmen gegen Krampfadern:

Das *Bett am Fußende um etwa 30 cm erhöhen.* Die Höhenlagerung der Beine während der Bettruhe fördert die Entleerung der Venen.

Warmabreibung am Abend vor dem Schlafengehen mit *Weinessigwasser.* Für ½ l Wasser benötigt man 1½ Eßlöffel reinen

Weinessig. Und anschließend einmassieren mit *Ringelblumensalbe**).

Morgens nach dem Aufstehen *Ringelblumengeist***) anwenden.

Roßkastanienöl***) und *Roßkastanientinktur*****) können anstatt Ringelblumensalbe und Ringelblumengeist abwechselnd für Einreibungen genommen werden.

Täglicher Spaziergang auf Wiesen- oder Waldboden wirkt sich sehr günstig aus. Hingegen schadet das Gehen auf Beton- oder Asphaltboden.

Für eine *regelmäßige tägliche Stuhlentleerung* ist unbedingt Sorge zu tragen. Abends 15 getrocknete Pflaumen in ½ l kaltem Wasser ansetzen, 5 getrocknete Feigen fein schneiden und dazumischen. Morgens nach dem Wachwerden ohne Kerne auslöffeln.

Vielfach erprobte Venenteekur: 50 g Weinrautenkraut, 35 g Ringelblumenblüten, 35 g Löwenzahnblätter, 50 g Baldrian und 30 g Gelber Steinklee. 2 Teelöffel für ¼ l kochendes Wasser. Abbrühen, 15 Minuten ziehen lassen. Abseihen. 3 Wochen hindurch 3 Tassen täglich zu sich nehmen.

Anschließend trinkt man 3 Wochen lang morgens und abends je 1 Tasse Misteltee. 2 Eßlöffel getrockneter, 1 Jahr lang gelagerter Mistelblätter (Viscum album) werden in ½ l kaltem Wasser angesetzt, über Nacht stehengelassen. Morgens erwärmt. Die Hälfte davon nüchtern trinken. Den Rest in eine Thermosflasche füllen und abends einnehmen.

Diese beiden Tees können als Kur mehrmals hintereinander angewandt werden.

Während dieser Kur ist viel Wert auf *Sauermilch, Buttermilch, Sauerkraut, Leinsamen, Vollkornbrot* und *Leinsamenbrot* als Nahrungsmittel zu legen.

Hingegen sind zu meiden: Bohnenkaffee, Wein, Schweinefleisch, Geselchtes und alle scharfen Speisen.

So wertvoll die Ringelblume zur Behandlung von Krampfadern ist, hat die Erfahrung gelehrt, daß sie dann am besten und erfolgreichsten eingesetzt wird, wenn man alle vorbeugenden und heilenden Maßnahmen gewissenhaft beachtet.

---

*) Zubereitung siehe Seite 132.
**) Zubereitung siehe Seite 133.
***) Zubereitung siehe Seite 176.
****) Zubereitung siehe Seite 69.

*Rainfarntinktur**) darf im Zusammenhang mit „Krampfadern" nicht übersehen werden.

Keine andere Krankheit hat so viel Persönliches an sich wie Krampfadernleiden.

Hier muß jeder „sein Kraut" finden. Hier ist „Ausprobieren am eigenen Leib" erlaubt.**)

Sanddorn
Hippophaë rhamnoides

*) Zubereitung siehe Seite 68.
**) Zusätzliche Information im Kapitel 50 unter „Grünes Gold" aus China.

Einer steht am Wegesrand und wartet

In meinem Filialkirchlein Hötzelsdorf, an der Franz-Josephs-Bahn, steht ein kleiner bescheidener Altar. Bescheiden und klein wie das Kirchlein selbst. Eine adaptierte Dorfkapelle.

Die Altarplatte wird von zwei blau-weiß-polierten Steinpfeilern getragen. Ich fand sie in einer aufgelassenen Steinschleiferei meiner Pfarre. Und durfte sie mitnehmen. Gebrochen wurden sie im nicht weit entfernten Thumeritzer Kalksteinbruch. Auch er liegt heute still.

Mauerreste künden dort noch von einem Kalkofen. Wo die Abfallsteine zu Baukalk gebrannt wurden. Die schönen Platten wanderten in die Steinschleiferei. Jeder zweite ältere Mann meiner Pfarre war gelernter Steinschleifer.

Die Kalkfuhrbauern aus Thumeritz waren einmal im niederösterreichischen Wald- und Weinviertel ein Begriff. Mit ihrem Plachenwagen und dem Pferdegespann führten sie gebrannten Kalkstein aus. Verkauften ihn an die Direktverbraucher der Dörfer, die sie durchführen.

Schrien schon am Dorfeingang: „Da Kalkbauer is' do." Waren stets verstaubte Gestalten. Die ihr halbes Leben auf der Achse verbrachten. Sommer und Winter. Bei jeder Witterung. Vor Regen durch die Plache geschützt. Ein Schutz, der vor allem ihrer Handelsware galt. Sie aber waren der Zugluft ausgesetzt.

Durst und Kreuzweh. Das waren die zwei untrüglichen Kennzeichen der „Kalkbauern“ von damals. Weil es sie heute nicht mehr gibt.

Einer der letzten aber steht am Straßenrand und wartet. Schon sechzig Jahre lang wartet er. Bei jedem Wetter steht er dort.

Auf blaugrauem, geschliffenem Thumeritzer Kalkstein.

Im Weinland hat er seine Kalkfuhre gelassen. Bei der Heimfahrt ist er eingeschlafen. Macht nichts. Die beiden Pferde kannten den Weg nach Hause. Freuten sich auf einen warmen Stall und eine gute Hafermahlzeit.

So gingen sie ihren Weg. Zogen den Wagen. Auf dem der Kutscher schlief. Mit Kreuzweh. Immer auf der richtigen Straßenseite gingen sie. Die Pferde. Kannten sich auch an den Kreuzungen aus. Waren ja schon erfahren. Die Pferde des Kalkbauern aus Thumeritz.

Dann kamen sie in der Nacht an die Stelle außerhalb meiner Pfarre, wo das Doppelgeleise der Franz-Josephs-Bahn, Strecke Wien–Prag, die Straße überquert. Wie sie mitten auf dem Geleise sind, geht der Schranken nieder. Die Pferde bleiben stehen. Können nicht weiter.

Dann rast der Zug daher. Die Pferde erfaßt panische Angst. Sie zerreißen das Geschirr. Brechen die Deichsel ab. Können noch flüchten. Werden dann eingefangen.

Und der Kalkbauer?

Das Gedenkkreuz kündet von ihm.

„Gewidmet zur Ehre Gottes
von Maria Reinagl
aus Thumeritz
zur schuldigen Erinnerung
ihres verunglückten Mannes
am 23. Juni 1914“

Fünf Tage später wird in der bosnischen Hauptstadt Sarajevo der österreichisch-ungarische Kronprinz und „Generalinspekteur der gesamten bewaffneten Macht“, Erzherzog Franz Ferdinand, mit seiner Frau, Sophie von Hohenberg, ermordet. Und der Erste Weltkrieg brach aus.

Das Menschliche, das der Zug vom Kalkbauern übrigließ, wurde auf dem Friedhof beigesetzt. Heute ist auch davon nichts mehr da.

„Oije! Mein Kreuz!“, stöhnen manche.

„Langsam, langsam, muß mir mein Kreuz zuerst einrichten.“

Diese und ähnliche Bemerkungen hört man immer wieder.

Was ist das, „Kreuzweh“? Was sind Kreuzschmerzen?

Sowohl vorübergehende als auch chronische Schmerzen im Kreuz und in der Rückengegend sind oft die Folge von Wirbelsäulenerkrankungen. Bei Frauen treten diese nicht selten während ihrer Monatstage auf. Geschwülste im Unterleib, vor allem im Becken, Darmkrankheiten und Erkrankungen der Harnwege und Harnorgane können weitere Ursachen darstellen.

Länger andauernde, wiederholt auftretende Schmerzen sind Fälle des Arztes. Nur er kann die Ursachen klären. Dann erst Natur- und Hausmittel anwenden. Nicht selten führt zu schnelles Essen, flüchtiges Kauen der Speisen zu Nieren- und Rückenschmerzen.

Wie immer auch die Ursachen sein mögen, Zugluft und Alkohol meiden, Warmhalten des Rückens schafft Erleichterung.

Erprobte Hausmittel sind:

Heublumensäcke: Feine Rückstände von Heubeständen – es darf nie frisches Wiesenheu, sondern nur gelagertes sein – werden in ein Säckchen, dessen Größe sich nach dem Schmerzfeld richten muß, gegeben. Der Breite nach zunähen, nie zubinden. Kurz in heißes Wasser tauchen, herausnehmen, leicht ausdrücken und im Backrohr des Herdes oder über dem Sturz eines heißen Kochtopfes abwechselnd auf beiden Seiten erwärmen.

Ziemlich warm, aber nicht heiß auflegen. Mit einem Wolltuch umwickeln und über Nacht oben lassen. Tags darauf herunternehmen. Die schmerzende Stelle mit warmer *Obstessigwasserlösung* gut abschrubben und anschließend mit *Johanniskrautöl**) tüchtig einmassieren.

Einreibungen mit *Arnikatinktur**), 3- bis 4mal pro Tag erneuern, sind ebenfalls zu empfehlen.

Weidenrindensalbe: Im Frühjahr vor dem Blätteraustrieb oder im Herbst nach dem Blätterabfall werden von den Weiden (Salix alba) zwei- bis dreijährige Zweige abgeschnitten. Die Rinde bis aufs Holz abschälen, in kleinere Stücke schneiden, sorgfältig und langsam trocknen. Pulverisiert, verwendet man diese zur Herstellung der Salbe.

200 g Darmfett vom Schwein und 100 g Schaftalg werden unter wiederholtem Aufprasseln gründlich aufgelöst. Dann auf

*) Zubereitung siehe Seite 132.

Sparflamme gestellt und 100 g Bienenwachs hinzugegeben. Unter beständigem Umrühren mischt man 200 g feines Weidenrindenpulver dazu. Solange rühren, bis sich alle festen Teilchen vollständig aufgelöst haben. Dann in Tiegel füllen. Im warmen Raum auskühlen lassen. Abschließen, dunkel und kühl lagern.

Die schmerzende Stelle abwechselnd mit Weidenrindensalbe und Arnikatinktur einreiben. 8-Stunden-Turnus einhalten!

Abwaschungen mit *Pfefferminztee.* Nicht abtrocknen, sondern eintrocknen lassen und nach 8 Stunden mit *Roßkastanienblütenöl* einreiben. Auch hier gilt der 8-Stunden-Wechselturnus!

Pfefferminztee: 2 Teelöffel getrockneter Blätter (Mentha piperita) werden mit ¼ l kochendem Wasser überbrüht, 15 Minuten ziehen gelassen. Doppelmenge zubereiten und die Hälfte davon langsam und schluckweise trinken.

Roßkastanienblütenöl: Rote Roßkastanienblüten (Aesculus hippocastanum), 300 g davon, werden in 1 l kalt gepreßtem Olivenöl 14 Tage lang in der Sonne angesetzt. Abgeseiht und der Rest gut ausgepreßt. Dunkel und kühl lagern. Außerhalb der Einreibung kann davon 2mal täglich je 1 Eßlöffel voll eingenommen werden.

Rainfarnwein: 10 g frische Rainfarnblüten (Tanacetum vulgare) werden in 1 l Süßwein 8 Tage lang in der Sonne angesetzt, abgeseiht und dunkel und kühl gelagert. Davon trinkt man nach jeder Mahlzeit 1 kleines Likörgläschen voll.

Kreuzweh-Teemischung: 35 g Birkenblätter, 50 g Schwarze Johannisbeerblätter, 25 g Ackerstiefmütterchen, 25 g Apfelschalen, 25 g Pfefferminzblätter und 50 g Mädesüßblüten. 1 Eßlöffel voll mit ¼ l siedendem Wasser übergießen, 15 Minuten gut zugedeckt ziehen lassen, abseihen und durch 3 Wochen täglich 3 Tassen trinken.

Auf die gleiche Weise zubereitet und eingenommen, kann auch diese *schmerzlindernde Teemischung* angewandt werden: 35 g Echte Schlüsselblumenblüten, 25 g Lindenblüten, 35 g Kornblumenblüten, 45 g Hopfenzapfen, 40 g Baldrianwurzel und 20 g Arnikablüten.

Kletten-Kohl-Zwiebel-Brei-Umschlag: 30 g Klettenwurzel, 50 g Kohl- oder Krautblätter und 100 g Zwiebeln werden zerkleinert in ½ l kaltem Wasser zugestellt und bis zu einem streichfähigen Brei gekocht. Auf ein Tuch gestrichen und 8 Stunden lang aufgelegt. Dabei aber mit einem Wolltuch umwickeln, damit die behandelte Stelle warmgehalten wird. Anschließend mit *Thymianöl* einreiben.

125 g frisches, gut zerkleinertes, blühendes Thymiankraut (Thymus vulgaris) wird in ½ l kalt gepreßtes Olivenöl 14 Tage lang in der Sonne angesetzt. Abgeseiht. Den Rückstand auspressen. Das Öl nun kühl und dunkel lagern.

Täglich 2mal je 1 Eßlöffel voll eingenommen, lindert zusätzlich die Schmerzen und wirkt sich sehr wohltuend auf die Bronchien aus.

Eisenkrautessig: 300 g frisches, blühendes Eisenkraut (Verbena officinalis) werden fein geschnitten und mit 1 l Wein- oder Apfelessig 8 Tage lang im warmen Raum angesetzt, abfiltriert und dunkel und kühl gelagert. Dieser Auszug eignet sich bestens zum Einreiben schmerzender Stellen.

Aus der Homöopathie

Als homöopathische Arzneimittel seien hier einige angegeben, die sich in der Praxis bei Kreuzschmerzen besonders bewährt haben. Sie sollen abwechselnd 1 Woche lang eingenommen werden.

„Arnika" dil. D2 in 50-Gramm-Kurpackungen: 3mal täglich 15 Tropfen davon einnehmen. *„Berberis vulgaris" dil. D1* in 50-Gramm-Kurpackungen – *„Solidago-Urtinktur"* in 50-Gramm-Kurpackungen: 3mal täglich 15 Tropfen.

Zu starker Blutandrang im Gesäß kann Kreuzschmerzen verursachen. Ein oftmaliges Einreiben mit *Franzbranntwein* wird hier Abhilfe schaffen.

Auf gutes Schuhwerk ist unbedingt zu achten. Womöglich immer mit *Leder- oder Schaffelleinlage.* Dies kann gegen Kreuzschmerzen vorbeugend wirken.

Bei allen Kreuzschmerzen, woher sie auch kommen mögen, ist Alkoholgenuß absolut abzubrechen. Das Essen von Innereien und Tomaten ist ebenfalls nicht ratsam. Salz einschränken. Pfeffer streichen. Kräutergewürze wie Salbei, Thymian, Majoran, Knoblauch und Kümmel reichlich den Speisen beigeben.

Türen knarren, Gelenke schmerzen

„Wolfi, mach' die Tür leise zu! Mußt du immer soviel Lärm schlagen, wenn du heimkommst?"

„Mutti, bitte, sei so lieb und hör' mich an."

Neugierig, was der Herr Sohn der Mutter zu sagen hat?

„Frau Mutter", sagt der sechzehnjährige Mittelschüler, vor seine Mutter hintretend, und er kann dabei ein spitzbübisches Lachen nur schwer verbergen, „hat Frau Mutter schon einmal vom Reiben zweier Flächen gehört?"

„Hör' auf, red' nicht so geschwollen herum!"

„Die Tür braucht Schmier'!" sagt Wolfgang und geht in sein Zimmer.

Ja! Türen knarren, wenn ihnen Öl, Fett, Schmiere fehlt. Und Gelenke schmerzen. Die kann man nicht schmieren. Die haben nicht ein Zuwenig von etwas, sondern eher ein Zuviel. Zuviel an Ablagerung. Dann reiben sich zwei Flächen, wie wenn Sand im Getriebe wäre. Und schmerzen. Wir sprechen von Gelenkschmerzen. Von Rheumaschmerzen. Von Gicht und Rheuma. Von zuviel Harnsäure.

In Europa leidet jeder zehnte Mensch darunter. Die Hälfte davon ist an der Wirbelsäule erkrankt. Ein Drittel an den Gelenken.

Von Rheumatismus zu sprechen, ist eigentlich, streng genommen, sehr ungenau. Besser gesagt, müßte man vom rheumatischen Formenkreis reden. Davon kennt die Medizin mehr als sechzig verschiedene Erscheinungsformen.

Rheumatismus ist eine Stoffwechselerkrankung. Eine Ablagerung von Schadstoffen im Bindegewebe, und diese wieder führen zu einer krankhaften Veränderung. Dabei kommt es zur Veränderung der Durchblutung. Zur Schrumpfung der Gelenkkapseln und Sehnen. Eine Folge davon ist die Versteifung der Gelenke.

Haus- und Heilmittel zum Vorbeugen und Ausheilen:

Warmhalten ist das Hauptgebot für alle an Gelenkschmerzen leidenden Menschen. Richtiges Schuhwerk. Mit fester Sohle und entsprechenden Absätzen.

Der *Heublumensack**) hat schon vielen geholfen.

Kartoffelbreiabreibung: Wirkt durch die feuchte Wärme gemeinsam mit der Stärke der Kartoffeln wohltuend. Muß deshalb immer warm aufgetragen und vor dem Erkalten erneuert werden.

3 rohe, gewaschene Stärkekartoffeln werden gekocht. Das Kochwasser abgeseiht. Zu den Kartoffeln 2 bis 3 Eßlöffel grobe Weizenkleie geben. Das Ganze mit den bloßen Händen gut zu Brei drücken.

Leidet man an Hand- oder Fingerrheumatismus, dann bleibt man etwa 10 Minuten lang mit den Händen im warmen Brei, indem man denselben immer wieder auf die Hände aufstreicht und herunterwischt.

Sind es andere Körperteile, die behandelt werden sollen, dann wird die Kartoffelbreimasse dort aufgetragen. Ähnlich, als würde man sich damit einseifen. Etwa 10 Minuten lang.

Kann man selber nicht alle in Frage kommenden Stellen des Körpers erreichen, so muß man sich eben von einer zweiten Person helfen lassen.

Nach dieser Behandlung wäscht man die betreffenden Stellen gut ab. Trocknet nach. Reibt zuerst mit *Arnikatinktur***) ein und massiert nach einigen Stunden mit *Johanniskrautöl***) nach. Täglich wenigstens 2mal durchführen.

Auch *Roßkastanienblütenöl****) hat sich als sehr wirksam erwiesen.

Oder ebenso *Rosmarinsalbe*****) aus der Apotheke.

*) Siehe Seite 175.
**) Zubereitung siehe Seite 132.
***) Zubereitung siehe Seite 176.
****) Zubereitung siehe Seite 62.

*Baldrianöl**) eignet sich auch gut zum Einreiben schmerzender Gelenke, die daraufhin mit einem Wolltuch warmzuhalten sind.

Rheumateekur: Löwenzahnwurzel 40 g, Holunderblätter 25 g, Hauhechelwurzel 60 g, Wacholdertriebe 25 g, Queckenwurzel 50 g. 5 Eßlöffel der Mischung werden abends in 1 l kaltem Wasser angesetzt, morgens kurz aufgekocht, 5 Minuten zugedeckt ziehen gelassen, abgeseiht. In eine Thermosflasche gefüllt und tagsüber getrunken.

„Trink dich gesund!"

Ein Slogan. Hat bei allen Gelenksleiden seine bewahrheitete Bedeutung erlangt. *Frischpflanzensäfte,* kurmäßig eingenommen, haben Dauererfolge gebracht.

Apfelsaftkur: Morgens, ½ Stunde vor dem Frühstück, trinkt man ¼ l frischen, süßen Apfelsaft. Weitere 3 Gläser gleichen Ausmaßes aufgeteilt während des Tages.

Nach 1 Woche gewissenhafter Durchführung verspürt man bereits merkliche Besserung. Nicht nur, daß die Schmerzen nachlassen, sondern man fühlt sich auch weniger müde. Nervlich gestärkt. Der Schlaf wird tiefer und ruhiger. Die Verdauung funktioniert besser. Die Haut ist reiner und frischer. Das Gemüt gehoben.

Was ist während dieser Kur im Körper vor sich gegangen?

Aufgehäufte Schlacken und Giftstoffe sind ausgeschieden worden. Der Stoffwechsel wurde beschleunigt. Die Verdauung angeregt. Die Spannkraft des ganzen Körpers gehoben. Das Blut wieder reiner, flüssiger und bewegungsfreudiger.

Wichtig, daß Saftkuren durch eine vernünftige Diät unterstützt werden. Weg mit dem Kochsalz, damit die Wasserausscheidung nicht gehemmt wird. Weißzucker ist sehr ungünstig und ungesund. Weg damit. Nichts süßen. Zucker versäuert das Blut. Bei allen rheumatischen Erkrankungen muß das Blut entsäuert werden. Zucker fördert die Gelenkschmerzen. Fleisch einschränken. Mehr Rohgemüseplatten wählen.

Schwarze-Johannisbeersaft-Kur: Kann genauso wie die Apfelsaftkur durchgeführt werden.

Die Beeren enthalten viel Vitamin C, B und außergewöhnlich viele Minerale. Nicht umsonst heißt die Schwarze Johannisbeere die „Gichtbeere". Eine 4-Wochen-Kur bringt sichtbare und spürbare Erfolge.

*) Zubereitung siehe Seite 63.

Dieser Saft ist der einsatzfähigste aller Pflanzensäfte bei der Bekämpfung von rheumatischen Leiden. Bei Gicht und Arthrosen. Durch den hohen Gehalt an Basen wird das Blut gründlich entsäuert und entgiftet. Die antiseptische Wirkung zeigt sich heilsam und entzündungshemmend an den von Rheuma befallenen Geweben.

Bei einer solchen Kur kann man zwar mit Staunen feststellen, was besser geworden ist, was aber dadurch verhindert wurde, kann man nur erahnen.

Auch während dieser Kur heißt es Diät halten: Kochsalz und Zucker streichen. Fleisch, Fisch und Weißbrot einschränken.

Zu empfehlen ist nur der naturreine Preßsaft und nicht der chemisch behandelte, mit Wasser verdünnte und aufgefärbte Saft, wie er leider häufig in den Lebensmittelgeschäften angeboten wird.

„Türen knarren, Gelenke schmerzen und . . .?" Damit mein Verslein beendet ist, müßte ich noch hinzufügen: „Mauern schwitzen."

Wohnungen mit feuchten Mauern sind Heimstätten des Rheumas, der Gicht und aller Gelenk- und Nervenschmerzen. Kann man diese Wohnungen nicht wechseln, dann soll man sie wenigstens sanieren.

Ich selber lebe in einem uralten Pfarrhof und litt jahrelang an Gelenkschmerzen. Erst seitdem ich das Haus rundherum außen durch Dränage trockengelegt, innen das alte Putzwerk bis auf den Stein heruntergeschlagen, die Mörtelfugen ausgekratzt und die Mauer mit einem Isolierputz neu versehen habe, ist es in den Räumen warm und trocken. Und was das wertvollste ist – meine Gelenkschmerzen sind weg.

Hinzufügen muß ich noch, daß ich meine Liegestatt von der Mauer weggerückt habe. Ich schlafe auf einem gegerbten Schaffell wie ein Dachs im Winter in seinem Bau.

Es lohnt sich, gegen Rheumaschmerzen anzukämpfen. Viele Möglichkeiten gibt es dafür. Einige habe ich aufgezeigt.

„Nicht alle Steine fallen auf den Kopf"

Ein Stück Vieh nach dem andern, schön der Reihe nach, kam aus dem Stall.

Anders ging es ja gar nicht. Vom Stall ins Freie zu kommen. Für das Vieh. Aus zwei plausiblen Gründen nicht. Weil die Stalltür zu schmal war. Und weil mein Vater nur ein Stück nach dem andern drinnen losließ.

Einmal im Hof, gingen sie alle mir zu. Nicht, weil ich der kleine Heinrich vom Weidinger war. Sondern weil ich am Brunnen unterm Nußbaum stand und Wasser schöpfte. Hinein in den „Grand". Aus dem die Tiere soffen.

Das Tränken der Tiere gehörte mit zu den täglichen Pflichten eines jeden Bauernkindes. Dafür brauchte es nicht groß zu sein. Das Kind. Nur groß genug, um mit beiden Händen den Brunnenschöpfer zu erreichen. Und dann solange Wasser zu schöpfen, bis das letzte Tier seinen Durst gelöscht hatte.

In den Stallungen eingebaute Selbsttränker gab es nicht. Das Mithelfen der Kinder in der Landwirtschaft von frühester Jugend an war eine Selbstverständlichkeit. Auch damals gab es Krisenzeiten. Eine Bauernfamilie konnte nur dann existieren, wenn alle fest anpackten. Zur Familie gehörten auch die Kinder. Nicht immer waren sie begeistert von der beständigen, oft nicht leichten Arbeit.

Aber sie taten es. Freuten sich, mithelfen zu dürfen und nützlich zu sein.

Dort am Brunnen war es, wo ich so oft meinen Durst stillte. Mir das verschwitzte Bubengesicht wusch. Wo ich die Holzrechen ins Wasser steckte, wenn die Zähne wackelig wurden. Oder die Strohbänder einweichte, die ich dann auf dem Schubkarren aufs Feld führte.

Dort zum Brunnen hin nahm mich mein Vater. Am hellichten Tag. Knapp um die Pfingstzeit herum. Im Jänner war ich zwölf gewesen. Ging in die sechste Volksschulklasse. Im Dorf. Das letzte Jahr. Im Herbst durfte ich die Bürgerschule in Frain an der Thaya, im nahen Südmähren, besuchen. In die zweite Klasse sollte ich nach bestandener Prüfung kommen.

Jetzt aber ging es nicht um das Studieren, sondern um das Grasmähen. Vorerst einmal um das Mähenlernen.

Eine Sense hatte ich schon oft in der Hand gehabt. Das wußte auch mein Vater. Aber heute ging es um mehr.

„A Schneid g'hört zum Mahn. Und mahn kann nur der, der a a Sengst wetzn kann."

Den Wetzstein ins Brunnenwasser getaucht, zeigte mir mein Vater, wie man eine Sense scharf macht, ohne sich dabei in die Finger zu schneiden.

„Bua, merk' dir eins, die beste Schneid ist glei' fort, wennst d' in an Stoan haust mit der Sengst."

Und Steine gab und gibt es heute noch genug auf den Feldern.

„Die Steine wachsen mit dem Getreide", sagen nicht wenige. Und es scheint fast, als ob sie Recht hätten. Denn jedes Jahr im Frühling muß der Bauer „steinklauben", will er sein Feld zur Zeit der Ernte sauber haben und die Geräte nicht ruinieren im Schnitt.

„Die Stoana wochsen nit, aber da Frost hebt s' ", erklärte mir mein Vater. Und das leuchtete mir ein.

Ob damals mein Bezug zu den Steinen begann?

Ich liebe Steine. Nicht nur Steinplatten für Plattenwege. Am Flußlauf abgeschliffene Kieselsteine gefallen mir besonders. Auch bizarre Steinbrocken mag ich. Hie und da trage ich einen heim. Leg' ihn mir auf den Arbeitstisch. Oder ins Gästezimmer.

Ich liebe auch Steine am Weg.

Hörte ich einmal sagen: „Nicht alle Steine fallen auf den Kopf." Mehr bekam ich von dem Gespräch nicht mit. Mir genügte es. Zum Nachdenken.

„Steine können zu ‚Steinen des Anstoßes' werden. Kannst dir daraus aber auch eine Stufe bauen und nach oben steigen. Hast dann eine bessere Aussicht." Sagte mir ein italienischer Priester während meiner Studienzeit.

Steine gibt es viele im Leben. Liegen auf dem Weg. Versperren den Weg nach oben. Können die verschiedenste Form haben. Diese Steine im Leben. Tun oft weh, wenn man anrennt. Sich daran stößt.

Auch mir tun sie weh. Diese Steine. Die mir vor die Füße geworfen werden. Manchmal recht brutal. Manchmal recht sachte. Fast unscheinbar. Diese schmerzen oft noch mehr. Wenn man anrennt. Aber ich werfe sie nicht dem andern auf den Kopf. Das würde ihm ja auch wieder weh tun. Dem andern.

Ich sammle diese Steine und bau' mir eine Stufe.

Die Stufe der Einsicht.

Die Stufe der Lebenserfahrung.

Denn nicht alle Steine fallen auf den Kopf. Manche fallen auch daneben.

Wilde Karde
Dipsacus silvester

Bewußt leben

„Wie geht es Ihnen, Herr Mitbruder?" So fragte mich vor Jahren bei einer Priesterkonferenz mein Bischof.

„Na ja, man vegetiert halt", gab ich zur Antwort, ohne mir besondere Gedanken über meine Worte zu machen.

Der Bischof schwieg. Schaute mich an. Unter diesem bischöflichen Blick lief es mir ganz kalt über den Rücken. Und er sagte: „Man vegetiert nicht, man lebt!"

Diese Worte des Bischofs, die waren bewußt gesprochen. Energisch, aber dennoch brüderlich. Diese Worte habe ich nie mehr vergessen. Machen mich heute zum Verkünder des „bewußten Lebens". Der Lebensfreude, die von innen kommt.

Man soll wirklich nicht einfach etwas nachplappern. Was man eben gehört hat. Man muß bewußt reden. Bewußt leben.

Wenn die Ernährung so wichtig ist. Wenn die Aufgabe der Hausfrau so viel für die Gesundheit des Leibes, aber ebenso für den Geist und für die Seele bedeutet, dann ist es auch notwendig, daß wir über unser Leben Bescheid wissen. Und dieses Wissen steckt ja in dem Wort bewußt drinnen. Wir müssen weg vom Beiläufigen. Wir müssen schon in der Früh bewußt aufstehen und eine bewußte Tagesordnung einhalten. Sich nicht mitreißen lassen.

„Herr Pfarrer, Sie tun mir leid. Sie leben in beständigem Streß."

So höre ich es manchmal. Und meine Antwort: „Was habe ich Ihnen getan? Sie tun mir weh, wenn Sie so etwas sagen. Weil das nicht stimmt. Ich habe zwar viel zu arbeiten und ich tue es auch bewußt und gern, aber was ich nicht schaffe, das schaffe ich eben nicht. Und wenn ich wirklich einmal zu spät komme, geht die Welt auch nicht zugrunde. Ich laß' mich nicht vom Strom mitreißen. Ich laß mich auch nicht hineindrängen in einen Streß. Den es für mich nicht gibt. Ich laß' ihn mir nicht einreden. Und ich rede mir diesen Streß selber auch nicht ein."

Don Bosco*), der große Freund der Jugend, sagte: „Ferien machen wir einmal im Himmel, und ausruhen kann man auch durch Arbeitswechsel." Wenn man die Arbeit wechselt, vorübergehend etwas anderes tut, rastet man sich von der Anstrengung, die man vorher gehabt hat, aus.

Paulus sagte: „Wir haben eine Kraft von oben. Eine Kraft von innen, und der Herr ist wahrhaftig mit uns."

Nicht hineinleben in den Tag, sondern uns über den Tag freuen. Dann werden wir Abstand nehmen vom „Beiläufigen", „Was halt so daherkommt".

Und das wird auch für unsere Gesundheit von Vorteil sein.

Wir Menschen suchen Hilfe. Suchen sie in den Heilkräutern. Diese Hilfe. Wenn sie helfen. Die Heilkräuter. Sehr oft helfen sie.

Und das Gebet? Die Macht des Gebetes. Allezeit bewährt. Dürfen wir nicht weglassen. Die Hilfe.

Lobpreiset den Herrn. Denn er ist gut. Seine Hilfe währet in alle Ewigkeit.

Nicht immer nur bitten. Atmen in Gott. Dem Schöpfer. Dem Vater. Der mich annimmt. Mich mag. Mich unendlich gern hat. Trotz meiner Schwächen.

Ich tue nichts. Ich atme nur.
Ich tue nichts. Mein Herz schlägt nur.
Ich schließe die Augen.
Mein Sein. Mein Menschsein. Preist Gott. Halleluja!

Danket dem Herrn, denn er ist gütig.
Für so vieles habe ich zu danken. Hätte ich zu danken.
Ich will danken.

---

*) Heiliger Johannes Bosco (Giovanni), geboren am 16. August 1815 zu Becchi bei Turin. Gestorben am 31. Jänner 1888 in Turin. Fest am 31. Jänner.

Deshalb sage ich nichts.
Ich schließe die Augen.
Mein Ich. Mein ganzes. Dankt dem Herrn. Danke!

Heilkräuter kommen nur dann richtig zur vollen Wirkung, wenn der Mensch, der sie gebraucht, in Harmonie mit Gott, seinem Schöpfer und Vater, lebt. Wenn er eins mit IHM ist. Wenn sein ganzes Sein Beziehung zu IHM hat.

Heilkräuteranwendung mit Erfolg setzt voraus, daß wir an Gott glauben. Auf IHN hoffen. IHN aus ganzem Herzen lieben.

Wer dies tut, betet auch. Nicht nur gelegentlich. Sondern täglich.

Er lobt Gott.
Preist Gott.
Betet IHN an.
Dankt IHM.

Und bittet auch. Klopft. Und die Tür geht auf. Und Licht tritt in sein Leben. Erleuchtet die Finsternis. Erhellt ihn. Im Geiste und am Körper.

So sei es! Amen!

Kleines Immergrün
Vinca minor

„Mutti hat nein gesagt“

Heute ist er schon ein Bursch. Er hat sein Handwerk gelernt und ist bereits Geselle.

Damals aber war er, Josef, noch ein kleiner Bub, als ich bei der Familie auf Hausbesuch war. Er begleitete mich hinaus, bis zur Grenze des Gartens. Dort war als Markierung ein Betonsockel in die Erde eingelassen.

Bis dorthin ging Josef mit.

Als ich sagte: „Komm doch mit bis zur Straße, dort am Rand steht mein Auto“, antwortete er: „Mutti hat nein gesagt.“ Grüßte. Drehte sich um und ging ins Haus zurück.

Ich achtete das Nein der Mutter.

Ich achtete noch mehr die Kraft, die dieses Nein ausströmte und den kleinen Josef ganz erfaßte.

Neinsagen entscheidet nicht selten über Gesundheit und Krankheit.

Ist es übertrieben zu behaupten, daß nur „Neinsager zur rechten Zeit“ eine Chance haben, gesund zu leben?

„Hoppla. Bald wär's passiert. Der Kräuterpfarrer wär' im Kübel gelandet.“

Nicht ganz. Bloß mit dem rechten Fuß. Hätte mir eigentlich auch schon genügen müssen.

Drei unserer fleißigen Mitarbeiterinnen waren dabei, kurz vor dem Pfingstfest, uns allen im Paracelsushaus „Aussicht zu schaffen" und anderen die Möglichkeit zu geben, „Einsicht zu haben in unsere Innereien".

Großen Fensterputz gab es. Bis in die Nacht hinein. Drei Paar rührige Hände. Drei Köpfe ohne Schwindelgefühl auf der Leiter oder auf dem Fensterbrett.

Und dabei wäre es bald passiert. Festgebunden am Schreibtisch. Vorübergehend losgelassen, kam der Putzkübel dazwischen. Noch war es ohne nasse Füße ausgegangen. Für mich.

„Wir sind fertig. Danke für den Kaffee, den wir uns gemacht haben."

„Nicht notwendig zu danken. Ich hab' es euch ja angeschafft." So gesagt, wendet sich mein Blick auf die Uhr über der Eingangstür meines Büros, und ich fahre fort: „Ist schon sieben Uhr abends, das Lebensmittelgeschäft nebenan hat auch schon zu. Sonst hätt' ich gesagt, holt euch noch jede einen Happen Mehlspeise."

Weiter kam ich nicht.

Eine Mitarbeiterin, Mutter zweier Mädchen im Mittelschulalter, gute Radfahrerin und regelmäßige Turnerin, schaut mich an. Dann sagt sie freundlich, aber entschlossen: „Nein! Nach 19 Uhr keine Süßigkeiten mehr."

Wie sollen unsere Antworten sein? Was sind Antworten?
Antworten sind Mitteilung eines persönlichen Entschlusses. Sind Äußerung eigenen Denkens. Sind ein Entscheid.

Ja! Nein! Sagt die Bibel. Sollen unsere Antworten sein.*) Klar und entschlossen. Nicht herausreden. Nicht herumreden. Nicht sich selbst entschuldigen.

„Hab' di' schon lang' nimmer g'sehn, Ferdl."

„Jo!"

„Bist d' eh nit krank g'wesen? Glaub' fünf Jahr sind's, seitdem i di 's letztemal troff'n hab'."

„Na!"

„Wie geht's euch denn daheim? San de Kinder eh schon alle versorgt?"

„Jo!"

„Simmsam, alter, weißt d' denn sonst gar nichts zu red'n? Bist d' auf'n Mund g'fall'n?"

*) Matthäus 5/37: „Euer Ja sei ein Ja, euer Nein ein Nein; alles andere ist ein Werk des Bösen."

„Na!“

Das war keine biblische Antwort. Nicht so ist das Ja und Nein zu verstehen.

Entschlossenheit, Klarheit gehören zum Leben. Gehören hinein ins Leben.

„Was darf ich Ihnen, Herr Pfarrer, zum Trinken aufwarten? Bier? Wein? Oder ein Stamperl Selbstgebrannten?“

„Danke, nein! Ich trinke schon seit Jahren keinen Alkohol.“

Und ich trank auch diesmal keinen. Der Gastgeber nahm es mir nicht übel.

Was unserer Zeit heute fehlt, ist das Nein-sagen-Können.

Die Bibel hat auch heute noch recht. Ihre Ratschläge sind immer gültig.

Klar nein sagen. Bewußt nein sagen. Wenn es um mich geht. Um meine Lebensgrundsätze.

Nein zu Naschereien. Zum Knabbern und Knuspern beim Fernsehschirm. Am Abend.

Nein zum ewigen „In-der-Runde-Trinken“.

Nein zu manchem, was schädlich ist.

Nein zu einer eingefahrenen ungesunden Lebensweise.

Neinsagen schließt stillschweigend und selbstverständlich auch unausgesprochen Jasagen ein.

Wenn ich nein sage, lasse ich etwas. Verzichte ich auf etwas. Das will heißen, daß ich ja zum Verzicht sage. Zum Nichthaben. Zum Nichtbenützen. Zum Nichtgenießen.

Wenn hier vom Neinsagen die Rede ist, dann darf gleichzeitig das Ja nicht ausgeschlossen sein. Im Gegenteil.

Das Ja folgt dem Nein als logische Handlung.

Still ist es geworden.

Du gehst schlafen.

Ein Tag geht dem Ende zu.

Frag' dich noch einmal: „Wie oft habe ich heute nein gesagt?“ Wo ich nein sagen mußte. Weil es um mein Verlangen, um meine Triebe ging. Nicht dort, wo es sich um meinen Einsatz handelte.

Wenn die Antwort stimmt, dann kannst du ruhig einschlafen. Mit dem HERRN.

Ob ein altes Herz wieder jung wird?

Ich wäre keine „Ringelblume", wenn ich nicht, wie sie, von der Erde kommend, zum Lichte strebend, alles miteinschließen würde, was meine Entwicklung fördert.

Die Ringelblume ist ja sehr gegenwartsbezogen. Bleibt aber nicht am Jetzt haften, sondern strebt der Vollendung zu.

Deswegen ist in ihr alles abgestimmt. Eines auf das andere hin ausgerichtet. Das rasche Keimen. Das üppige Blattwerk. Das frühzeitige Ansetzen der Knospen. Das langwährende Blühen. Und gleichzeitig das Hinstreben zur Reife. Zur Samenbildung.

Das alles ist symbolisch für die Tätigkeit des für das menschliche Leben so wichtigen Organs, des Herzens. Die Ringelblume lehrt mich, auf mein Herz zu achten.

Ich wäre keine „Ringelblume", das heißt, Mitglied des Vereines Freunde der Heilkräuter, würde es nicht wert sein, Bücher zu schreiben, Sendungen des Rundfunks und Fernsehens zu betreuen, Artikel zu verfassen und zahllose Vorträge zu halten, würde ich Crataegus oxyacantha et monogyna, den Einkernigen oder Zweikernigen *Weißdorn,* vergessen.

Er macht zwar das alte Herz eines Achtzigjährigen nicht wieder so jung wie das eines Dreißigjährigen, bewirkt aber, daß die Herztätigkeit gestärkt und reguliert wird. Bei alt und bei jung.

Es gibt kaum eine andere Heilpflanze*), die in den letzten Jahren so „modern" geworden wäre und in kurzer Zeit einen solchen Siegeszug aufzuweisen hat, wie der Weißdorn.

Der Weißdorn ist für leicht herzkranke Menschen jenes ideale Mittel, das in milder Weise auf das Herz einwirkt und eine ganze Anzahl von Krankheitsanzeichen des gealterten Herzmuskels günstig beeinflußt.

Weißdorn sollte ab dem fünfzigsten Lebensjahr jahraus, jahrein einmal in der Woche als Tagesgetränk eingenommen werden.

Das Wirkungsfeld des Weißdorns ist umfassend: bei Herzmuskelentzündung (Myocarditis), bei Herzmuskelschädigung im Alter, bei Arterienverkalkung (Arteriosklerose), bei nervösen Herzstörungen (Angina pectoris vasomotorica oder Pseudoangina pectoris), bei Herzschwäche nach Infektionskrankheiten oder bei allgemeiner Herzschwäche, bei Fettherz, bei Herzerweiterung, bei Herzwassersucht, bei Herzklappenfehler und Kreislaufstörungen.

Verwendete Pflanzenteile: Blüten mit frischen Blättern werden von Mai bis Mitte Juni eingebracht und im Schatten sehr luftig getrocknet. Die *Früchte* ohne Stiele sammelt man gegen Ende Oktober. Sie müssen zuerst im warmen Raum vorgetrocknet werden, um sie dann bei künstlicher Wärme, eventuell im Backrohr, nachzutrocknen. Auch die *Blätter* allein können von Mitte Mai bis Mitte Juli gesammelt und im Schatten getrocknet werden.

Teezubereitung: Blüten oder Blätter, sowohl getrennt als auch zu gleichen Teilen gemischt, immer getrocknet verwenden. 2 Teelöffel für ¼ l Wasser. Kochend heiß abbrühen. 15 Minuten ziehenlassen. Abseihen. Vorteilhaft ist es, mit Honig zu süßen. Langsam, mäßig warm und schluckweise trinken.

Die Früchte werden zerstoßen, über Nacht kalt angesetzt, ganz kurz aufgekocht, abgeseiht und getrunken.

Weißdornteekur, sei es von Blüten, Blättern oder Früchten, soll 2 Monate lang ohne Unterbrechung gemacht werden, will man Erfolg haben. Täglich früh, mittags und abends, vor dem Essen, je 1 Tasse trinken. Anschließend kann dann auf Langdauer wöchentlich an einem bestimmten Tag Weißdorntee, ebenfalls 3 Tassen, getrunken werden.

Crataegus-Tinktur, aus der Apotheke, wird aus Blüten und Früchten hergestellt. Soll aber nur unter ärztlicher Beobachtung und auf Rat des Arztes genommen werden.

Homöopathikum „Crataegus". Auf ärztliche Verordnung. Wird mit bestem Erfolg bei Ohrensausen, Schwindel und Schlaf-

*) Zusätzliche Information im Kapitel 50 unter „Grünes Gold" aus China. Seiten 251–253.

losigkeit angewandt, wenn diese Erscheinungen als Nebenfolgen von Herzerkrankungen auftreten.

Mischtee gegen Kreislaufstörungen: Weißdornblüten- und -blättergemisch 100 g, Herzgespann 35 g, Melisse 35 g und Lavendel 30 g. 2 Teelöffel für ¼ l kochendes Wasser. Abbrühen. 15 Minuten ziehen lassen, abseihen. 3 Tassen 3 Wochen lang täglich trinken. Mit Honig süßen.

Weißdornsaft. Im Reformhaus besorgen. Dies ist ein Preßsaft aus frischen Blüten, Jungblättern und Rinde sowie Früchten.

Gilt als wertvolles Tonikum, Stärkungsmittel des Herzens, und kann mit Pausen auch längere Zeit hindurch genommen werden.

Vorteilhaft ist eine *Dreisäftekur.* Morgens Weißdornsaft, mittags Knoblauchsaft und abends Sellerieknollensaft. Jeweils 1 Likörgläschen trinken.

Bei allen Herzleiden darf nichts ohne den Arzt unternommen werden.

Muß das Herz alt werden?

Vernünftig wirtschaften. Auch wenn es um die Beanspruchung des Herzens geht. Nicht zimperlich sein. Ein Leben lang. Aber keinen Raubbau treiben. Geregelten Wechsel von Arbeit und Freizeit.

Den Sinn des Lebens erfassen. Daraus entspringt Freude. Dasein für andere. Nicht sich einkapseln.

Das hält das Herz jung. Auch in der Brust eines Menschen, der schon oft die Bäume ausschlagen und die Zugvögel zurückkehren sah.

Die Hand Gottes nicht verschmähen, die sich uns in der Vielzahl der Heilpflanzen liebevoll entgegenstreckt.

Dann geschieht das „Wunder“.

Ein altes Herz wird wieder jung.

Noch etwas für Freunde der Heilkräuter

Die Methode 14.

Kennen Sie nicht? Nein?

Auch die Methode 2mal 7 nicht? Nein?

Ist nämlich das gleiche. Und heißt? Was?

Die 14 Werke der Nächstenliebe. Wovon sieben die leiblichen Werke und sieben die geistigen Werke umfassen.

Unter den letztgenannten heißen zwei: **Unwissende belehren und Zweifelnde beraten.**

Seit Jahren ist es zu meiner freigewählten Aufgabe geworden, Ratschläge in bezug **„Heilkräuter und gesundes Leben"** zu erteilen.

Eine Hauptmahlzeit

Nach Dr. Bircher-Benner*), gestorben 1939, dem Bahnbrecher der Ernährungslehre, nährt eine Hauptmahlzeit und zwei einfache Nebenmahlzeiten pro Tag besser, als zwei Hauptmahlzeiten und mehrere Nebenmahlzeiten.

---

*) In Arau am 22. August 1867 geboren. Ernährungspsychologe. Gründung eines Sanatoriums auf dem Zürichberg, „Lebendige Kraft".

Ebenso ist jedes Zuckerzeug zwischendurch schädlich für die Gesundheit. Und Vollkornbrot dem Weißbrot vorzuziehen. Fleischkonsum einschränken.

Sechs Gramm Odermennigpulver täglich

Wissenschaftliche Untersuchungen der letzten Jahrzehnte haben eindeutig gezeigt, daß **Odermennig,** auch in *Pulverform* eingenommen, eine hervorragende Wirkung ausübt.

Getrocknete Odermennigblätter (Agrimonia eupatoria) werden fein pulverisiert. Die Tagesgabe beträgt 6 g Pulver in 3 Portionen. Vor dem Essen einnehmen und einen Schluck Wasser nachtrinken. Dies könnte das ganze Jahr hindurch an einem Tag in der Woche durchgeführt werden.

Zu empfehlen als Vorbeugung gegen Leberleiden, nervöser Überregbarkeit, chronischem Gallenleiden und gegen Störungen der Säftebildung im Verdauungsapparat.

Tu etwas gegen den Ärger

Ärgern ist immer ungesund. Schadet dem Körper, weil dadurch die Tätigkeit von Galle, Milz und Leber beeinflußt wird. Weil es die Steinbildung fördert und somit neue Leiden entstehen. Das wieder wirkt sich auf den Magen, der träger arbeitet, aus.

Und schon sind wir bei Seele–Geist angelangt. Freude schwindet. Der Reinigungsprozeß des Körpers wird verlangsamt. Die Säurebildung schreitet vorwärts. Der „sauer-bitter-grantige" Mensch wird sich selbst zuwider.

Langsam bricht alles zusammen.

Der Kranke bleibt zurück.

Tu etwas gegen den Ärger!

Ringelblumen-Odermennig-Tee: Mische zu gleichen Teilen. Bereite dir im Aufguß mit kochendem Wasser, 2 Teelöffel für ¼ l, 15 Minuten ziehen lassen, 1 Tasse Tee. Trink ihn langsam, mäßig warm und schluckweise.

Odermennig zählt zu den besten Nieren-, Leber- und Milzheilkräutern. Half oft schon bei Gallensteinerkrankungen oder Gelbsucht und alten Harnsäureablagerungen. Stärkt den Magen und hat manchem griesgrämigen Menschen wieder das Lachen auf die Lippen gezaubert.

Verstärkt wird die Wirkung mit Ringelblumen-Gemisch.

Gegen Schwermut, Melancholie und Mutlosigkeit

1. Trinke langsam und schluckweise 1 Tase **Melissentee** mit Honig und Zitronensaft.

2 Teelöffel Melissenblätter (Melissa officinalis) mit ¼ l kochendem Wasser abbrühen. 15 Minuten ziehen lassen. Abseihen und trinken.

2. Oder trink 1 Tasse **Honigmilch,** warm, langsam und schluckweise. Dazu mach' die Milch warm, aber nicht kochen. Zieh den Topf vom Feuer weg. Erst wenn die Milch 40° C erreicht hat, dann gib 1 Eßlöffel Honig dazu. Gut aufrühren. Trinken. Das ist für Pessimisten.

3. Optimisten, denen etwas fehlgeschlagen hat, etwas schiefgegangen ist, essen 1 Teelöffel **Speisehefepulver** und trinken 1 Glas **Weinessigwasser** nach.

¼ l leicht angewärmtes Trinkwasser, 1½ Eßlöffel reinen Weinessig dazumischen.

Sauerkleesaft schenkt Hoffnung bei aussichtslosen Erkrankungen

Nicht selten hört man den Vorwurf, es sei unverantwortlich, schwer erkrankten Personen, die von den Ärzten „aufgegeben" wurden, noch Hoffnung auf Heilung zu geben.

In solchen Fällen unterscheide ich: zwischen Heilung-Versprechen und Hoffnung-Geben. Denn hier besteht ein ganz gewaltiger Unterschied. Es gibt Mittel in der Volksheilkunde verschiedener Völker, die zwar in der amtlichen Medizin nicht angewandt werden, die aber schon manchem Schwerkranken geholfen haben.

Kenne ich solche Mittel, dann werde ich sie auf Verlangen und im Bedarfsfalle bekanntgeben und anwenden lassen.

Es dürfen natürlich nur solche Mittel sein, die nicht schaden können.

Ich werde aber nie eine absolute Heilung zusichern können. Verspreche also keine Heilung. Aber nehme dem Menschen nicht noch die letzte Hoffnung, an die er sich klammert wie an einen Strohhalm.

Hoffnung ist eine geistig-seelische Tätigkeit, die vor allem dann, wenn sie auf Gottvertrauen aufgebaut ist, zur Tugend wird.

Und da jede Tugend eine Gnade ist, also ein Erweis des Schöpfers seinem Geschöpfe gegenüber, darf ich dies nicht vereiteln, sondern soll es fördern. Dazu bin ich ja Priester.

Sauerklee als Antikrebsmittel:

Sauerklee (Oxalis acetosella) wird bei den verschiedensten Völkern schon seit dem Altertum erfolgreich gegen beginnende bösartige Geschwüre angewandt.

Frischgepflücktes Sauerkleekraut ohne Wurzel leicht anfeuchten, 3 Stunden lang auf einen flachen Teller legen. Durch die Fleischmaschine drehen. Den Saft auspressen und mit der dreifachen Menge destilliertem Wasser verdünnen.

Innerlich wird dieser Mischsaft zu 5 Tropfen eingenommen, jede Stunde.

Äußerlich mit dem unverdünnten Saft krebsartige Geschwüre oder Geschwülste bestreichen. Oder auf einen in Leinwand gehüllten Wattebauschen träufeln und auflegen. Alle 5 Stunden erneuern.

Bei äußerer Anwendung kann zur rascheren Wirkung gleichzeitig die innere Behandlung durchgeführt werden. Wie zum Beispiel bei Hautkrebs.

Sauerkleesaft bei Schüttellähmung

Verdünnter Sauerkleesaft (Zubereitung siehe oben) wird auch bei Schüttellähmung (Paralysis agitans), stündlich 5 Tropfen, eingenommen. In der gleichen Verdünnung 4mal täglich das Rückgrat einreiben.

Sauerkleeblätter kauen

Im tiefen Schatten der Laubwälder, an schattigen Waldwegrändern und auf Steinplatten mit Erdschicht, aber auch in Nadelwäldern wächst der **Sauerklee.**

Er gilt als verläßlicher Anzeiger von bestem Waldboden. Ist mit den verschiedenen Kleearten nicht verwandt. Hat nur die gleichen Blätter wie unsere bekannten Kleesorten. Gehört zur Familie der Sauerkleearten.

Verwendet werden Blätter und Stengel ohne Wurzel zur Zeit der Blüte, von April bis Juli.

Die ganze Pflanze ist fast geruchlos und von frischem, saurem Geschmack. Interessant ist, daß der Geschmack bei Sonnenuntergang schwindet und erst bei Morgendämmerung wieder zurückkehrt.

Das Kauen der frischen Blätter und Stengel behebt leichte Leber- und Verdauungsstörungen und hilft bei Sodbrennen.

Auf Spaziergängen und bei Wanderungen durch den Wald

Sauerklee abzuzupfen und zu kauen, ist für den, der es gerne tut, keine lästige Gewohnheit, sondern sogar ratsam. Weil die in der Pflanze reichlich enthaltene Oxalsäure den Magen stärkt und die Gesundheit fördert. Selbstverständlich darf Sauerklee nur an sauberen Stellen gesammelt werden.

Sauerklee-Aufguß

Frischgepflücktes **Sauerkleekraut** ohne Wurzel, 30 g, wird mit 1 l kochendem Wasser übergossen. 5 Minuten zugedeckt ziehen lassen. Abseihen. Mit Honig süßen. Kaltstellen.

Ergibt während des Sommers ein erfrischendes und durststillendes Gesundheitsgetränk, das die Leber stärkt und die Verdauung fördert.

Der gleiche Tee, in eine Thermosflasche gefüllt und tagsüber warm getrunken, hilft bei Gelbsucht, Nierenentzündung und Hautausschlägen. Treibt zusätzlich Eingeweidewürmer ab.

Streichkäse

5 g Dillkraut, 10 g Pfefferminzblätter, 5 g Basilikum, 5 g Petersilienblätter und 5 g Melissenblätter werden mit 100 g frischem Topfen, 1 Prise Salz und 1 Eßlöffel Süßrahm gut abgemischt.

Auf Schwarz- oder Vollkornbrot aufgestrichen oder zu gekochten Kartoffeln gegessen, ein Glas Buttermilch dazugetrunken, einen Apfel nachgegessen, ergibt eine gesunde Abendmahlzeit.

Kräuter-Brotaufstrich

Man benötigt 50 g frische Butter, 5 g Petersilienblätter, 5 g Schnittlauch, 10 g Melisse, 5 g Borretschblüten und 5 g Kerbelkraut.

Die Kräuter werden feingeschnitten und mit der Butter gut abgemischt.

Auf Schwarzbrot oder Vollkornbrot streichen. Ein eventueller Rest darf kurze Zeit (1 Tag) im Kühlschrank aufbewahrt werden.

Die gleiche Mischung kann als Abendmahlzeit zu gekochten Kartoffeln gegessen werden. Ein Glas Sauermilch nachtrinken.

Mistel–Hirtentäschel-Teegemisch regelt den Blutdruck

Entrüstet meldet sich nach einem meiner Vorträge ein Mann zu Wort, der meint, ich hätte einen Witz gemacht, als ich von blutdruckregelnden Heilkräutern sprach.

„Das gibt es doch nicht, Herr Pfarrer, daß ein Heilkraut gleichzeitig den niedrigen Blutdruck heben und den hohen Blutdruck senken kann."

„Es gibt vor allem zwei Heilkräuter, die diese Wirkung zustande bringen. Es sind dies die **Mistel** (Viscum album) und das **Hirtentäschel** (Capsella bursa pastoris).

Ihr Einfluß erstreckt sich auf die Regulierung der Gefäße der Blutbahn.

Sind diese in Ordnung, dann erst können Kreislaufschäden günstig beeinflußt werden: der Blutkreislauf wird normalisiert, die Herztätigkeit gekräftigt.

Ist dies einmal geschehen, ist der Ausgleich geschaffen. Der Blutdruck ist wieder normal.

Der Mensch spürt dies. Der Blutandrang zum Kopf schwindet. Wallungen flauen ab. Schwindelgefühle treten nicht mehr auf. Kopfschmerzen hören auf. Und Ohrensausen klingt ab. Somit ist der Gesundheitszustand gehoben.

Zur Regelung des Blutdruckes sollen wir von Zeit zu Zeit etwas unternehmen. Besonders dann, wenn es um den Fünfziger unseres Lebens herum steht. Die *Teemischung Mistel–Hirtentäschel* zu gleichen Teilen hat sich in meiner Praxis bestens bewährt.

Wie man daraus Tee richtig zubereitet:

Man kauft beide Heilkräuter getrennt ein. Von jedem etwa 100 g. Nimmt von der Mistel 1½ Teelöffel, setzt sie in ¼ l kaltem Wasser über Nacht an. Vom Hirtentäschel werden 1½ Teelöffel mit ¼ l kochendem Wasser morgens abgebrüht. 15 Minuten zugedeckt ziehenlassen. Den Mistelkaltansatz bis zum Kochen erhitzen. Nun beide Flüssigkeiten abseihen und zusammen in eine Thermosflasche gießen.

Morgens und abends trinkt man von diesem Teegemisch je 1 Tasse langsam und schluckweise, 3 Wochen hindurch. Dann unbedingt 1 Woche Pause einschalten, um die Kur nochmals zu wiederholen.

Dies zu Beginn jeder Jahreszeit tun. Es ist zur Regelung des Blutdruckes äußerst wertvoll."

Ameisen vertreiben

Trotz aller Liebe zu allen Geschöpfen Gottes können Ameisen in Küche und Speisekammer sehr unerwünschte Besucher werden. Sprays zu verwenden, ist nicht ratsam. Es gibt dafür auch natürliche Mittel:

Frische **Salbeizweige** an den von Ameisen besuchten Stellen ausgelegt, vertreiben diese.

Frische **Tomatenblätter** breitet man dort aus, wo die Ameisen aus den Fugen oder Löchern kommen.

Auch blühende **Lavendelzweige,** frisch oder getrocknet, vertreiben Ameisen. Das gleiche gilt ebenso für die **Lavendeltinktur***).

Sollen Ameisen trotz dieser natürlichen Abwehrmethoden noch auftauchen, so tränkt man kleine **Schwämme mit Zuckerwasser** und legt sie dort auf, wo Ameisen in der Wohnung herumlaufen. Die Ameisen werden die Schwämme begierig befallen. Diese regelmäßig einsammeln und in heißes Wasser geben. Die Ameisen werden so getötet, und der Schwamm kann wieder frische Verwendung finden.

Speisehefe mit Honig im gleichen Verhältnis gemischt, damit jene Stellen bestreichen, wo Ameisen zum Vorschein kommen. Der ausgelegte „Süßköder" wird den lästigen Naschern zum Verhängnis.

Erdbeeren gegen Gicht

Der bekannte Biologe **Carl von Linné****) riet: „Um drohende Gichtanfälle zu verhüten, viele Erdbeeren essen."

Kampf der Fettleibigkeit

Celsus***) empfahl: „Ein hartes Lager bei Nacht, viel spazierengehen, laufen und alle heftigen Körperbewegungen vermindern die Fettleibigkeit."

---

*) Zubereitung siehe Seite 68.

**) Am 23. Mai 1707 geboren. Königlicher Leibarzt und Naturforscher. Begründer des Linnéschen Systems. Arzt und Professor der Medizin in Uppsala. Am 10. Jänner 1778 gestorben.

***) Aulus Cornelius Celsus. Geboren 25 v. Chr. Römischer Schriftsteller. 50 n. Chr. gestorben.

Barfußgehen bei trägem Stuhlgang

Behandlungsmethoden haben oft Jahrhunderte überdauert und sich damals so bewährt wie heute. Die Kunst unserer bewegten Zeit ist es, ein wenig still zu sein, zu lauschen. Das Richtige herauszufinden und anzuwenden.

So riet **Jeremis Richter***): „Für manche Personen ist das Herumgehen in der Stube mit bloßen Füßen einige Minuten lang morgens schon hinreichend, um Stuhlgang zu bekommen."

Schwarze Johannisbeere vermehrt die Widerstandskraft

Die Abwehrkräfte des Körpers gegen das Überhandnehmen schädlicher Bakterien zu stärken, ist das Bestreben jedes Menschen, der auf seine Gesundheit etwas hält.

Einen bescheidenen, aber anerkannten Tausendsassa haben wir in der **Schwarzen Johannisbeere** (Ribes nigrum).

Blätter nach der Ernte gesammelt, im Schatten vorsichtig getrocknet, fein geschnitten, 2 Teelöffel in ¼ l kochendes Wasser gegeben, 15 Minuten zugedeckt ziehen lassen, abseihen; täglich einige Wochen hindurch früh und abends 1 Tasse ungezuckert getrunken, schafft Linderung bei Gicht, Gelenkschmerzen, bei Blasenleiden, bei Wassersucht, bei schmerzhaftem Harnlassen, bei Durchfall, Magenkatarrh und bei Arterienverkalkung.

Die Kräfte des Schwarzen Johannisbeerstrauches aber sind in den sonnengereiften saftigen *Beeren* vereint. Deshalb zur Zeit der Beerenreife täglich einige Handvoll Schwarze Johannisbeeren mit einem Stück Vollkornbrot essen.

Die Beeren enthalten reichlich Vitamin C, sind maßgeblich an der Steigerung der Widerstandskraft des Körpers beteiligt. Pektin, Zitronensäure und Apfelsäure fördern die Verdauung. B-Vitamine stärken die Sehkraft. Pflanzensäuren aktivieren die so wertvollen Mineralsalze. Sie sind gewissermaßen die Transportmittel, durch welche die Mineralsalze in den Stoffwechsel des menschlichen Körpers gelangen können. Mineralsalze stärken die Nerven. Vermindern Krämpfe und bewahren vor blitzartigem Auftreten von Schmerzen, die durch vorübergehende Stoffwechselstörungen verursacht werden können.

Die besten Erfolge sind durch eine *intensive Rohsaftkur* zu erreichen. Wobei man täglich anstatt des Frühstücks und des Abendmahls je ¼ l reinen Rohsaft trinkt. Zum Mittagessen Ge-

*) 1762–1807.

müsesuppe, mäßig Fleisch mit Bratkartoffeln, Frischgemüse und Obst ißt. Während des Tages den Durst mit Schwarzem-Johannisbeerblätter-Tee stillen.

Diese Kur ist besonders bei Gicht, Rheumabeschwerden und Arthrose zu empfehlen.

Gleichzeitig die schmerzenden Glieder abends mit *Johanniskrautöl* einreiben und morgens mit *Schwarzem Johannisbeeressig* abwaschen.

Schwarzer Johannisbeeressig

In 1 l Obstessig gibt man 500 g zerquetschte Schwarze Johannisbeeren in ein breithalsiges Glasgefäß. Schließt es ab und stellt es 14 Tage in die Sonne. Seiht ab. Preßt den Rückstand gut aus. Kocht die ganze Flüssigkeit kurz auf. Füllt den fertigen Fruchtessig in Flaschen. Schließt diese ab und lagert sie dunkel und kühl.

1½ Eßlöffel davon in ¼ l frisches Wasser gegeben, ergibt einen gesunden durststillenden Trunk. Oder einige Zeit morgens nüchtern getrunken, erhöht das allgemeine Wohlbefinden, stärkt den Magen und fördert den Stoffwechsel.

Schwarzer Johannisbeeressig kann in der Küche anstatt normalem Essig verwendet oder auch zu Limonaden oder Fruchtsäften gemischt werden.

Gewürztes Kräuteröl

Für eine gesunde Küche eignet sich **gewürztes Kräuteröl** als aromatisches Tafelöl. Man bereitet damit Salate und Fleischgerichte zu.

Je 30 g der folgenden Kräuter werden in frischem Zustand fein zerhackt: Pfefferminzblätter, Estragonspitzen, Bohnenkrautspitzen, Salbeiblätter, Melissenblätter, Petersilienblätter, Gartenrautespitzen und blühendes Ysopkraut.

Die zerkleinerten Kräuter gut abmischen, mit 1 l kalt gepreßtem Olivenöl übergießen und auf 80°C erhitzen. Dann an einen kühlen Ort stellen und 12 Stunden, aber nicht länger, ziehen lassen. Abseihen. Den Rückstand gut auspressen. Das Öl in kleinere Flaschen füllen. Dunkel und kühl lagern.

Dieses Kräuteröl kann auch nach einem Fußbad mit Pfefferminzblättern (Mentha piperita) zum Einmassieren der gesamten Fußsohle verwendet werden. Erfrischt. Gibt einen ruhigen Schlaf. Nimmt aber auch die übermäßige Müdigkeit nach langem Stehen oder anstrengenden Fußmärschen.

Magenstärkender Schlehensaft

Zubereitung nach Großmutters Art:

Gut reife, blaue **Schlehenfrüchte** werden nach dem ersten Herbstfrost gesammelt.

Nicht waschen, sondern mit einem Baumwolltüchlein einzeln abwischen. Abwägen und in einen Steinguttopf legen. Kochendes Wasser im gleichen Gewicht der Früchte darübergießen und 24 Stunden stehenlassen. Dann das Wasser abseihen, bis zum Kochpunkt erhitzen und wieder über die Früchte gießen. Es folgt nochmals ein Stehen von 24 Stunden. Anschließend durch ein Tuch filtrieren. Nun kommt zum Saft Rohzucker, im halben Gewichtsverhältnis der Früchte. Man rührt ihn mit einem Holzlöffel gut ein und kocht auf, bis der Schlehensaft klar ist.

Dann wird in Flaschen gefüllt. Diese wäscht man vorher heiß aus. Läßt sie abtropfen. Gibt 1 Eßlöffel guten Kognak hinein. Schüttelt durch. Jetzt erst füllt man den Schlehensaft ein. Nach dem Verschließen der Flaschen den Saft nochmals bei einer Temperatur von 80°C 20 Minuten lang erhitzen.

Erkalten lassen und kühl und dunkel lagern.

Zubereitung durch Dampfentsaftung:

Heutzutage wird Schlehensaft meist mittels eines Dampf-Frucht-Entsaftungsgerätes hergestellt. Pro 1 l Saft fügt man 500 g Zucker hinzu. Kocht kurz auf. Dann sofort heiß in Flaschen füllen, die auf die gleiche Weise, wie oben erwähnt, vorbereitet wurden. Gleich abschließen und erkalten lassen.

Der Schlehensaft ist von dunkelroter Färbung. Schmeckt leicht herb. Wirkt magenstärkend und durchfallhemmend.

Man nimmt davon je nach Bedarf. Oder vorbeugend zur Magenstärkung täglich vor dem Schlafengehen 1 Likörglas voll.

Salbeisaftkur

Reiner Salbeisaft wird aus Apotheke, Drogerie oder Reformhaus bezogen. Die Kur dauert 3 Wochen an. Man trinkt morgens nüchtern und abends 1 Stunde vor dem Schlafengehen je ⅛ l.

Während der Salbeisafttherapie sind Kochsalz, Kaffee, Alkohol, Zucker und Nahrungsmittel aus der Dose (künstlich konserviert) untersagt.

Salbeisaftkuren führt man bei nervösen Schwächezuständen, bei nervösen Schweißausbrüchen, bei feuchten Händen und innerer Unrast durch.

Diese Kur ist auch ein erprobtes Mittel bei übelriechender Körperausdünstung und ebensolchem Achselschweiß.

Bei üblem Mundgeruch spült man den Mund mit reinem Salbeisaft vor dem Schlafengehen. Anschließend unbedingt den Saft ausspucken.

Reiner Salbeisaft macht die Körpersäfte alkalisch, und somit wird dem Körpergeruch der Nährboden entzogen.

Petersilie macht gesund das Blut

Halte deinen Körper nicht nur äußerlich sauber. Vergiß auf die innerliche Reinigung nicht. Du wirst sehen, manche Leiden verschwinden von selbst.

Gesunde Haut, klare Augen, schöne Zähne und allgemeines Wohlbefinden, **Petersilie** (Petroselinum hortense) schenkt sie dir.

Wo immer du ein Plätzchen im Garten hast, scheue nicht die Arbeit, pflanze Petersilie.

Frisch geschnittene oder getrocknete Blätter, frische oder gelagerte Wurzel, aber auch Petersiliensamen gehören in jede gesunde Küche. Damit würzt man Fleisch-, Fisch- und Gemüsegerichte, Suppen, Füllmassen, Aufstriche, Mayonnaisen, Soßen und Omeletten, Eierspeisen, Pilzgerichte. Garniert belegte Brötchen und kalte Platten.

Frisches Petersilienkraut nicht mitkochen. Den fertigen Speisen zusetzen. Die Tagesration pro Erwachsenen soll 2 Eßlöffel nicht überschreiten.

Nach einem alten Rezept gibt man je Semmelknödel 1 Teelöffel feingehackter Petersilienblätter dazu.

Nierenleidende und schwangere Frauen dürfen Petersilie nicht verwenden.

Frischer Petersiliensaft ist in Reformhäusern erhältlich. Er eignet sich vorzüglich zu einer *Reinigungskur*. 3 Wochen hindurch trinkt man 3mal täglich, vor den Mahlzeiten, je 1 Likörgläschen voll. Während dieser Zeit Salz, Zucker, Käse, Wurst und Selchfleisch meiden.

Petersilienwurzeltee: 2 Teelöffel für ¼ l Wasser. Kalt zustellen. Kurz aufkochen. Abseihen. 3 Tassen täglich trinken.

Hilft bei eitrigen Ausschlägen, Pickeln und Hautunreinheiten. Bei Wasseransammlungen, Unterleibskrämpfen und Menstruationsstörungen. Bei andauernder Müdigkeit und zur Blutreinigung.

Petersilie sorgt für gesundes Blut und säurefreien Stoffwechsel.

Der Nothelfer Weißkohlblatt

Weißkohl oder Kraut (Brassica capitata).

Frische Krautblätter wurden schon von den Römern als Heilmittel verwendet. Im Laufe der Jahrhunderte in Vergessenheit geraten, erleben sie gerade in den letzten Jahren wieder erneute Anwendung.

Verwendet werden nur die inneren Blätter des Krautkopfes. Vor Gebrauch mit lauwarmem Wasser rasch abspülen. Zwischen zwei sauberen Tüchern abtrocknen. Das Ende der starken Blattrippen wird herausgeschnitten. Den verbleibenden Blatteil mit einem Nudelwalker oder mittels einer Flasche weichwalzen und auf die kranke Körperstelle auflegen. Mit einem Verband befestigen.

Die Auflage wird 2mal täglich angebracht. Abends und morgens. Beim Wechsel sind eventuell aufgebrochene Wunden mit **Kamillentee** zu reinigen. Die Behandlung wird bis zur vollständigen Abheilung durchgeführt.

Kohlblätterauflagen haben sich bestens bewährt bei *eitriger Akne, Asthma, Bauchtumor, Bläschenausschlägen, Blasenkatarrh, Bluterguß, Bronchitis, Brustfellentzündung, Ekzemen, Erysipelas = einfacher oder geschwüriger Wundrose, Flechten, Frostbeulen, Gangrän, Geschwüren, Gesichtsneuralgien, Gicht, Hämorrhoiden, Hautrissen, Hirnhautentzündung, Hüftschmerzen, Hundebissen, Hysterie, Karbunkeln, Kopfweh, Krebserkrankungen, Lähmungen der Blase, allgemeine Lähmungen, Masern, Migräne, Milchschorf, Muskelquetschungen, Nagelbettgeschwüren, Nesselfieber, Neuralgien, Nierenentzündung, Pocken, eiternden Pusteln, Rheuma, Rissen, Rissen und Geschwüren der Brust stillender Mütter, Röteln, Scharlach, Schlangenbissen, Schnupfen, Schorf, Schußverletzungen, Verrenkungen, Wunden aller Art und Zuckerkrankheit.*

Schmerzlindernde Kräuter

Koriandertee: *Um alle Arten von Schmerzen zu lindern,* bereitet man einen Korianderaufguß zu.

1 l siedendes Wasser über 30 g Korianderfrüchte (Coriandrum sativum) gießen. 15 Minuten ziehenlassen. Abseihen. In die Thermosflasche füllen und tagsüber trinken.

Bei schmerzhafter Ermüdung der Muskeln: Nach schwerer Arbeit, sportlichen Leistungen, massiert man die schmerzenden Stellen mit einer halben **Zitrone** ein. Läßt dies von selbst eintrocknen. Trinkt gleichzeitig **Schwarzpappeltee** (Populus nigra): 20 g getrockneter Zweigspitzen, die zur Zeit des Austriebes im Frühjahr gesammelt werden, zerkleinern, in 1 l heißem Wasser 30 Minuten lang lassen. Abseihen, in eine Thermosflasche füllen und untertags trinken.

Arnikablüten (Arnica montana), **Johanniskraut** (Hypericum perforatum), **Kamillenblüten** (Matricaria chamomilla), **Königskerzenblüten** (Verbascum thapsiforme), **Pfefferminzblätter** (Mentha piperita), **blühendes Quendelkraut** (Thymus serpyllum), **Weidenrinde** (Salix alba) und **Ackerstiefmütterchen** (Viola tricolor).

Von allen diesen Kräutern nimmt man 2 Teelöffel für ¼ l kochendes Wasser, läßt 15 Minuten ziehen, seiht ab. Trinkt je nach Bedarf 2 bis 3 Tassen täglich. Weidenrinde muß aufgekocht werden.

Jungbrunnentee zur allgemeinen Kräftigung und Gesundheit

35 g Passionsblume, 20 g Kornblume, 30 g Nußblätter, 40 g Baldrian, 25 g Enzianwurzel, 15 g Tausendguldenkraut und 35 g Süßholzwurzel.

Nach dem Frühstück, mittags nach Tisch je 1 Tasse. Hierzu jeweils 1 Eßlöffel der Mischung mit 1 Tasse kochendem Wasser überbrühen, 15 Minuten ziehenlassen. Monatlich 1 Woche lang.

Hält jugendfrisch.

Übelriechender Atem

Täglich gleich nach dem Aufstehen und abends kurz vor dem Schlafengehen 1 Tasse **Pfefferminztee** (Mentha piperita) trinken.

Flecken im Gesicht

Unreinheiten, Flecken und Male im Gesicht, die man gerne loshaben möchte, weil man damit auffällt, bestreicht man zur Zeit der reifen **Walderdbeeren** (Fragaria vesca) vor dem Schlafengehen täglich mit *Erdbeerbrei.*

Frischer Erdbeersaft wird mit etwas Eiklar und Roggenmehl vermischt und über Nacht aufgetragen.

Frostbeulen

Gefrorene Glieder werden zuerst mit **Kartoffelabsudwasser** gründlich gewaschen. Dann reibt man 250 g frische **Futterrüben** (Beta vulgaris crassa) mit einem Reibeisen und kocht dies in 375 g Gänseschmalz so lange, bis die Rüben schwarzbraun geworden sind. Durch Leinwand in frisches Wasser hineinpressen. Wenn das Fett auf der Wasseroberfläche geronnen ist, so hebt man es zum Gebrauch ab.

Heilt alle gefrorenen Glieder, ob sie aufgeschwollen oder aufgebrochen sind. Dies muß aber täglich 3mal aufgetragen werden.

Furunkel

Bei Neigung zu Furunkulose wird einige Zeit hindurch außer **Lindenblütentee** (Tilia cordata) keine Flüssigkeit zu sich genommen. Diesen ungesüßt und schluckweise trinken.

Zubereitung: Im Aufguß, 2 Teelöffel für ¼ l Wasser.

Er wirkt aber nur, wenn man täglich 1½ l davon trinkt.

Menschen mit Herzschäden dürfen diese Furunkelkur nur nach Befragen des Arztes durchführen.

Gegen Blutarmut

Bleiche, blutarme Menschen – Mütter nach einer schweren Geburt, Mädchen in den Entwicklungsjahren, Kinder im schnellwüchsigen Alter, Genesende nach schwerer Krankheit – brauchen kräftige, fettreiche Kost mit pflanzlichen Ölen, blutbildendes Gemüse und die richtigen Kräutertees.

Brennessel (Urtica dioica), **Wermut** (Artemisia absinthium), **Weiße Taubennessel** (Lamium album), **Schafgarbe** (Achillea millefolium), **Wacholderbeeren** (Juniperus communis) und **Walderdbeerblätter** (Fragaria vesca) eignen sich bestens.

Im Aufguß zubereitet. 2 Teelöffel für ¼ l kochendes Wasser. 15 Minuten ziehen lassen. Wacholderbeeren müssen vor Gebrauch zerstampft werden.

Früh und abends je 1 Tasse, jede Sorte, aber nicht länger als 3 Wochen lang trinken.

Schwangere Frauen und Erkrankungen der Atemwege

Malvenblüten- und Königskerzenblütentee (Althea rosea, Verbascum thapsiforme): zu gleichen Teilen gemischt, 2 Teelöffel im heißen Aufguß zubereitet; 15 Minuten ziehen. Abseihen, mit Honig süßen.

Ist als Tagesgetränk schwangeren Frauen zu empfehlen, die an Halserkrankungen, an Husten, Heiserkeit oder Rachenkatarrh leiden.

Radieschen und Leber

„Das ist der Mann, dem ich meine gesunde Leber verdanke." Sagte der Pfarrer aus dem Bayerischen Wald und fügte zufrieden hinzu: „Er ist Gärtner und liefert mir seit zwanzig Jahren täglich 1 frisches Radieschen. Das esse ich jeden Morgen nüchtern. Das hält mich gesund."

Auf das Säure–Basen-Gleichgewicht im Körper kommt es an

Es ist nicht egal, wie ich denke. Wie ich rede. Wie ich lebe. Es ist schon gar nicht gleichgültig, was ich esse!

Unser Körper darf Säuren nicht aufstauen. Nicht ablagern. Das macht krank.

Man muß wissen, daß es säurebildende und basenbildende Speisen gibt. Danach müssen wir auch unsere tägliche Nahrung zusammenstellen. Ein gut proportioniertes Mischverhältnis von Säure- und Basenspendern muß vorhanden sein. Basenspender sollen die Oberhand behalten.

Säurebildner: Eier, Fleisch, Käse, Fette, Öle, Weißmehl, Weißzucker, Alkohol, Kaffee, Schokolade, Hülsenfrüchte, Rosenkohl, Artischocke und Spargel.

Basenbildner: Sojabohnen, fast alle Gemüse, außer dem oben erwähnten, Obst, Milch, Rahm, Topfen, Eigelb, Rohzucker und Gewürze.

Bei der Menüzusammenstellung auf Säure–Basen-Gleichgewicht achten!

Zu hohe Quantität zerstört die Qualität

Nach der chinesischen Medizin kann die menschliche Zunge fünf Geschmacksarten auseinanderhalten.

Der *scharfe* Geschmack ist gut für die Lunge.

Der *saure* Geschmack ist gut für die Leber.

Der *süße* Geschmack ist gut für Milz und Bauchspeicheldrüse.

Der *salzige* Geschmack ist gut für die Nieren.

Der *bittere* Geschmack ist gut für das Herz.

Übertriebene Menge aber schadet gerade dem Körperteil, dem sie hätte nützen sollen. Zu große Menge zerstört stets die Güte. Die immer in der Mitte steht.

Auf das richtige Maß kommt es an.

Bilsenkraut
Hyoscyamus niger

Erfahrungen eines Kräuterpfarrers

Das Zeitungsinserat

Die hölzerne Kugel in der hohlen Hand fühlte sich ganz rund an.

Keine Vertiefungen. Nirgends. Am ganzen hölzernen Leib nicht. Alles gleichmäßig erhaben. Die Augen und der ganze Gesichtsausdruck bejahten diese Feststellung der Fingerspitzen. Und ein Fingerspitzengefühl hatte er. Der Trafikant Isidor Grubenschmied.

„Ob das vom vielen Postwertzeichen-Abreißen kommt? Dieses ‚Verstehen' und ‚Auskosten' mit den Fingern?"

„Oder vom Geldzählen?"

„An Schmarrn kommt's vom Weder-Noch. Der ‚Isi' is' a g'rissener Fuchs, der red't der Kugl safti' zui, bevor er s' ausläßt. Die Kugl. Damit s' a mords Loch reißt durt bei de Neuni. Der war schon als Bursch schlau, hat im Krieg die Hax'n hing'halten, damit er krump hatsch'n kann. Sonst hätt' er ja die Trafik nit kriegt nach 'm Krieg, und die Rent'n hätt' er sich suchen können."

Aber dann schiebt er los. Der Isidor Grubenschmied. Auf acht Kegeln hat's gereicht. Der neunte hat noch unschlüssig gewackelt. Und als der Trafikant mit dem feinen Fingerspitzengefühl in die

Luft springt und den Wackeligen dort draußen am Kegelkreuz fixiert wie eine Kuh das Frischgekälberte, hat's sich der Neunte noch überlegt und ist stramm dagestanden wie die Pilsling*) im Hochsommer nach einem erfrischenden Regen.

„Daß der ‚Hatscherte' Kegelkönig werden soll, das verkraft' i nit", sagt der Müllermeister Alfons Schwingenschlögl.

„Vergunn ihm die Freud. Is e a armer Teifl. Der Grubenschmied. Hat dreiviertel Dutzend Kleini daheim und ein ausgerackertes Weib. A Bui is taubstumm a no' dazui." Meint der Schneidermeister Georg Löffler.

„I bin nit da Vater seiner Kinder. Er selber is's. Muiß schau'n, wia a damit ferti' wird."

„Müllner, hat's da an Mehlstaub ins Hirn blos'n?"

Das hätte der Löffler-Schneider nicht sagen dürfen. Der Müllermeister, der reichste Mann im Dorf, läßt alles liegen und stehen. Und ein Zornbinkel wie er ist, ist er auch schon auf und davon. Um sich für die Keglerniederlage zu rächen.

Auf der Inseratenseite der Lokalzeitung war in der nächsten Wochennummer zu lesen: „Angebot. Tausche alten VW Käfer gegen neue Scheibtruhe. Auskunft in der Trafik in Hießenberg. Postleitzahl 9318."

Der Kriegsgeschädigte Grubenschmied, wohnhaft in Hießenberg, war nicht nur ein Meisterkegler. Er war auch ein Lebensmeister. Daß die Annonce auf seinen alten verrosteten Pkw bezogen war, brachte ihn nicht um. Er hatte schon mehr in seinem Leben ausgehalten, und hielt auch das aus.

Mit dem Leben fertig werden. Ist nicht immer sehr leicht. Aber dennoch ist der tägliche Kampf etwas Schönes, Menschliches.

Symbiose Heilpflanze–Mensch

Weltweit durchgreifend, macht sich eine Wende von der Chemotherapie zur Phytotherapie bemerkbar: in der Anwendung der Heilpflanzen und in der gesamten Auffassung über Gesundheit und Krankheit des Menschen.

Die gesunde Überzeugung, daß es im Einzelfall nicht um eine Krankheit, um das Schlechtfunktionieren eines Organes, sondern um den kranken *Menschen* geht, nimmt immer mehr Oberhand.

*) Steinpilze

Die Krankheit ist nichts anderes, als eine tiefgreifende Störung der Einheit „Leib–Seele–Geist–Mensch“.

Die ungezügelten Wünsche, das übermäßige Angebot an Konsumgütern in immer wieder neuer Variation stören das Gleichgewicht des Menschen.

Dazu kommt noch der Ehrgeiz in Geschäft und Beruf, das Streben nach Erfolg, die persönliche Falscheinschätzung, die nicht nach der Harmonie seines Einseins, sondern nach dem Erreichten bewertet wird.

Erschwert wird diese heutige Krisensituation durch den Unglauben. Das heißt, der Mensch betrachtet sich nicht mehr als ein Glied in der gesamten Schöpfung, die von einem gütigen Schöpfervater, Gott, gelenkt wird, sondern er isoliert sich. Reißt sich aus der Einheit heraus und meint, sich selbst zu genügen.

Da er aber Tag für Tag seine Beschränktheit und Ohnmacht erlebt, wird er unsicher. Wird erschüttert. Es fehlt ihm der feste Standort.

Ohne festen Standort keine sichere Aktion.

Das ist meiner Erfahrung nach die Hauptursache der Krankheitsanfälligkeit des Menschen von heute.

Dazu kommt noch der unerfüllte Traum: Einmal wird es den heilen, gesunden Menschen geben.

Das ist eine Täuschung.

Der Mensch hat nur ein begrenztes Leben auf Erden. Dieses ist so unendlich kostbar, weil es die Grundbasis des ewigen Lebens bedeutet. Stellt gleichzeitig die Quelle so vieler Freuden dar. Dies alles verpflichtet ihn, auf seine Gesundheit zu achten.

Der Glaube an ein Weiterleben nach dem Tod darf nicht ausgeschaltet werden.

Gesundheit ist ein hohes Gut, aber nicht das höchste.

Das Abgerundetsein im Wesen des Menschen, woraus Zufriedenheit entspringt, das ist ein Gut, welches noch über der Gesundheit steht.

Es muß das Bestreben eines jeden gewissenhaften Menschen sein, **das Leben als Summe von Leid und Freude anzusehen.**

Das Leid kann er nicht ausklammern. Kann bis zu einem bestimmten Punkt vorbeugen. Es mit geeigneten Mitteln lindern.

Ich finde diese Erkenntnis als unbedingt notwendig, wenn wir über menschliches Glück reden. Oder uns auch nur über das persönliche Glück Gedanken machen.

Wissenschaft und Technik, eine hohe Errungenschaft der

menschlichen Kultur, dürfen nie die Heilkräfte der Natur ausklammern.

Die Seele des Volkes hat ein gesundes Empfinden, und dieses geht heute wieder in Richtung Naturheilmittel und Heilkräuter.

Wenn man heute noch gelegentlich von einem „Heilkräuterboom“ spricht, so habe ich es oft der Presse erklärt, dann existiert dieser für mich gar nicht. Es ist eben die Äußerung des gesunden Gespürs, welches auch in unserer Zeit noch nicht ganz verlorengegangen ist.

Der Erfolg oder Mißerfolg hängt nicht von den Heilkräutern ab, sondern von denen, die mit Heilkräutern zu tun haben, indem sie dieselben richtig einschätzen und gezielt anwenden.

Auch hier ist Unwissenheit der Feind des Guten.

Nur die Symbiose von Heilpflanze und Mensch, gepaart mit einer vernünftigen Lebensordnung, wirkt sich günstig auf die Gesundheit aus.

Weil das Leib-Seele-Geist-Gleichgewicht*) im Menschen und die Wirksamkeit der Heilkräuter in enger Relation stehen.

Dein Kompaß

Du bist nicht absoluter Herr über andere Menschen.
Die Atemwege versagen ihre Dienste dem, der meint, Herr aller zu sein. Atemnot und Asthma sind nicht selten die Quelle von Herrschsucht.

Suche das Gute im Nächsten.
Und du wirst bei jedem etwas Nachahmenswertes finden. Hält dich auf dem Weg nach vorne.

Setze alle deine Kräfte vernünftig ein.
Raubbau am eigenen Körper schadet Leib und Seele.

„Geizkragen“ und „Neidhammel“ haben keinen geregelten Stuhl.
Galle, Leber und Milz streiken, und der Magen tut nicht mit. Aber nicht alle Menschen, die an Verstopfung leiden, sind geizig und neidig.

*) Heilkräuter, die das Leib-Seele-Geist-Verhältnis stärken, siehe Seite 20.

Minderwertigkeitskomplexe stören den Kreislauf.
Verringern den Blutdruck. Verursachen Schwindel und Kopfschmerzen. Verengen die Gefäße. Fördern die vegetativen Störungen.

Unruhe und Hast ruinieren die Nerven.
Hautkrankheiten und Schlafstörungen sind nicht selten.

Bequemlichkeit schadet der Linie.
Vernünftige körperliche Anstrengung und regelmäßige Bewegung entschlacken den Körper und wirken der Fettsucht entgegen.

Angst führt nicht selten zum Krebs.
Infolge schlechter Durchblutung eines bestimmten Körperteiles und äußerer Einwirkung kann es zu Geschwulstkrankheiten kommen.

Hastiges Essen schwächt die Nieren.
Bringt oft Kreuzschmerzen. Mit Ruhe die Mahlzeit verzehrt, jeden Bissen gut gekaut, hat manchem schon dieses Leiden genommen.

Freizeit vernünftig gestalten.
Entspannt die Nerven. Stärkt den Geist. Schenkt Lebensfreude.

Selbstbeherrschung macht den Menschen frei.
Zornausbrüche hingegen überbelasten das Herz. Nur in der Geduld besitzen wir uns selbst zur Gänze.

Einsatz für andere vermehrt körperliche und seelische Kräfte.
Im Dienst an der Gemeinschaft ist manch schwächlicher Mensch stark und gesund geworden.

Verzeihen und vergessen hält jung und frisch.
Nachtragen und Rachsucht zeichnet Falten ins Antlitz. Hält an die Verdauung. Magenschmerzen bleiben dann nicht aus.

Humor und Frohsinn sind Born der Gesundheit.
Überwinden vieles. Bereichern Jugend und Alter. Ewige Sturheit hingegen öffnet der Krankheit die Tore.

Gottvertrauen meistert das Leben.
Jeder Tag ist ein Wagnis. Gott verläßt die Seinen nicht. Im Gebet schlägst du eine Brücke zu IHM. ER stellt sich an deine Seite.

Benediktinerinnenkloster Eibingen

Gott, Mensch, Kosmos

Mein Weg zur heiligen Hildegard

„Wer das verschluckt hat?"

„Ich nicht! Tu ich auch gar nicht. Etwas verschlucken. Noch dazu einen Abwaschlappen."

Dann wunderte ich mich, daß mir niemand eine Antwort gab.

Konnte mir auch niemand eine Antwort geben, da ich ein Selbstgespräch führte.

Als ich mich dabei ertappte, bei diesem Selbstgespräch, mich ein wenig konzentrierte und alles absuchte, wo der besagte Lappen sein könnte, fand ich ihn auf dem Fußboden.

Danebengelegt.

Das war im Pfarrhof. In meiner kleinen, bescheidenen Brennerei, wo ich mein Obst destilliere und meine Kräuterschnäpse ansetze. Nicht um einen Handel aufzubauen, sondern weil ich es einfach gern tue, dabei sehr viel lerne und da und dort auch einem leidenden Menschen damit helfen kann.

Danebenlegen. Das Ziel verfehlen. Das Thema falsch behandeln. Probleme, mit dem Leben eng verbunden.

In diesem Augenblick gerade ein Problem für mich. Das Thema.

Gestern am Abend saß ich bis in die Nacht hinein am Schreibtisch, um über die heilige Hildegard von Bingen zu schreiben. Als Einstieg nahm ich die freundliche Einladung der Internationalen Gesellschaft Hildegard von Bingen, Schweiz, des Herrn Josef Eichmann, am 17. September 1982, am Fest der Heiligen, beim Gottesdienst im Kloster der Benediktiner in Engelberg bei Luzern die Festpredigt zu halten.

Ich war fest davon überzeugt, es geschafft zu haben. Nach vierstündiger Arbeit aber mußte ich leider feststellen, daß ich am Thema vorbeigeschrieben hatte.

Möglich?

Ja. Tatsache. Es war so.

Und heute morgen?

Aus dem nahen Wald dringt der Ruf des Kuckucks an meine Ohren. Jenes Vogels, der seine Eier in fremde Nester legt und sie von anderen ausbrüten läßt. Das Kuckuckskind macht sich breit. Verdrängt die anderen jungen Vögel. Wirft sie aus dem Nest, um sich selbst auszubreiten.

Wenn ich ein Buch schreibe, darf ich kein Kuckuck sein.

Muß meine eigenen Ideen haben. Und die habe ich.

Jahre zuvor. Nach dem Gottesdienst kam er herein. Er, der Bauer Othmar.

In seiner Jugend mußte er als Bauernsohn mit seinen Eltern den väterlichen Betrieb verlassen, weil in seiner Heimat ein Truppenübungsplatz entstehen sollte.

Hat geheiratet und ist in meiner Pfarre ansässig geworden. Durch Jahre einer meiner besten und treuesten Mitarbeiter.

Da stand er vor mir und sagte: „Herr Pfarrer, könnten Sie an einem der nächsten Sonntage über die heilige Hildegard von Bingen predigen? Sie starb genau vor 800 Jahren und hat soviel über Krankheiten und deren Bekämpfung durch Heilkräuter gewußt. Wissen Sie Näheres darüber? Würde uns allen guttun, wenn Sie uns mehr über sie erzählen könnten."

Dann ging er fort.

Ich mußte mir eingestehen, daß ich Näheres nicht wußte. Es war beschämend.

Was dann folgte, ist kurz gesagt: Ich blätterte einmal die „Heiligen-Legende" durch. Fand die heilige Hildegard. War fasziniert.

Nun wurde ich aktiv.

Wollte mehr und Näheres über Hildegard erfahren.

Verschaffte mir Bücher. Studierte sie gründlich.

Orientierte mich in Krankheitsfällen, die an mich herangetragen wurden, an ihr. Wandte nicht wenige ihrer Rezepte an.

Drei Jahre später.

„. . . Die Freude ist allseits groß über Ihr Erscheinen. Was die Festpredigt anbelangt, erlaube ich mir, Ihnen einige zweckdienliche Orientierungsschriften beizulegen, so daß sie eine sinnvolle Gedankenführung über die heilige Hildegard von Bingen als Orientierung und Auftrag*) – heute und morgen, in Gott, Mensch und Kosmos**) – erleichtern . . ." Keine Probleme betreff Ruhestatt, Verpflegung usw. Habe den Heustadel gefunden.***) . . . Mit lieben Grüßen, Josef Eichmann, Internationale Gesellschaft Hildegard von Bingen, Schweiz.

Ich darf vor Berufenen sprechen, die es sich als Aufgabe gestellt haben, diese Heilige und ihre Werke wieder bekannt zu machen.

Wortwörtlich sagte ich:

„Sie haben eine hochqualitative Persönlichkeit nicht in Vergessenheit geraten lassen. Sie haben für die Menschen von heute einen Weg zum Morgen aufgezeigt. Und so sind Ihre Mitglieder nicht Bestandteil eines Museumsvereines, der Altes rettet und bewahrt, sondern sie gehören im wahrsten Sinne des Wortes zu jener Elite unserer Gesellschaft, die für eine bessere Welt arbeitet."

Der Weg zur heiligen Hildegard war beschritten. Die Richtung stimmte. Die heilige Seherin hat mich angeschaut. Fixiert. Ist für mich Ideal geworden.

Es war geschehen. Ich wandle seitdem auf ihren Pfaden.

„Von der Tiefe bis hoch zu den Sternen . . ."

„Ein Schwabe aus dem Dorf Thalfingen war am ganzen Körper angeschwollen. Nachdem er von Hildegards Ruf gehört hatte, machte er sich auf den weiten Weg und kam zu ihr. Er wurde in seiner Hoffnung nicht enttäuscht. Liebevoll nahm Hildegard ihn einige Tage bei sich auf, behandelte den Kranken mit eigenen Händen und segnete ihn. Durch Gottes Gnade schenkte sie ihm die frühere Gesundheit wieder zurück."****)

*) Hans-Jürgen Brandt, „Hildegard von Bingen". Herausgegeben vom Institut für kirchengeschichtliche Forschung des Bistums Essen. 1980. Hoppe und Werry Verlagsgesellschaft mbH., Mühlheim a. d. Ruhr.

**) Barbara Bienczyk, „Gott – Mensch – Kosmos", in Blättern für die Laacher Oblaten 1980.

***) Bemerkung des Autors: Im vorhergegangenen Brief habe ich um Quartier gebeten: „Heustadel genügt." Bekam dafür ein prächtiges Zimmer im Hotel „Engel" in Engelberg.

****) Ein Bericht aus dem 12. Jahrhundert, verfaßt von den Mönchen Gottfried und Theoderich. Drittes Buch, von den Wunderzeichen der heiligen Jungfrau Hildegard. 4. Kapitel: Heilung eines Schwaben von einem Tumor. Otto Müller Verlag, Salzburg, 1980.

Wie ein Magnet Eisen an sich zieht, so zog Hildegard von Bingen in der Mitte des 12. Jahrhunderts die Menschen an sich. 30 Jahre lang.

Jahrhunderte rollten dahin. In der Geschichte. Der Kern des Denkens, Fühlens und Schauens der „großen Frau" von damals, die in einer Männerwelt lebte, steht uns heute überraschend nahe.

Am 8. September 1979 schrieb Papst Johannes Paul II. anläßlich der Feier zum 800. Todestag der heiligen Hildegard von Bingen an den Mainzer Bischof Hermann Kardinal Volk unter anderem:

„Alle wissen, daß das höchste Lob, das diese Blume Deutschlands schmückte, die Heiligkeit ihres Lebens war.

Wenn auch von schwacher Konstitution, aber an geistlichen Kräften stark und eine wahrhaft tapfere Frau, wurde sie damals die ‚Prophetin Deutschlands' genannt, was bei dieser Jahrhundertfeier für die Christgläubigen ihres Volkes und die anderen nicht ohne Bedeutung scheint.

Außerdem zeigt diese göttliche Lehrerin, daß die Welt nur als Schöpfung eines liebenden und fürsorglichen Vaters im Himmel richtig verstanden und verwaltet werden kann.

Schließlich möge die Sorge, die sie als unermüdliche Helferin des Erlösers gleicherweise dem Nächsten an Seele und Leib zugewandt hat, die heutigen Menschen guten Willens dahin führen, ihren Brüdern und Schwestern, die in Not sind, zu helfen."

In der Autobiographie schreibt Hildegard selbst:

„Um das Jahr elfhundert nach der Menschwerdung Christi begann die Aposteldoktrin nachzuhinken und das Glühen der Gerechtigkeit nachzulassen, welche Christentum und Geistlichen die Grundlage gegeben hatte, und sie geriet ins Stocken. Zu jener Zeit wurde ich geboren und von meinen Eltern unter Seufzen Gott geweiht . . ."

Zeugen ihres Lebens künden: „Es brannte in ihrer Brust eine Liebe, die keinen Menschen ausschloß." Und: „Die Dienerin aller ward sie aus Liebe, ständig ganz hingegeben an die Forderungen des Augenblicks. So daß sie mit den Aposteln sagen konnte: ‚Allen bin ich alles geworden, um alle zu gewinnen.' "

Erfolg, Lob und Achtung, aber auch Widerspruch und Widerstand waren Hildegard nicht fremd.

Kurz vor ihrem Tod hatte die achtzigjährige Äbtissin zweier Benediktinerinnenklöster bei Bingen die Leiche eines jungen Edelmannes auf dem Klosterfriedhof beisetzen lassen. Das führte zu einem ernsthaften Konflikt mit der kirchlichen Behörde in Mainz, die anordnete, daß der Tote sofort zu exhumieren sei und auf den

„Schindanger"*) geworfen werde. Weil der Ritter in der Exkommunikation**) gestorben sei.

Hildegard hingegen war überzeugt, daß der Verstorbene mit der Kirche ausgesöhnt gestorben war. Ging auf den Friedhof. Segnete mit ihrem Äbtissinnenstab den Grabhügel. Dann machte sie diesen dem Boden gleich. So daß man das Grab nicht mehr finden und den Toten nicht mehr vom Gottesacker des Klosters entfernen konnte.

So hatte sich die greise Äbtissin bewußt dem bischöflichen Befehl widersetzt.

Das Interdikt***) ließ nicht lange auf sich warten.

Hildegard ließ die Portale****) versperren. Die Kirchenglocken verstummten. Die Feier der Messe unterblieb. Sakramente wurden nicht gespendet.

Dies galt nicht nur für die „krichliche Gesetzesbrecherin", sondern für alle Schwestern des Klosters.

Das war nicht alles.

Die Achtzigjährige reiste in die Bischofsstadt, nach Mainz.

Zur Rechtfertigung? Zur Klärung der peinlichen Angelegenheit?

Nein!

Sie kam als Anklägerin. „Um ihr Recht, das Recht des Toten, um das Recht Gottes" zu kämpfen.

Gab die Erklärung gegenüber der kirchlichen Obern ab, daß sie den umstrittenen Leichnam nicht aus der geweihten Erde entfernen lasse. Und sich auch nicht beuge.

Ging zur Anklage der anwesenden Prälaten über: „Die also die Schlüssel des Himmels besitzen, sollen sich entschieden hüten zu öffenen, was zu schließen, und zu schließen, was zu öffnen ist."

Und die Äbtissin endete mit den Worten: „Und ich hörte eine Stimme, die also sprach: Wer hat den Himmel geschaffen? Gott!

Wer schließt seinen Gläubigen den Himmel auf? Gott!

Wer ist ihm gleich? Niemand!"

Nach den Worten: „Dies ist eine weibische Zeit, denn die Gerechtigkeit Gottes schwindet dahin!" – „Unter vielen Tränen" ging sie zum Rheinufer zurück.

Die Kirchenstrafe lastete weiter auf Hildegard und ihrem Kloster.

---

*) Jener Platz, auf dem der Wasenmeister, Abdecker, Schinder, Hundschlager, Keiberschinder oder Fallmeister die verendeten Tiere verscharrte.

**) Im Kirchenbann.

***) Kirchenstrafe.

****) Klosterpforten.

Wenige Wochen vor ihrem Tod gab der Mainzer Erzbischof die Absolution*) und hob somit die Kirchenstrafe auf.

Tadelte sie aber gleichzeitig, daß sie „Ärgernis vor der Kirche" gegeben hatte. Wünschte ihr „Gesundheit und Heiligkeit".

Wunsch an eine Sterbende.

„Von der Tiefe bis hoch zu den Sternen
überflutet die Liebe das All,
liebend ist sie zugetan allem."**)

Aus der Schau von oben

„Die Worte, die ich spreche, habe ich nicht aus mir noch von einem anderen Menschen, sondern ich sage sie aus der Schau, die ich von oben empfangen habe . . ."

„Gott wirkt ja, wo er will, zur Ehre Seines Namens und nicht zum Ruhme der irdischen Menschen."***)

Instrument einer höheren Schau.

Organ eines Klanges von oben.

Die „Tuba" nur, die ein anderer bläst. Dessen Atem den Schauungen Leben gibt.

Groß in der Schau göttlicher Wahrheit, menschlich schwach und nur notdürftig humanistisch gebildet. Das war die „magistra Hildegardis". Die „Kirchenlehrerin" Hildegard.

„Somit bin ich nicht durchdrängt von einer menschlichen Wissenschaft, auch nicht von besonderen Geisteskräften, strotze auch keineswegs von körperlicher Gesundheit, sondern fuße allein auf der Hilfe Gottes."

Eine kleine Feder von der gütigen Schöpferhand aufgehoben, und im Winde Gottes fliegt es dahin. Dieses Federchen.

Das ist die Ganze, die Große und Kleine zugleich. Das ist Hildegard.

Die Briefe türmen sich auf meinem Schreibtisch.

Bücher liegen aufgeschlagen, da und dort mit einer Blatteinlage. Und darauf sind Bemerkungen, Hinweise und Notizen zu lesen. Aber sie werden nicht ausgewertet. Andere Bücher werden

---

*) Lossprechung.

**) Carmina 16, Hildegard von Bingen, aus: „Gotteserfahrung und Weg in die Welt". Walter-Verlag Olten und Freiburg im Breisgau. Herausgegeben und eingeleitet von Heinrich Schipperges. 1980.

***) Heilige Hildegard von Bingen.

darübergelegt. Mit der gleichen Einlage. Mit der gleichen Eintragung. Und darauf kommt wieder ein anderes Buch. Bis eines davon das Gleichgewicht verliert und zu Boden fällt.

Wenn ich es aufhebe, das Buch, dann bleibt es nicht liegen. Auf dem Fußboden. Landet wieder dort, wo es zuerst lag.

Bis ich endlich Zeit finde, die Hinweise in den Büchern anzusehen. Ihnen nachzugehen. Wissen aufnehme, um es weitergeben zu können. Um anderen zu helfen. Für sie Brunnen zu sein. Aus dem sie schöpfen können. Die Quelle aber, aus der dies Wasser kommt, ist ER.

Dann verschwinden die alten Türme von Briefen auf meinem Tisch. Andere Briefe kommen. Werden erledigt.

Der Geist Hildegards, der großen „Magisterin", weht auch heute noch. Um mich. Es ist das Wehen Gottes. Sein Geist erfüllt den ganzen Erdkreis.

Es ist „das lebendige Licht des Heiligen Geistes im geheimen Wort aus der väterlichen Weisheit".

Daran können wir alle teilnehmen: Gottesbegegnungen auf dem Wege der Heiligung des Menschen durch diese Welt.

Als achtjähriges Kind beginnt Hildegard bei der Klausnerin Jutta von Spannheim, in der Nähe des Disibodenberges an der Nahe, nach der Regel des heiligen Benedikt zu leben.

Das „Hören auf Gott" wird zu ihrem Leben.

Die Liebe zum Wort Gottes durchglüht jedes Wort der eigenen Verkündigung.

Die siebzehnjährige Hildegard legt die monastischen Gelübde ab. Aus der Klause am Disibodenberg wird eine klösterliche Gemeinschaft.

Nach dem Tod der Meisterin Jutta wird Hildegard, achtunddreißigjährig, zur Nachfolgerin gewählt.

Immer mehr Frauen bitten um Aufnahme. Wollen zu Meisterin Hildegard. So entstehen unter ihrer Leitung zwischen 1150 und 1165 zwei Klöster. Am Rupertsberg bei Bingen und in Eibingen bei Rüdesheim.

„Gütig und fest" zugleich leitet sie bis zum Tode beide Klostergemeinschaften.

Das allein würde ein ganzes Leben erfüllen. Eine Doppelabtei aus dem Nichts aufbauen. Geistige Gemeinschaft. Und Gebäude. Das mit dem Stand der Technik des 12. Jahrhunderts.

Ihre übrigen Titel künden von noch anderen Werken.

Ärztin und Naturwissenschaftlerin.

Theologin und Visionärin.

Prophetin und Mystikerin.

Ihr umfangreiches schriftstellerisches Wissen umfaßt Naturkunde und Heilkunde sowie die berühmte Trilogie der theologischen Schriften. Hier schreibt sie keine Abhandlungen, sondern in einer „Gabe der Schau". Visionen und Auditionen. Geschautes und Gehörtes.

Hildegard ist Prophetin: „Sage und schreibe, was du siehst und hörst."

Hildegard sieht in Bildern und schreibt in Bildern.

In der Schöpfung, im Kosmos und im Menschen, wird der „Name Gottes" erkannt. Das sonst unfaßbare Wesen Gottes.

„Die Sonne der Gerechtigkeit", der Sohn Gottes, „erstrahlt in solcher Herrlichkeit, daß jegliches Geschöpf von der Klarheit seines Lichtes erhellt wird."

Aus diesem Licht empfängt die Kirche ihren Glanz. Aus seiner Kraft fluten die Ströme des Heils in den Wassern der Taufe – wie kosmisches Wasser – über den ganzen Erdkreis und konzentrieren sich alle kosmischen Kräfte auf die Mitte der Erdkugel, das Symbol des Menschen.

„In klarer Sicht weist die Erdkugel auf den Menschen, der mitten in der Kraft der Gottesgeschöpfe als das Wesen besinnlicher Tiefe steht. Aus Erde geheimnisvoll in vieler Herrlichkeit geschaffen, ist er von der Kraft aller Geschöpfe so umgeben, daß er auf keine Weise von ihnen getrennt werden kann. Denn die Elemente der Welt sind für den Menschen geschaffen und bieten ihm ihre Dienste dar . . ."*)

Der Gedanke, daß ein Geschöpf durch das andere gehalten wird, im Sein und in der Verbundenheit mit Gott, steht im Zentrum der Weltschau Hildegards.**) Das ist die Weltformel!

Die geordnete Welt wird zum heillosen Durcheinander, Kosmos wird zum Chaos, wenn die Geschöpfe den unbedingt notwendigen Dienst des sich gegenseitigen Haltens verlassen. Sowohl im kosmischen Bereich als auch im körperlich-seelischen Zustand des Menschen.

Was ist die gegenwärtige Umweltkrise?

Die Folge der rücksichtslosen Mißachtung der ökologischen***) Abhängigkeit im Kosmos: Der Mensch stört die natürliche Ordnung.

Oder die Antwort mit Worten der heiligen Hildegard ausge-

*) „Wisse die Wege, Scivias", S. 114. Nach dem Originaltext von Maura Böckeler. Otto Müller Verlag, Salzburg. 1975.

**) „Welt und Mensch", S. 53. Übersetzt und erläutert von Heinrich Schipperges. Otto Müller Verlag, Salzburg. 1965.

***) Ökologie ist die Lehre von den Beziehungen der Lebewesen zur Umwelt.

drückt: „Mißachtung des Dienstverhältnisses der Kreaturen untereinander, des gegenseitigen Sich-Haltens!"

Gott, Mensch, Kosmos.

Die Konzentration auf den Mittelpunkt. Auf die Quelle schöpferischer Kraft. Auf die Schau einer in sich geschlossenen Ganzheit. Auf die Harmonie als Symbol der göttlichen Einheit von Schöpfer und Schöpfung. Ist notwendig in all unserem Denken.

Dieses Sich-Einstimmen, Meditieren der seelischen Kräfte in uns und um uns, bewirkt Konzentrierung und Heilung.

„O du edelstes Grün,
du wurzelst in der Sonne,
strahlst auf in leuchtender Helle
in einem Kreislauf,
den kein irdisches Sinnen begreift:
Du bist umfangen
von den Umarmungen der Geheimnisse Gottes.
Du schimmerst auf wie Morgenrot,
du glühst in der Sonne Flammen!*)

Auf dem Goldgrund der Ewigkeit

Hildegards Licht

„Der Heilige Geist ist Quell des Lebens,
Beweger des Alls,
Wurzel alles geschaffenen Seins.
Er läutert das All von allem Fehl.
Geist tilgt die Schuld, Geist salbt die Wunden.
Geist ist leuchtendes Leben, lebendiges Lob,
auferweckend das All und alles wiedererweckend.**)

Die heilige Hildegard war eine Schauerin. Eine gottbegnadete Seherin. Erkannte göttliche Geheimnisse, die vielen anderen Menschen verborgen blieben.

Zuerst schwieg sie in Demut.

Der HERR aber wollte, daß sie spreche. IHN anderen kundtue.

Hildegard schwieg weiter.

Gott kam und suchte sie heim. Durch eine schwere, langwierige Krankheit.

*) Carmina, 39.
**) Carmina, 15.

Da öffnete sie sich ihrem Beichtvater. Einem Mönch vom nahen Benediktinerkloster Diesenberg. Er gab ihr den Befehl, das Geschaute niederzuschreiben.

Hildegard schrieb. Die Krankheit schwand.

Durch ihre mäßige Schulbildung konnte sich Hildegard in der damals gebräuchlichen Lateinsprache nicht gut ausdrücken. Der Beichtvater mußte dem Geschriebenen erst Form und Stil geben.

Ihre Schauungen wurden einer Zerreißprobe ausgesetzt. Über den Erzbischof von Mainz kamen sie in die Hände Papst Eugens III.*)

Der Stellvertreter Christi hat sie studiert und persönlich daraus Stellen auf der Synode von Trier vorgetragen.

Hildegard notierte diese einmalige, einer Frau zuteil gewordene Ehre in ihrem Tagebuch 1147/48.

Der Reformer und Ordensgründer der Zisterzienser, Bernhard von Clairvaux**), brachte unter dem Beifall der gesamten Vollversammlung den Antrag ein, „Hildegards Licht in der Kirche nicht unter den Scheffel zu stellen".

Und die Folge? Ein ehrenvolles Breve***), „in Christi und des heiligen Petrus Namen" zu verkünden, was sie „im Heiligen Geiste erkenne".

Damit hat ein Papst zum erstenmal die Tradition der Kirche – „Frauen haben in der Kirche zu schweigen" – gebrochen. Und Hildegard war im Handumdrehen zur „gefragtesten Frau Deutschlands" geworden.

Vier Jahre später ließ ihr der gleiche Papst die Freude darüber mitteilen, daß die „Schar der gläubigen Völker sich erstaunt frage: Wer ist diese Frau, die da aus der Wüste auftaucht wie eine Rauchsäule"?

Hildegard übernahm nach mehr als 1100 Jahren die Rolle des Johannes des Täufers. Und so faßte sie die Aufgabe auf: „Ich bin nur die Posaune dessen, der da spricht." Und gab ihre „Schau des Lichtes" weiter. Glasklar. Nicht selten schneidend.

Harte Worte schrieb sie an Papst Anasthasius****), dem Nachfolger Papst Eugens III. Dem achtzigjährigen, zwar sitten-

*) 1145–1153. Ehemaliger Mönch und Schüler des heiligen Bernhard von Clairvaux.

**) Um 1090 in Fontaines bei Dijon geboren. Gründete 1115 das Zisterzienserstift Clairvaux. Mystiker und Prediger. Am 20. August 1153 in Clairvaux gestorben. 1174 Heiligsprechung. Fest: 20. August. Schutzpatron der Imker, Wachszieher und Bienen. Angerufen wird er gegen Besessenheit, dämonische Mächte, Tierplagen und Unwetter. Kirchenlehrer.

***) Päpstliche Urkunde mit dem Auftrag, in der Kirche zu lehren.

****) 1153–1154.

strengen, aber nachgiebigen Heiligen Vater. „Du Mensch, das Auge deines Erkennens läßt nach, und du bist müde geworden . . ." Die Hände im Schoß sehe er zu, wie die Gerechtigkeit geplündert werde, von Menschen, die alberne Töne von sich geben, wie nachts gackernde Hühner. Und was tue er gegen die Irrlehren? „O Rom, du liegst in den letzten Zügen."

An den neugewählten Friedrich Barbarossa*): „Es ist wunderbar, daß der Mensch einer solch anziehenden Persönlichkeit bedarf, wie du, König, es bist." Als der Kaiser Barbarossa einen neuen Gegenpapst aufstellte und das unselige Schisma**) verlängerte: „Hüte dich, daß der höchste König dich nicht um der Blindheit deiner Augen willen verwerfe."

Friedrich I., den die Italiener „barba rossa" = Rotbart nannten, fand während des 3. Kreuzzuges am 10. Juni 1190 im Flusse Salef in Kleinasien den Tod.

Den Dom- und Stadtgeistlichen in Köln wies sie vor allem Volke die „Blickrichtung des Willens auf das Gute" an. Wie „sternenlose Nächte" seien ihre Predigten. Hirten der Kirche wollen sie sein? „Bald seid ihr Soldaten, bald Knechte, bald Possenreißer." Den Ratsuchenden antworten sie: „Wir können unmöglich alles schaffen!"

Trotz der Macht des Wortes, die bei allen ihren Predigten und in allen Briefen und Gesprächen deutlich sichtbar wird und durchdringt, bleibt sie die „Rauchsäule in der Wüste", ein unübersehbares Zeichen der Orientierung für das pilgernde Gottesvolk. Schatten des Feuers.

Klar und unverschleiert ist ihr Blick auf die drei unumstößlichen Säulen gerichtet: Die „Säule der wahren Dreieinigkeit", die „Säule der Menschheit des Erlösers" und die „Säule des Wortes Gottes".

Sie, die reitende Dame. Die Nonne im Sattel. Äbtissin hoch zu Roß.

Eine reitende Predigerin.

„Wenn man dem Pferd die Sporen gibt . . .", schrieb Papst Eugen an die sechzigjährige Äbtissin Hildegard. Und Hildegard gab dem Pferd die Sporen.

Wie hätte sie anders ihre apostolischen Reisen als Predigerin durch Deutschland zurücklegen können, als zu Pferd? Damals. Vor mehr als 800 Jahren.

Ein gutes Pferd, Damensattel. In gelockerter, aufrechtsitzender

*) 1122 in Waiblingen geboren. 1152 Römischer König. 1155 Kaiser.
**) Kirchenspaltung.

Haltung. Knöchellanges Gewand. Ein radgroßer, breitkrempiger Strohhut.

„Wer reitet, wird davon nicht sehr mitgenommen, wenn er auch bei solcher Bewegung in Luft und Wind müde wird. Doch soll man sich zwischendurch um seine Füße und Schenkeln kümmern und sie durch Beugen und Strecken in Übung halten."

Das war Hildegard. Die Heilige. Praktisch. Zweckdienlich und apostolisch. Dreiundsiebzig Jahre alt bei ihrer letzten der vier Reisen.

Eine Schau des Lichtes.

Hildegard gibt das erschaute Licht weiter.

Lebt von diesem Licht: Gott hat den ganzen Kosmos jedem Menschen auf den Leib geschrieben. Im Menschen ist die ganze Schöpfung zusammengefaßt. Der Mensch personifiziert die ganze Schöpfung Gottes. Und die Kirche ist dabei der Turm. Viele Arbeiter wirken an dessen Vollendung mit.

Hildegard kennt die verschiedensten Arten der Heilkräuter.

Kennt die Gesteine.

Krankheiten sind ihr nicht unbekannt.

Über Tiere weiß sie Bescheid.

Hildegard besaß aber auch die Gabe der Unterscheidung.

Der Kosmos, die geordnete Schöpfung ist für Hildegard Goldgrund der Ewigkeit.

Hildegards Steine

Grundlage und Heimstätte des Lebens.

Das ist die Erde.

Leben von Pflanzen, Tieren und Menschen. Wo kann es sich entwickeln, dieses Leben?

Auf unserem Planeten mit seiner steinigen Oberfläche.

Ruhig und ewig wie ein Fels! Das ist ein Trugschluß.

Alles ist in Bewegung. In der Natur.

Pflanzen, Tiere und Menschen. Wir sehen, wie sie zur Welt kommen. Heranwachsen und vergehen.

Wie Gebirge entstehen, Felsen und Gesteine werden; sich ändern und vergehen, das sehen wir nicht.

Jahrtausende. Millionen von Jahren. Zählen hier. Nicht die Länge eines Menschenlebens.

Vom Menschen aus gesehen, seiner Kürze des Daseins gemessen, sind Steine ewig.

Die „Stein"-Kohle zum Beispiel entstand in der Karbonzeit,

vor 300 Millionen Jahren, im Schoß der Erde, die heute noch die Spuren lebens- und erdgeschichtlicher Ereignisse von 4½ Milliarden Jahren birgt. Die Gesamtschichtenchronik widerspiegelt Vorgänge auf der Erde, unter der Erde. Auf dem Festland. Im Meer und in der Atmosphäre. Dabei verschwanden Festländer unter dem Meer und neue tauchten auf. Der heutige Stand der Wissenschaft befähigt den Geologen, auf Spuren von Millionen Jahren und darüber hinaus zu wandeln und uns davon zu künden.

Unter den Werken aus der Feder der heiligen Hildegard befindet sich auch das Steinbuch „De lapidibus". Ein Kompendium*) der Mineralogie des Mittelalters. Darin behandelt Hildegard die Herkunft der Steine. Deren medizinische und magische Wirkung. Die Quellen hiefür sind volksheilkundliche mündliche Überlieferungen und klösterliche Tradition.

Die Welt der Minerale ist groß. Sie besteht aus ungefähr 3000 Mineralien. 40 bis 50 davon beteiligen sich in hohem Ausmaß am Aufbau der Gesteine, als gesteinsbildende Minerale.

Ohne Minerale können wir uns heute das Leben des Menschen nicht mehr vorstellen. Ungefähr 150 davon haben für die Volkswirtschaft Bedeutung. Sie bilden die Lagerstätten der mineralischen Rohstoffe.

Gesteine sind ein Gemenge verschiedener Minerale. So besteht der Granit aus Feldspat, Quarz und Glimmer. Oder Gesteine sind die Ansammlung von Teilchen organischer Herkunft, wie die Kohle. Der Kalkstein hingegen kann ein Aggregat unzähliger Kalzitkristalle sein oder er entstand aus Kalkschalenresten von Meerestieren.

Dieses heutige Wissen um die Natur ist notwendig, will man die heilige Hildegard richtig verstehen. Sie nicht einfach mit „überholt" links liegen lassen und gegen die bei uns geltende Verkehrsvorschrift gesetzwidrig rechts überholen. Bei aufmerksamem Studium findet man trotz Vergleichen mit damals und jetzt soviel Verbindendes und Positives, daß es sich lohnt, darüber zu schreiben. Man darf dabei nie unüberlegte Zeitsprünge machen.

Völlig anders geartet war die Beziehung des Menschen von damals zur Natur. Aufgebaut auf die antike Elementarlehre mit den vier Unterscheidungsgraden von warm, kalt, trocken, feucht. Darauf beruht auch ihre Heilwirksamkeit.

Hildegard behandelt fünfundzwanzig Edelsteine. Im 26. Kapitel schreibt sie kurz über „die übrigen Steine", denen sie keinen medizinischen Wert beimaß. So dem Marmor, dem „griesz-

*) Handbuch.

stein"*), dem „calkstein", dem „duckstein"**) und dem „wacken"***).

Die Ursache der Unwirksamkeit nach Ansicht der Heiligen: „Dies deshalb, weil entweder zu große Feuchtigkeit in ihnen ist, die nicht durch die rechte Trockenheit gemäßigt wird, oder weil in ihnen zu große Trockenheit ist, die nicht durch die rechte Feuchtigkeit befeuchtet wird."

Hildegard und der Kristall

„Weil es mir in meine Tasche paßt."

Beim Tanzen spürte die Dame einen eigenartigen Druck in der Taille. Das störte sie.

Der Druck kam aus der Tasche ihres Partners. Konnte sie bald eindeutig feststellen.

Und die Ursache?

Ein zusammengerollter Hausschuh.

Nach Beendigung des Tanzes auf ihren Platz an der Hochzeitstafel zurückgeführt, machte sie sich Gedanken darüber.

Sixtus, der zweiundzwanzigjährige Jungbauer, hat in seiner Rocktasche einen zusammengerollten Pantoffel. Eigenartig! Aber es blieb dabei.

Einstweilen.

Erst als die Hochzeitsgesellschaft auseinanderging und ihre Freundin Antonia ihr zuflüsterte: „Lina, du weißt, ich habe ein Fußleiden, deswegen habe ich mir für die Kutschenfahrt hierher Hausschuhe angezogen, die ich drüben in der Stube ließ. Jetzt fehlt mir der rechte."

„Den hat der Sixtus in seiner Rocktasche. In der rechten."

Zu spät hielt sich Lina die Hand vor den Mund. Es war heraußen. Die Wahrheit. Wenn es die Wahrheit war.

Und das sollte sich sofort herausstellen. Denn Antonia war resch und entschlossen.

Schon stand sie vor Sixtus. Lina konnte kaum so rasch schauen. Griff ihm Antonia in die Tasche. Ohne Umstände.

„Wieso kommst denn du zu meinem Hausschuh?" fragte sie und „Lümmel" wollte sie noch galanterweise hinzufügen. Aber sie kam nicht soweit.

„Weil er mir in meine Tasche paßt." Gesagt. Alleingelassen. Der unrechtmäßige Pantoffel aus Sixtus' Tasche war fort.

---

*) Sandstein.
**) Tuffstein.
***) Feldstein.

In den kommenden Jahren stand Sixtus öfter vor Gericht. Da und dort stahl er Gegenstände, die überhaupt keinen Wert zu haben schienen. Aber er stahl sie.

„Sixtus ist ein Zwangsdieb. Ein Triebdieb." Sagten die Leute.

Das hohe Gericht hingegen urteilte: „Veranlagte Neigung zur Kleptomanie."

Sixtus ging allein durchs Leben. Bekam keine Frau. Weil er alles einfach mitnahm, was ihm in die Tasche paßte.

Nur Frauen ließen sich nicht einstecken.

Von Sixtus. Dem Kleptomanen.

Hildegard und der Kristall.

Hildegard beschrieb die Herkunft der Steine. Ihre medizinische und magische Wirkung.

Warum gerade hier vom Kristall die Rede ist?

Serientitel. „Kleine Reihe". Die mit diesem Buch startet.

Warum?

Weil alles im Leben eine Sprache spricht. Für mich. Auch der Titel einer Buchreihe.

Auch der Bergkristall als Symbol der „Kleinen Reihe". Auf der Rückseite des Buches. Aus der Gesamtheit der „Steinlehre"*) Hildegards herausgenommen. Als Sprecher für alle anderen Mineralien, die als Heilmittel Verwendung fanden und zum Teil noch finden.

Was ist ein Bergkristall?

Eine glasklare Art von Quarz. Mit der chemischen Formel SiO_2.*)

„Eis" war der Bergkristall für die Griechen. „Kristallos". Wasserklar. Farblos. Nicht selten mehrere Meter lang. Prismatisch. Mit pyramidalen Endungen.

44 Tonnen schwer. 1 Meter dick. 6 Meter lang. Ist der größte Bergkristall der Welt.

Mit Leidenschaft gesucht. Mit Stolz besessen. Mit Genugtuung getragen. Ein geschätzter Schmuckstein. Der Bergkristall.

21 Prozent der Erdkruste bestehen aus Quarz.

Bergkristalle aber sind selten.

In flächenreichen, scharfkantigen Kristallen. Meist in verzerrten Formen eines sechsseitigen Prismas. Oder als Zwillinge oder als Aggregate.

---

*) „Das Buch von den Steinen". Hildegard von Bingen. Nach den Quellen übersetzt und erläutert von Peter Riethe. Otto Müller Verlag Salzburg, 1979.

*) Quarz ist eine Silicium-Sauerstoff-Verbindung.

An sich farblos, erscheint der Bergkristall durch Einschlüsse von Flüssigkeiten, Gasen und Fremdmaterialien in allen möglichen, oft kräftigen Farben.

„Der Kristall entsteht aus bestimmten gefrorenen Wassern, die von schwärzlicher Farbe sind und von solcher Kälte, daß sie das Feuer von sich treiben. Denn wenn zuweilen große, aus der Luft kommende Kälte jenes Wasser berührt, gefriert das Wasser an bestimmten Stellen infolge der Kälte zu einer Art Klumpen zusammen und wird, gewissermaßen als innerster Kern des Wassers, zu einem festen Körper.

Wenn dann später die Wärme der Luft oder der Sonne dieses Wasser berührt, nimmt sie die dichte weiße Farbe, die der Klumpen noch hat, durch ihre Wärme weg, so daß er fast klar wird, ohne aber durch die Wärme aufgelöst zu werden. Die später wieder einsetzende Kälte verdichtet den Klumpen immer mehr und macht ihn noch reiner. Dieser ist nunmehr von solcher Festigkeit, daß er durch die Wärme nicht mehr aufgelöst werden kann, obwohl das ganze Eis ringsherum wegschmilzt. So entsteht der Kristall und bleibt ein Kristall."

Diese Auslegung über die Entstehung des Bergkristalls durch die Hildegard darf uns nicht wundern. Ihre Kenntnisse gehen auf eine uralte Überlieferung zurück.

Auch Plinius*) sagt, daß er durch „heftigen Frost verfestigt" würde und dort mit Sicherheit zu finden sei, wo schneebedeckte Berge zum Himmel ragen. Er sei nur „Eis" = krystall.

Der Kristall und die Hildegardmedizin. Besteht da ein Bezug?

„*Wem die Augen schwach geworden sind,* erwärme den Kristall an der Sonne und lege den warmen Stein häufig auf die Augen. Weil er vom Wasser stammt, zieht er die schlechten Säfte von den Augen ab; so wird der Kranke besser sehen."

„*Wenn ‚druse'**) oder ‚orfune'***) am Halse des Menschen entstehen,* dann erwärmt man den Stein an der Sonne, und wenn er warm ist, binde er ihn Tag und Nacht fest auf die ‚druse' und die ‚orfune'. So soll er häufig verfahren; dann werden diese verschwinden."

„*Wem ein ‚hube'****) an der Kehle wächst oder anschwillt,* der erwärme den Kristall an der Sonne und gieße über den erwärmten Stein Wein. Er trinke häufig von diesem Wein und lege

*) Gaius Secundus Plinius. Geboren im Jahre 23. Bedeutender Schriftsteller. „Naturalis Historia", besteht aus 37 Bänden. 79 in Pompeji gestorben.

**) Drüsengeschwür.

***) Lymphdrüsenknoten.

****) Geschwulst.

den an der Sonne erwärmten Kristall mehrfach an die Kehle auf den ‚huben', und dieser wird kleiner."

„*Wer Herz- oder Magenbeschwerden oder Bauchschmerzen hat,* erwärme den Kristall an der Sonne und gieße, wenn er warm geworden ist, Wasser über ihn. Dann lege er denselben Stein für eine kurze Stunde in dieses Wasser, nehme ihn wieder heraus und trinke das Wasser häufig; dann wird es ihm mit Herz, Magen und Bauch besser gehen."

„*Wer von ‚nesseden'*) geplagt wird*, erwärme den Stein an der Sonne und lege den warmen Stein auf die schmerzende Stelle, und die ‚nessia'**) wird vertrieben werden."

Serientitel „Kleine Reihe". Mit dem Signet „Bergkristall".

„Ich bin eine Ringelblume". Der Kräuterpfarrer auf Ätherwelle. Startband? Jungfernwerk? Fundamentalband? Erstlingswerk? Oder Einzelerscheinung? Nein! Es soll weitergehen. Wenn Gott will.

Glasklar. Prismatisch. Mit pyramidalen Endungen. Mit Leidenschaft gesucht. Mit Stolz besessen. Mit Genugtuung gelesen. Ein geschätztes Schmuckstück. Flächenreich. Scharfkantig. In oft kräftigen Farben. Der Bergkristall. Jeder Band der „Kleinen Reihe". Utopie? Nein!

Lebensnah. Klar. Eindeutig. Abgegrenzt. Herausfordernd. Jeder Band ein „Bergkristall". Mit Hildegards helfender Hand gehoben. Aus den „Drusen"***). Und präsentiert. Damit das ewig funkelnde Licht sich widerspiegelt. Gebündelt. Reflektiert wird.

Unsere Zeit darf keine dunkle sein.

Die Zeit des Bergkristalls.

Hildegards „runde" Runde

Hildegard, ein Bogen aus Weidenholz

Ja, das ist sie.

Warum? Weil weise Menschen einen Bogen spannen. Durch ihr Leben. Das sie leben. Ganz leben. Einen Bogen spannen vom Gestern zum Morgen. Und nur so das Heute ganz und richtig leben. Erleben. Und weitergeben. Die Erfahrung des Lebens. Durch ihr persönliches Beispiel.

*) Wurmbefall.

**) Wurmkrankheit.

***) Natürlicher Hohlraum im Gestein. Von ovaler oder rundlicher Form. Innen ausgekleidet mit kristallisierten Mineralien. Hat nichts zu tun mit „Coryza contagiosa equorum", auch Druse genannt. Eine ansteckende Pferdekrankheit.

Was ist das „Jetzt"?
Du kannst es nicht fassen. Du faßt es kaum in deinem Leben.
Was ist das „Jetzt"?
Das „Jetzt" ist das „Es war".
Lebst du für das „Jetzt"?
Dann lebst du für die Zukunft.
Dann lebst du die Vergangenheit.

Alle Menschen wollen Menschen von „heute" sein. Keiner will von „gestern" sein.

Gestalten der Vergangenheit tragen für den „Menschen von heute" das Spinnwebenhafte des Verstaubten, des Gewesenen, des Überholten.

Gestalten der Vergangenheit reichen hinein in die Gegenwart. Weisen den Weg in die Zukunft.

Wer ist weise?

Weise ist, wer einen Bogen spannen kann vom Gestern zum Morgen. Und so, und nur so, umspannt er auch das Heute.

Was unserer Zeit fehlt, was unsere Zeit prägt, sind nicht die Vielwisser. Auch nicht die Klugen. Unsere Zeit braucht Weise.

Die Weisen von heute suchen mit einem eigenen Gespür der Seele – wir nennen es ganz klar Gnade – die Weisen von Gestern.

Die heilige Hildegard ist wie ein Bogen aus Weidenholz.
Dort unten am Bachrand steht sie.
Die Salix alba.
Die Silberweide.

Nimmt aus sumpfigem Boden die Kraft. Zum Gedeihen. Aus einem Boden, der aus dem Tod der Pflanzen Leben holt.

Aus einem Boden, der eigentlich Grab bedeutet. Sterben heißt. Aber nicht Vergehen, sondern nur Umwandlung.

Aus diesem Boden holt sich die Salix alba ihren Lebenssaft. Wertvollster Baustein für die pflanzlichen Zellen. Salicin an erster Stelle.

Im Körper zu Salizylsäure umgeformt. Eine wertvolle, entzündungswidrige Kraft. Zur Abwehr. Zur Selbsthilfe.

Und unsere Gesellschaft? Ein Körper. Voll von Entzündungen! Geistig-seelischen Entzündungen. Und Geschwülsten. Verworrener Ismen. Die leicht, zu oft, zu Metastasen führen. Anzeichen der letzten Station des gefürchteten Krebses. Unheilbar.

Salizylsäure ist aber auch fiebersenkend. Schweißtreibend. Bakterientötend. Soll ich sie aufzählen? Alle diese Bakterien, die sich in Form von übereilter Information, von sich überstürzenden

Eindrücken und Ereignissen dem Menschen aufdrängen? Er, der Mensch von heute, kann all das nicht mehr verkraften. Wenn er nicht zurückkehrt in die Stille, aus der die heilige Hildegard schöpfte. In vollen Zügen. Trank sie. Den heilsamen Segen der Stille. Trotz ihres Wirkens und aktiven Einsatzes in der Welt. Für die Welt.

In der Stille der Natur.
So wie die Weide.
Da unten.
Abgeschieden.
Kraftspendend.
Für den,
der sie braucht.
Die Kraft.

Die „runde" Runde. „Hock am runden Tisch". Zwangloses Zusammensein im Foyer des Hotels „Engel" in Engelberg. Am späten Nachmittag vor dem Hildegardfest 1982. In der Schweiz. In der Nähe Luzerns.

Tags zuvor. Am Abend. Ein Vortrag in St. Johann im Pongau. Land Salzburg.

Gut organisiert. Der Saal bis auf den letzten Platz besetzt. Interessierte Zuhörer. Vernünftige und viele Anfragen. Eine Freude für den Vortragenden. Hier zu sprechen.

„Das sind dragonische*) Methoden. Weggeworfene Konservendosen und Landesverweis." Und der Veranstalter, Mitte der Vierziger, in führender Position, Bergsteiger par excellence, Teilnehmer an einer der letzten Himalajaexpeditionen, Hochgebirgsjäger, erzählt seine Erlebnisse aus dem Land Nepal, am Fuße des höchsten Berges der Welt. Dem 8880er.

Wir alle lauschten. Alle in der Runde. Nach dem Vortrag. Im Extrastüberl beim „Gamswirt".

Auf diese Art erfuhr ich, daß sich der Staat Nepal ganz entschieden für eine saubere Umwelt um den Himalaja einsetzt. Expeditionen müssen ihre „Einwegwegwurfreste" heimtragen oder vergraben. Bei Mißachtung des Gesetzes folgt unmittelbarer Landesverweis.

Das rang mir und allen Zuhörern Achtung ab.

Tags darauf über den Pinzgau, das Zillertal, das Oberinntal, über St. Anton und durch das Ländle in die Schweiz, hatte ich diesen Eindruck noch bei mir.

---

*) Von Dragoner, aus dem Französischen entlehnte Bezeichnung für „bewaffnete Reiter". „Dragonisch" hat die Bedeutung von: „nach Soldatenart".

Aus Asien kam auf einmal wieder eine Botschaft. Für mich. Der Kosmos. Die geordnete Welt zog mit mir. Wofür der Mensch verantwortlich ist.

Und ein Bogen ward gespannt. Der alles verbindet. Was da ist. Und dies mitten in der herrlichen Alpenwelt. Auf der Fahrt. In die Schweiz. Zum Fest der heiligen Hildegard. Einstimmung zur Festpredigt. Die ich halten sollte. Halten durfte.

„Ein Hock am runden Tisch"

Hildegards „runde" Runde. „Ein Hock am runden Tisch". Sagt man in der Schweiz. Und eine „Runde" war es. Nach meinem Begriff. Eine „runde" sogar. „Runde" Runde.

Im Hotel „Engel" in Engelberg. Hoch oben in den Schweizer Bergen. Mit einer bezaubernden Aussicht auf das Benediktinerkloster „Unserer Lieben Frau von Engelberg". Draußen schien die Herbstsonne. Ließ ihren Glanz in die Herzen der Menschen fallen. Die hier beisammensaßen und plauderten. Über die heilige Hildegard. Über ihre Bedeutung in unserer Zeit. Die Aktualität der „Hildegardmedizin" „fachfraulich" dargelegt. Ebenso „fachmännisch" darüber diskutiert. Erfahrung mit Heilmitteln nach Hildegard-Rezepten und mit biologischem Heilkräuteranbau folgten. Probleme über Ernährung und Lebensführung nicht ausgeklammert. Wein, dem nach Hildegard als Heilmittel eine besondere Bedeutung zukommt, wurde nicht nur gelobt, sondern auch in reinster, naturbelassener Qualität getrunken. Dinkel-Kekse*) durften nicht fehlen. Auch die Wissenschaft kam dabei zu ihrem Recht. Originalübersetzung der „Hildegardwerke" im Gange. Drei Bücher, Pflanzen, Elemente und Bäume konnten bereits die Runde machen.

Ich, ein Neuling, muß dagesessen sein wie der Waldbauernbub aus der Einschicht, der zum erstenmal den Stephansturm und die Wienerstadt erlebt. Wie ein Schwamm, ein ganz neuer, kam ich mir vor, der begierig alles aufnimmt, was er an Feuchte erhaschen kann. Wie eine weiße, unberührte Leinwand, auf die Künstler malen. Jeder mit seinem Pinsel. Aber alle das gleiche Bild.

Das Bild hieß „Hildegard die Große".

Rund war der „Hock". Rund war die Idee. Immer vom gleichen Zentrum ausstrahlend. In die gleiche Entfernung gehend.

---

*) Dinkel (Triticum spelta), Spelz, Schwäbisches Korn. Sehr kleberreiches Korn. Wenig fettbildend. Spielt in der „Hildegardmedizin" in der gesunden Ernährung eine sehr wichtige Rolle.

Bei gleichem Abstand vom Ausgangspunkt. Eine „runde" Runde. Hildegardfreunde saßen hier beisammen, und ich durfte bei ihnen sein.

Ich, eine Ringelblume. Als Vertreter 30.000 gleichgesinnter Freunde. Der Heilkräuter.

Ich spürte das Sickerwasser langsam, aber beständig herabtriefen. Hineintriefen. In meine Seele. Reines Wasser. Belebendes Wasser. Nicht von der gestörten Umwelt verseucht. Lebenspendendes Wasser.

Es kam vom Goldgrund der Ewigkeit her. In einer wunderbaren Bergwelt im Zauber der Herbstsonne.

Was ist das Jetzt?

Ein Bogen aus Weidenholz.

Hildegard und die Pfaffenwand

Eines muß ich gleich vorwegnehmen. Die heilige Hildegard war nie in der Pfaffenwand. Denn diese liegt in der Schweiz. Hoch oben in den Bergen. Und Hildegard war im Rheinland daheim. Wie kam sie dann zur Pfaffenwand?

Das will ich Ihnen ja erzählen. Das „Wie". Ob sie überhaupt hinkam?

Zuwarten.

Weiterlesen.

17. September 1979. Vor 800 Jahren starb Hildegard von Bingen. Das Fernsehen, der Rundfunk, Kirchenzeitungen und namhafte Tagesjournale zeichnen des Lebensbild Hildegards als eine mittelalterliche deutsche Frau, deren Beispiel auch heute „up to date" ist. Lebensnah. Lebendig.

Aus Deutschland ergeht an den Heiligen Stuhl nach Rom der Antrag, Hildegard zur Kirchenlehrerin zu erheben. Neben den einzigen Frauen, Teresa von Ávila und Katharina von Siena.*)

Im ökumenischen Gottesdienst von Katholiken und evangelischen Christen erscheint Hildegard neben Franz von Assisi**) als

*) Am 25. März 1347 in Siena geboren. In Rom am 29. April 1380 gestorben. Fest: 29. April. Ordensfrau des dritten Ordens des heiligen Dominikus, Patronin der Sterbenden und der Wäscherinnen. Wird gegen Pest und Kopfweh angerufen.
Heiliger Dominikus. Geboren um 1170 in Caleruega, gestorben am 6. August 1221 in Bologna. Priester und Ordensgründer. Patron der Dominikaner, der Näherinnen und Schneider. Wird gegen Fieber angerufen.

**) Ordensgründer. Geboren 1181/82, gestorben am 3. Oktober 1226 in Portiunkula bei Assisi. Patron aller Minderbrüder oder Minoritenorden. Seit 1939 von Papst Pius XII. als Hauptpatron Italiens ernannt. Weiters Patron der Armen, Kaufleute, Schneider, der Posamentierer, der Tapetenhändler und der Weber. Wird angerufen gegen Armut, Kopfweh und Pest.

„die deutsche Frau des Mittelalters und Heilige der ungeteilten Christenheit“.

Die deutsche Bundespost läßt zum Hildegardjahr eine Briefmarke im Wert von 110 Pfennig erscheinen.

9. Februar 1980. In Engelberg, Kanton Oberwalden, in der Schweiz, treten die Statuten der „Internationalen Gesellschaft Hildegard von Bingen“ in Kraft. Eine Vereinigung, die das Gedankengut Hildegards erforschen, bekanntmachen und für unsere Zeit anwenden will.

17. September 1982. Die gleiche Gesellschaft Hildegard von Bingen stellt an den Verein Freunde der Heilkräuter, mit Sitz in Karlstein an der Thaya, den Antrag einer engen Zusammenarbeit.

Eine Gesellschaft und ein Verein. Beide politisch neutral und konfessionell nicht gebunden. Beide verfolgen ausschließlich gemeinnützige Zwecke. Sind bereit, im Sinne von „Rufer einer neuen Zeit“ zusammenzuarbeiten.

10. November 1979. Wenige Tage vor seinem Tode läßt Geistlicher Rat Pfarrer Karl Rauscher in der Filialkirche in Karlstein ein Fenster zu Ehren der heiligen Hildegard anbringen und weihen. Er, der Gründer des Vereines Freunde der Heilkräuter, will so die Verbundenheit mit der „Ärztin des Mittelalters“ zeigen. Stellt sie an den Beginn der Verwirklichung einer Idee, die zur Kampfansage im guten Sinne wird. Zu einer Lebensweise, die Gott über den Menschen und die Welt stellt. Letzter öffentlicher Akt eines Pioniers, der den Heilkräutern und ihrer Kraft zum Durchbruch verhilft. In unserer Zeit. Die wieder die Zeit der heiligen Hildegard werden soll. Werden kann. Wenn wir es wollen und mitwirken.

Ein Erbe. Ein Programm, das mir, seinem Nachfolger, übergeben wurde. Eine Verpflichtung. Aber keine Last. Vielmehr ein Segen.

Und Segen geht von diesem Erbe aus. Weil ER dabei ist. ER, der alles lenkt. Auch unsere Zeit. Lenkt ER. Wenn wir IHN lenken lassen. Uns lenken lassen. Von IHM.

Immer noch nichts von der Pfaffenwand.

Dafür aber etwas über den Myrtenbaum.

Das hoch im Gebirge liegende Engelberg ist nicht nur reich an Vergangenheit, an verschiedenen edlen Gesteinen, sondern auch reich an Sagen.*)

Dort passen sie auch hinein, die Sagen. Man erwartet sie. Wenn

*) Georg Dufner, „Engelberger Sagen“, Engelberger Dokumente, Heft 11, 1982, Kloster, 6390 Engelberg, Schweiz.

man die Gegend durchwandert. Und meint, alles in der Natur müßte sprechen. Erzählen. Von der Vergangenheit.

Nicht weit entfernt von Engelberg liegt das Benediktinerinnenkloster „Sarnen".

Das Kloster „Am Sarnen" war nicht immer dort oben.

Unterhalb des Klosters Engelberg, „In der Wetti", lag es. Im 12. Jahrhundert gegründet. 1325 kam Königin Agnes.**) Schenkte dem Kloster ihr wertvolles Hochzeitsgewand, das teilweise noch erhalten ist und das „Sarner Jesuskind" schmückt. Sie, die Königin, wohnte auch der Gelübdeablegung von 139 Nonnen bei.

1615 wurde dieses Frauenkloster auf den Sarnen verlegt und bildet heute noch ein Doppelkloster mit Engelberg. Unter der Leitung des Abtes.

Vom alten Kloster „In der Wetti" ergeht die Sage.

Zwei Fremde kamen am Klostergärtchen vorbei, in dem eine Laienschwester Wasser aus dem Bächlein schöpfte und die Blumen goß. Aus dem Kirchlein erklangen die Stimmen der betenden Nonnen. Ruhe und Frieden breitete sich über die Einsamkeit aus.

Die beiden Fremden waren verschiedener Natur.

Der eine lebte innerlich auf. Fühlte sich vom Zauber des Paradieses eingefangen. Hier in dieser Welt des Friedens.

Der andere fand das Ganze als ein „schöngefärbtes Theater".

Da sah der Lästerer einen morschen Baumstrunk am Wegrand liegen.

„So wenig dieser Klotz zu einer schönen, frischen Myrte wird, so wenig glaube ich an die Ehrlichkeit und die Unschuld dieser Klosterfrauen!"

Die Herausforderung war ausgesprochen. Und wurde angenommen.

„Der in Regen, Schnee und Moder schwarz gewordene Strunk begann plötzlich heller zu werden, mehrere kleine Zweige sprossen auf einmal aus den totgeglaubten Baumresten hervor, wuchsen in die Höhe, zahlreiche kleine Blätter brachen aus den Zweigen aus, weiße Blüten öffneten sich. Der alte Baumstrunk war zum Myrtenstrauch geworden, der im warmen Sonnenlicht immer höher emporwuchs."

Der Sage nach soll der Myrtenstrauch 1615 noch gestanden sein. Erst als die Nonnen von „In der Wetti" ausgezogen waren, soll ihn ein Blitz vernichtet haben.

**) Geboren 1280. Starb am 11. Juni 1364 in Königsfelden. Lebte zeitweise im Kloster. Gattin Andreas' III. von Ungarn. 1301 verwitwet.

Das Kloster „Am Sarnen" steht heute noch.

Ein morscher Baumstrunk gebiert neues Leben? Und verteidigt so den Sinn des Lebens gottgeweihter Jungfrauen?

Eine Sage.

Nur eine Sage?

Von „In der Wetti". Von „Am Sarnen"? Von „Engelberg"? In der Schweiz.

Und die Sage von der Pfaffenwand?*)

Sie kommt jetzt. Die Pfaffenwand.

Endlich.

Ja! Zum Abschluß, Hildegard und die Pfaffenwand.

Eigentumsrecht und damit zusammenhängende Streitfragen bleiben auch einem Kloster nicht erspart. Auch nicht dem Kloster Engelberg. Wenigstens in der Vergangenheit.

Vor Jahrhunderten ging es um die Trübseealp. Die dem Kloster gehörte. Die Nidwaldner aber eines Tages begonnen hatten, von ihrer Arnialm aus ihr Vieh hinaufzutreiben und abzualmen.

Daraus entstand ein Alpweidenstreit. Der sich durch Jahrhunderte hinzog.

Oft herunten im Dorfwirtshaus ausgetragen. Mit Schimpf und Prügel.

Damals war das Salz oben im hochgelegenen Engelberg eine Kostbarkeit. Mit Mühe und viel Schweiß kam es auf vierspännigem Wagen von Luzern herauf. In schweren Salzfässern. Im Klosterkeller gestapelt.

Nur der stämmige Klosterbruder, bekannt für seine riesige Muskelkraft, konnte mit den Salzfässern fertig werden. Aufladen. Abladen. Im Keller stapeln. Schultern. Öffnen. Salzausgeben. Das tat er alles. Mit Freude und Leichtigkeit.

Wenn er so mit dem schweren Faß auf der Schulter dahinstapfte, schien es, als trüge er bloß einen leichten Regenschirm lässig auf seiner kernigen Gestalt in schwarzer Mönchskutte.

Salzfässer waren für den „Salzbruder" keine Last. Hingegen drückte ihn schwer die Tatsache, daß die Nidwaldner einfach ihr Vieh auf die Trübseealp trieben. Den ganzen Sommer hindurch. Jedes Jahr. Und das ohne zu fragen. Und darüber noch spotteten.

Und dann waren die Nidwaldner überhaupt unverschämt. Trauten sich noch am hellichten Tag ins Kloster. Den Kochtopf

*) Georg Dufner, „Engelberger Sagen", Engelberger Dokumente, Heft 11, 1982, Kloster, 6390 Engelberg, Schweiz.

in der Hand, um für ihre Schafe Salz zu holen. Die sie auf der Klosteralm almten.

„Diebe und Räuber", nannte und schalt er sie. Gab ihnen doch ihr Salz. Aber in seinem Innern kochte und brodelte es wie in einem Feuerberg kurz vor dem Ausbruch der Lava.

„Bruder, wenn Ihr uns beweisen könnt, daß Ihr ein volles Salzfaß vom Kloster bis zum Jochpaß hinaufzutragen vermögt, ohne euch je auszuruhen, dann gehört die Trübseealp wieder euch und dem Kloster, und wir werden darauf verzichten."

So sagten eines Tages die Nidwaldner. Denen über diese gewaltsame „Almbesetzung" auch nicht ganz wohl im Leibe war.

Was war ein Salzfaß für ihn, den „Salzbruder"?

Ein Spielzeug in der Hand eines Kindes.

Hatte er denn kein Gottvertrauen?

Ging es nicht um eine gerechte Sache?

So dachte der Jünger des heiligen Benedikt*) und stieg regelmäßigen Schrittes im Gerschniwald aufwärts. Das schwere Salzfaß auf dem Rücken. Das heute doppelt so leicht war. Jetzt. Hintendrein aber, verstohlen, die Nidwaldner. Als stumme Zeugen.

Der Bruder schritt weiter. Das leichte Faß wurde schwer. Je höher er bergauf schritt, umso schwerer wurde es. Das Faß.

Der Bruder wechselte es auf die andere Schulter hinüber. Mit einem Ruck.

Schweißtropfen perlten auf seiner Stirne. Langsam. Dann rascher. Schließlich tropften sie auf seine schwarze Bruderkutte. Von dort auf den Fels. Des Weges.

Dann erreichte er den Wald. Der Bruder. Der Schatten tat wohl. Die Hitze ließ nach.

Als der Wald endete, die Hochebene der Gerschnialp ihm entgegenleuchtete, in der bratenden Hochgebirgssonne, und der Weg jäh anstieg, rieb das schwere Salzfaß die Schultern wund. Jetzt nützte auch das Wechseln von der einen Seite auf die andere nichts mehr.

Der Schweiß brannte in den Augen.

Die Schritte wurden kürzer.

Die Herzschläge rascher und lauter.

---

*) Geboren um 480 in Nursia. Gestorben am 21. März 547 in Montecassino. Papst Gregor der Große, gestorben 604, deutet schon den Namen als „der gesegnete dem Namen und der Gnade nach". Fest 11. Juli. Vater des abendländischen Mönchtums. Mit Abtstab und Regelbuch dargestellt. Patron des Benediktinerordens und seiner Reformzweige, der Kupferschmiede, der Schulkinder, der Sterbenden und der Höhlenforscher. Papst Pius XII. ernannte ihn 1957 zum Schutzpatron Europas. Benedikt wird angerufen bei: Fieber, Entzündungen, Nierensteinen, Vergiftungen, Gürtelrose, gegen Einfluß der bösen Mächte und der Zauberei.

Der mutig streitende Gottesmann, dem es um das Recht seines Klosters ging, war am Ende seiner Kräfte.

Hinter ihm, unter dem Schutz der Felswände seinem Blick verborgen, folgten die Nidwaldner.

Der Salzbruder gab nicht nach. Es ging ja um die Trübseealp. Und diese mußte er dem Kloster, seinem Kloster, zurückerobern.

Die Sonne stand bereits am Höhepunkt. Ihr brennendes Licht flimmerte auf den kahlen Felswänden und Felsbrocken.

Da!

Dort der Jochpaß! Ob er ihn noch erreichen würde? Hinter dem Paß beginnt die Trübseealp. Das war das Ziel. So galt die Wette. Bis dorthin mußte er kommen.

Plötzlich drehte sich alles in seinem Kopf. Um seinen Kopf. Und die Kräfte schwanden auf einmal.

Das Rauschen eines Bächleins, das seinen felsigen Weg überquerte, drang an sein Ohr.

Sauberes, frisches Wasser. Eilte in übermütigen Sprüngen talwärts. Unter seiner Nase. Die die Sonne glühend rot gefärbt hatte. Und die ihm schmerzte.

Kalter Hauch von Eis und Schnee. Geburtsstätte des Wassers. Das an ihm vorbeieilte. Als hätte es Angst vor ihm.

Da konnte der Salzbruder nicht widerstehen. Er mußte sich beugen. Das Faß durfte er ja nicht ablegen. Ansonsten wäre wenige Schritte vor dem Ziel alles verspielt gewesen. Die Wette verloren.

Er beugte sich. Erschöpft. Aber noch einmal hoffnungsvoll. Tauchte den freien Arm tief in das Wasser. Schöpfte daraus mit der Handmuschel. Besprengte seinen Kopf. Wusch den Schweiß von der glühenden Stirne.

Und begann zu trinken.

Lange trank er.

Der Hochofenkörper reagierte nicht. Die Hitze blieb in ihm.

Plötzlich war es geschehen.

Die nahe herangekommenen Nidwaldner blieben jäh stehen. Wichen einige Schritte zurück.

Bekreuzigten sich.

Das kraftvolle Herz des Bruders hatte versagt. Blieb stehen. Schlug nicht mehr.

Das schwere Salzfaß löste sich von der Schulter. Rollte abwärts. Die hölzernen Dauben zerbarsten auf dem Gestein.

Das kostbare Salz, das er während seines ganzen langen Klosterlebens verwaltet hatte, zerrieselte in alle Richtungen.

Ein großer, weißer Fleck zeichnete sich zunehmend sichtbarer werdend auf der felsigen Geröllhalde ab.

Die Nidwaldner begruben den Klosterbruder auf der Trübseealp. Die er nicht mehr erreichen konnte. Sie begruben ihn im Schatten einer hohen Wand. Die seither Pfaffenwand heißt.

Gemsen und Murmeltiere leckten das kostbare Salz, das ihnen der Salzbruder unfreiwillig gebracht hatte.

Heute gehört das ganze Gebiet zu Engelberg.

Das Glockengeläute der auf den Almen weidenden Kühe erklingt auch heute noch in der Pfaffenwand.

Was hat das mit Hildegard zu tun?

Die heilige Hildegard war zwar nie in der Pfaffenwand, aber ihr Geist weht auch heute noch von „Am Sarnen" und von Engelberg.

Man spürt dieses Wehen.

Ich spürte es. In der „runden" Runde. Im „Hock am runden Tisch".

Der Bogen aus Weidenholz verband das Gestern mit dem Heute. Spannte sich weiter über den Morgen des kommenden Morgen.

Gott.

Mensch.

Kosmos.

Nachtviole
Hesperis matronalis

Genial, wie er war

„Die Natur ist eine große Harmonie."*)
„Und Krankheit entsteht, wenn diese Harmonie im menschlichen Körper gestört wird."*)

„Könnt' ich bitte den Herrn Paracelsus sprechen?"
„Geh'n S' nur hinein, dort drinnen sitzt er eh."
Sagte, im ersten Moment überrascht, die junge Frau, die soeben die Stufen heraufkam, zum eintretenden Herrn.
Und der eintretende Herr trat ein und fand den „Herrn Paracelsus" am Schreibtisch sitzen. Gerade dabei, ein Telefongespräch entgegenzunehmen. Er, der morgen seinen zwanzigsten Geburtstag erleben wird.
Wenn das nicht logisch ist? Wohnt der Herr Doktor im Doktorhaus. Der Herr Pfarrer im Pfarrhof. Der Herr Förster im Forsthaus. Warum soll der Herr Paracelsus nicht im Paracelsushaus zu finden sein?
Wenn nicht persönlich, dann doch sein Geist.
Detto Gespräch zwischen einer unserer Mitarbeiterinnen und dem eintretenden Herrn, stattgefunden am 16. Mai anno 1983.

*) Ausspruch von Paracelsus.

Fest des heiligen Johannes von Nepomuk*), Generalvikar des Erzbischofs von Prag. Von König Wenzel gefangengenommen, gefoltert und in der Moldau ertränkt. So geschehen am 16. Mai 1393.

100 Jahre später, 1493 wurde in Einsiedeln in der Schweiz Paracelsus geboren.

Der 48jährige Arzt und Forscher auf dem Gebiet der Medizin und Pflanzenheilkunde, Theophrastus Bombastus von Hohenheim, allgemein Paracelsus genannt, starb am 24. September 1541 in Salzburg. Trotz seiner großen Erfolge und der Vielzahl seiner Werke arm und mittellos.

Die einen sprachen von Ermordung, andere von Experimenten mit Giftpräparaten, denen er zum Opfer gefallen sei.

Die materialistischen Ärzte seiner Zeit verstanden ihn nicht.

Seine Auffassung über die Sendung und Ethik des Hilfsberufes Arzt war hochideal.

Genial wie er war, erkannte er an der Stufe der neuen Zeit rechtzeitig die Wende, die erforderlich war. Und er leitete sie ein. Diese Wende in der Heilkunde. Vollzog sie an sich selbst.

„Der Arzt muß ein wahrhafter Mann sein und nicht eigenen Nutzen suchen."**)

Heute künden unzählige Denkmäler von ihm. Medizinische Gesellschaften, Institute und Apotheken tragen seinen Namen. Mit der Erforschung seines Wirkens und Werkes beschäftigt sich die „Internationale Paracelsus-Gesellschaft" in Salzburg.

Die Heilkräuter schätzte Paracelsus sehr hoch ein. Er war der Ansicht, daß es keinen gleichwertigen Ersatz dafür gebe.

Seiner Überzeugung nach entspringt die Heilkraft der Pflanzen aus der Güte und Vorsorge Gottes für die Menschen.

Theophrastus Bombastus von Hohenheim steht am Anfang des Zeitalters der wissenschaftlichen Naturheilkunde.

Sein Bild ziert die Giebelfassade des Hauses in Karlstein an der Thaya, das seinen Namen trägt. Zentrum aller Freunde der Heilkräuter in der ganzen Welt.

Sein Name ist nicht Titel. Sondern Inhalt. Programm. Verpflichtung. So wollte es der Gründer des Vereines, GR. Pfarrer

---

*) Johannes, um 1350 im kleinen böhmischen Ort Pomuk im Kreise Pilsen geboren. Familienname unbekannt. Nepomuk genannt. Hoher geistlicher Würdenträger und Prediger zu Prag. Dargestellt als Priester mit Rochett, Finger auf den Lippen. Gilt als Brückenheiliger. Schutzpatron der Beichtväter.

**) Ausspruch von Paracelsus.

Karl Rauscher. So kam es. So blieb es auch nach seinem Tode.
Die Maxime Paracelsus' sind Wegweiser, Bestätigung, Mutmacher und Träger christlichen Geistes.

Unter vielen seien nur einige hier angeführt:

„. . . Dann kommt das geistige Licht, die Erkenntnis durch die Kraft der Weisheit . . . dann könnt ihr jede Krankheit erkennen wie der Bauer die Bäume am Felde und sehet ein, was für Arznei nötig ist, so wie der Bauer weiß, daß man den Baum mit der Axt umhauen kann."

„Ohne Erkenntnis aber wandelt der Arzt in einem endlosen Labyrinth von Wahrscheinlichkeiten und findet keinen Ausweg."

„Das Licht der Natur lügt nicht . . . Ist der Mensch verkehrt, so verkehrt er auch das Licht der Natur."

„Suchet somit zuerst das Reich Gottes, das Reich der Wahrheit."

„Zweifelt niemals an Gott, unserem höchsten Arzt."

„So wir IHN und den Nächsten lieben, so wird ER uns alles zugestehen, dessen wir bedürfen."

Paracelsus ist der größte Reformator auf dem Gebiet der Medizin aller Zeiten. Obwohl er kein eigentliches Kräuterbuch schrieb, finden wir zerstreut in seinen vielen Werken seine Erfahrung mit Kräutern.

Er hielt auch viel von der Aussagekraft einer Pflanze auf Grund der äußeren Form und der Farbe. Signaturlehre genannt.

Ebenso war er vom Einfluß der Gestirne auf die Pflanzen überzeugt.

Einer seiner idealsten Gedanken: „Die Heilkunst ist Christenpflicht."

Seine Lieblingspflanze war Hypericum perforatum, das *Johanniskraut.*

Das Johanniskraut wird der Sonne zugeordnet.

Pflanzen, die mit der Sonne in planetarischer Koordination stehen, sind stolze, farbige Pflanzen mit schnellem Wachstum. Ihre Wirkung zeigt sich vor allem in der Förderung der Blutzirkulation, in der Stärkung des Herzens.

Das Johanniskraut wird seines Inhaltsstoffes nach den Flavonglykosiden zugerechnet. Diese üben eine besondere Wirkung auf die Blutgefäße aus. In kleinen Mengen oder homöopathisch angewandt, verengen sie die kleinsten Blutgefäße, die direkt unter der Haut oder an den Organen liegen. Das sind die Kapillargefäße. Diese Verengung bewirkt eine Gefäßabdichtung. Dadurch wird das Johanniskraut zu einem unserer wertvollsten kreislauffördernden Heilpflanzen.

Das gleiche bewirken auch Apfel und Honig.

Pflanzen mit Flavonglykosiden beeinflussen den Kalkhaushalt des Körpers. Überschüssiges Kalzium im Blut wird in die Gewebe abgedrängt. Somit wird die Knochen- und Zahnentwicklung gefördert. Allergische Erkrankungen günstig beeinflußt. Es kommt zur besseren Ausnützung von Vitamin C.

Johanniskraut lindert Nervenleiden. Besonders Depressionen. Heilt Brandwunden, Hauterkrankungen, Geschwüre, Krampfadern und Hämorrhoiden. Lindert Rheuma-, Gicht- und Ischiasschmerzen.

Johanniskrautsamen stellen eine Eigenart dar. Sie keimen nur im Lichte. Hingegen dunkel und feucht gelagert, halten sie sich durch Jahre hindurch. Ohne zu keimen oder zugrunde zu gehen.

Das Johanniskraut gehört zu den „Lichtpflanzen".

Paracelsus schenkte dieser Heilpflanze die höchste Achtung. Er verstand auch ihre Sprache. Wußte sie zu deuten, als „sinnlich-sittlichen Eindruck".

Der Zeit nach ihm ist das seelisch-geistige Gespür verloren gegangen. Nur mehr die Wirkung des rotfärbigen Johanniskrautöls blieb im Volke verankert. Deshalb hat man fleißig immer wieder Johanniskrautblüten in Öl angesetzt. Und das „Rote Wundöl" mußte einfach in jeder Hausapotheke, wo man noch ein bißchen auf Kräuter etwas hielt, vorhanden sein.

Erst als sich die Wissenschaft des Johanniskrautes annahm und es erforschte, ist seine Bedeutung wieder erkannt worden. Die medizinische Zeitschrift „Die Heilkunst" schrieb 1951: „Die Ergebnisse mit Hypericin können durchaus der ‚Eisen-Arsen-Therapie' gegenübergestellt werden. Hypericum aber als pflanzliches Psychotonicum hat dabei den Vorteil der Unschädlichkeit."

Mit anderen Worten, das Geistig-Seelische im Menschen wird durch die Anwendung des Johanniskrautes gestärkt und günstig beeinflußt. Dies wieder wirkt sich vorteilhaft bei Migräne, Kopfschmerzen und Melancholie aus.

Das Johanniskraut vertreibt das Dunkle im Geiste des Menschen. Lenkt das Streben zum Lichte hin. Bringt Sonne in den Körper. In den Geist. In die Seele. Macht den Menschen optimistisch. Kompromißbereit. Aber gleichzeitig stahlhart, wenn es darum geht, Ideale zu verfolgen.

Ein geistiges Diagramm des großen Paracelsus?

Oder ein Wirkungserfolg des Hypericum perforatum, des Echten Johanniskrautes?

Ursache oder Wirkung? Causa oder Effekt?

Wer unter den Menschen kann Fragen seelisch-geistiger Struktur mit Sicherheit beantworten?

Eines steht fest, Paracelsus, der große Arzt und Kräuterkenner, liebte und schätzte das Johanniskraut. Genial, wie er war.

Ob ihn die Liebe zu dieser Heilpflanze geformt hat? Beeinflußt hat? Ob die Kraft dieser Pflanze ihm Kraft gab, die Weichen der Medizin für unsere Zeit rechtzeitig zu stellen?

Ich nehme an, ja!

Bin glücklich, daß Paracelsus dem Zentrum des Vereines Freunde der Heilkräuter den Namen gibt. Und daß ich in diesem Hause wirken darf. Mich inspirieren darf in seinem Geist. Der auch heute noch weht.

Ein Johanniskraut-Typ: Der Lichtseite des Lebens zugewandt. Dem Keimen im Hellen. Sich aber auch ins „Untere" senkend, zäh und ausdauernd wie „Hartheu", das Johanniskraut. Nicht ein Verlodern im Mollig-Lauwarmen, sondern ein Kämpfen mit Takt und Gefühl.

Genial, wie Paracelsus war, hat er auch das richtige Kraut für sich gewählt, gesucht und gefunden.

Lärche
Larix decidua

Schlußlicht

Wenn das Weniger mehr ist

„Heublumensäckchen auflegen wird da wenig nützen."

Der junge Arzt beugte sich zu mir herab. Dabei wechselte er den Gehstock von der einen Hand in die andere. Lächelte verschmitzt.

Er war mir vom ersten Augenblick an sympathisch. Obwohl ich ihn früher nie gesehen hatte. Den jungen Arzt. Dunkeläugig und schwarzhaarig. Freundlich und bei guter Laune. Humorvoll und leutselig. An diesem Tage gerade im Journaldienst im Unfallkrankenhaus. Er selbst gehbehindert. Scheinbar schon seit seiner Geburt.

„Da schau, der Kräuterpfarrer. Und mit dem Sanitätswagen kommt er auch noch ins Krankenhaus!" Das war die Begrüßung in der Kanzlei. Zwei Rotkreuzhelfer hatten mich im Wägelchen hineingeschoben. Zu der buntsommerlich gekleideten Sekretärin der Aufnahme. Diese Dame hatte, so würde ich zu wetten wagen, sicherlich schon mehrere Frühlinge erlebt und oft die Schwalben aus dem Süden zurückkehren gesehen. Trotz ihrer körperlichen Fülle wirkte sie jugendlich. Ob ihr sonniges Gemüt die Ursache war? Eine goldene Kette am linken Ohr, Ausdruck technischen

Fortschrittes im Dienste der leidenden Menschheit, sagte mir, diese Frau hat einen Gehörfehler. Im Gespräch merkte man nichts davon.

Die Röntgenuntersuchung ergab: „Schwere Bänderzerrung am rechten Fuß."

„Gott sei Dank, kein Riß. Herr Pfarrer, Sie können von Glück sprechen. Noch einmal gut ausgegangen. Drei Tage absolute Bettruhe. Hochlagerung des Fußes. Andauernde Kaltwasserauflagen. Keinen Essig verwenden. Freitag legen wir den Zinkleimverband an. Bis dorthin schön brav daheimbleiben. Im Bett."

Der Arzt aus Polen hat das alles in fließendem Deutsch gesagt. Mit leicht nachklingendem Akzent. Freundlich und wohltuend nett war er um mich besorgt.

„Arnikatinktur-Auflage darf ich aber schon machen?"

„Na ja, wenn's sein muß, und Sie meinen."

Ob der Telefonanruf meines Freundes, des Herrn Medizinalrates, daran schuld war, daß ich hier in der Ambulanz des Unfallkrankenhauses so freundliche Betreuung fand? Zum Teil ja, so meine ich. Aber die Leute leben ihren Beruf. Elend und Leiden jeden Tag x-mal zu sehen und dabei fachmännisch zu helfen. Wo man helfen kann. Auch das kann das Leben bereichern.

Trotz dieser Freundlichkeit im Krankenhaus, jetzt war sie da, die Bescherung. Mein Manuskript knapp vor der Vollendung. Termin bereits überschritten. Heute abend einen Vortrag in Stockerau. Morgen in Mariazell und am Freitag in St. Margarethen in Kärnten. Das ganze Programm, seit Monaten bis ins Detail gewissenhaft von meinem Mitarbeiter vorbereitet, liegt jetzt im Bach. Und das alles wegen der Ortsbeleuchtung.

Währenddem ich „eh nur so ein bisserl" mit dem Schicksal hadere, kommt mir mein Freund Peter aus Kitzbühel zu Hilfe.

Peter ist dort im Schuldienst tätig. Er schrieb mir tags zuvor: „Mit meinem künstlich wiederhergestellten Bein bin ich sehr zufrieden. Extreme Bergtouren werde ich nicht mehr machen können – aber den Großglockner habe ich Gott sei Dank noch vor dem Unfall, 1981, bestiegen. Dafür bin ich für die Wanderungen, die ich auch jetzt noch machen kann, umso dankbarer. *Oft ist eben das Weniger mehr!*

Meiner Frau geht es nach der erfolgten Gallenblasenoperation nun doch allmählich besser. Sie ist sehr abgemagert und noch schwach, aber es geht zusehends besser."

Mit der Bemerkung: „Schmeckt sehr bitter. Täglich 3 Tassen ½ Stunde vor den Mahlzeiten schluckweise trinken. 3 Wochen lang. Im Aufguß zubereitet. 1 vollen Eßlöffel für ¼ l kochendes

Wasser. 15 Minuten ziehen lassen.“ Schickte ich ihm die Teemischung, selbst gesammelt und zusammengestellt.

Benediktendistel (Cnicus benedictus). Einjährig. Kultiviert. Verwendet wird das blühende Kraut ohne Wurzel. Wirkt bei Störungen der Verdauungsorgane, bei Gallen- und Lebererkrankungen, bei Gelbsucht (Ikterus), Magenkatarrh (Gastritis), Verdauungsstörungen (Dyspepsie), Blähungen (Flatulenz), Verstopfung (Obstipation). Bei Schlaffheit des Magen-Darm-Kanals, bei Schwäche nach Operationen. Als Einzeltee wird in all den angegebenen Fällen eine 3-Wochen-Kur mit täglich 2 bis 3 Tassen empfohlen. 1 Eßlöffel für ¼ l Wasser. Aufguß. 15 Minuten ziehen lassen. Zuckerlos und schluckweise trinken. 1 Woche aussetzen und nach Bedarf die Kur noch einmal wiederholen.

Basilienkraut (Ocimum basilicum). Einjährig. Kultiviert. Gesammelt wird das blühende Kraut bei praller Mittagssonne durch Abschneiden über der Bodenoberfläche. Besonderes Lob erfährt diese Heilpflanze als magenstärkendes und appetitanregendes Mittel. Also bei Magenkatarrh, Darmentzündung, Magen-Darm-Katarrh, bei Magenkrämpfen und Stuhlverstopfung, die häufig als Folgeerscheinung von Operationen auftritt. Ihre Wirkung ist bei Erkrankungen der Harnorgane, bei Nierenentzündung, Blasenkatarrh, bei Harnbrennen, schmerzhaftem Urinlassen, aber auch nach Gallenblasen- und Milzoperationen erwiesen. Zubereitung und Anwendung wie Benediktendisteltee.

Dost (Origanum vulgare). Auch Wilder Majoran genannt. Ausdauernd. Liebt Waldränder und Kahlschläge mit Sonne. Geschnitten wird die ganze Pflanze im blühenden Zustand. Vorzügliches Mittel für Magen und Darm. Fördert die Verdauung ebenso wie die Nierentätigkeit. Wirkt adstringierend. Leistet bei Durchfall gute Hilfe. Soll bei trägem Stuhlgang nicht alleine genommen werden. 2mal täglich je 1 Tasse vor den Mahlzeiten. Zubereitung wie oben.

Kornblume (Centaurea cyanus). Einjährig. Ist ein Getreidebegleitkraut. Kann auch leicht im Garten kultiviert werden. Ein Heilkraut, das für den ganzen Oberbauch günstig wirkt. Vor allem aber jeder Teemischung ein angenehmes Äußeres verleiht. Zubereitung: 1½ Teelöffel für ¼ l Wasser, im Aufguß. 2 bis 3 Tassen täglich.

Walderdbeerblätter (Fragaria vesca). Gesammelt werden die Blätter ohne Blüten von Mai bis Juni. Ausgezeichnetes Stärkungsmittel zur Zeit der Genesung, bei Schwäche und allgemeiner Entkräftigung. 2 bis 3 Tassen täglich. Zubereitung wie Benediktendisteltee. Es ist ratsam, jedem Aufguß eine Prise Waldmeisterkraut beizumischen.

Tausendguldenkraut (Centaurium minus oder umbellatum). Ein- und zweijährig. Man sammelt das ganze blühende Kraut ohne Wurzel in den Monaten Juli bis August. Tausendguldenkraut ist ein ausgesprochenes Magenkraut. Wirkt gärungshemmend. Regt die Tätigkeit der Magen-, Darm- und Speicheldrüsen an. Beseitigt die mangelnde Tätigkeit von Leber und Galle. Verstärkt die Blutbildung. Normalisiert Kreislaufstörungen. Will man reinen Tausendguldenkrauttee herstellen, muß man unbedingt die richtige Zubereitung einhalten. Siehe im Kapitel „Verbrennung ohne Flamme", Seite 142.

Brombeerblätter (Rubus fruticosus). Auf Waldschlägen und an Waldrändern anzutreffen. Gesammelt werden die jungen, zarten Blätter, auch die obersten Blütenwipfel von April bis Mitte Juni. Nur stielfrei pflücken und getrocknet verwenden. Da dieses Heilkraut zusammenziehend wirkt, darf es bei Verstopfung nicht alleine genommen werden. In Mischungen jedoch verschwindet diese Eigenschaft. Hier kommt vor allem die keimtötende Kraft zur Geltung. Deswegen ist es zweckdienlich, den Mischungen Vorrang zu geben. Bei schweren oder langandauernden Durchfällen ist reiner Brombeerblättertee sehr zu empfehlen. Zubereitung wie Benediktendisteltee. 3 Tassen täglich.

Die **Teemischung** im Falle der Frau aus Kitzbühel: 35 g Benediktendistel, 50 g Basilienkraut, 15 g Dost, 25 g Kornblume, 25 g Walderdbeerblätter, 15 g Tausendguldenkraut und 35 g Brombeerblätter.

Was die Ortsbeleuchtung von St. Oswald bei Freistadt in Oberösterreich alles kann. Ihr verdanke ich meine Sehnenzerrung am rechten Fuß, weil dort vor Pfarrheim und Pfarrhof die öffentliche Beleuchtung nicht funktionierte. Ursache: Arbeiten an der Leitung. Und gerade zu der Zeit mußte ich kommen und einen Vortrag halten. Nach dessen Beendigung und einer kurzen Einkehr im Pfarrhof, auf dem Weg zum Wagen, sah ich wegen mangelnden Lichtes den Randstein nicht. Das Natürlichste auf der Welt geschah. Ich stolperte darüber. Weiter nichts. Nicht die geringsten Schmerzen am Fuß. Während der ganzen Heimfahrt nicht. Erst morgens um fünf Uhr weckte mich ein stechender Schmerz im rechten Fuß.

So begann die ganze Geschichte. Die letzten Endes zeigen sollte, daß oft weniger mehr ist.

Denn so kam ich zu Kurzurlaub. Eigentlich Zwangsurlaub.

Urlaub dann, wenn ich die Schmerzen abziehe. Auch diese haben ihren unersetzlichen Wert.

Das vorliegende Buch konnte abgeschlossen werden. Den einen Fuß auf dem Boden. Den anderen hochgelagert auf gepolstertem Sessel. Abwechselnd kalte Umschläge, dann Arnikatinktur-Auflage*) angebracht. Mir waren einige unersetzliche Stunden stiller Arbeit und wertvoller innerer Betrachtung geschenkt.

Ja, mein Freund aus Tirol hat recht. Oft ist eben weniger Gesundheit mehr als die ganze.

Das kann man nicht nachsagen. Muß im eigensten Ich vollzogen werden. Sich bewahrheiten.

Nur einstellen kann man sich darauf. Vorbereiten. Rechtzeitig.

„Grünes Gold" aus China

Ein Brief aus Oberösterreich. Datiert 4. Juni 1983.

„Meiner Frau wurde **Tebonin** empfohlen. Bitte können Sie uns darüber etwas mitteilen, insbesondere über Wirkung, allfällige mögliche Nebenwirkungen und über die Zusammensetzung, aus welchen Bestandteilen der Ginkgopflanze es besteht?"

Langsam läßt er von der Schaufel die Kohlenbrocken von oben in den Ofen gleiten. „Damit das Feuer nicht ausgeht." Ja! Und damit es im Raum schön warm ist.

Ob er, wer immer es ein mag, der Er oder die Sie, auch daran denkt, daß soeben 200 Millionen Jahre Vergangenheit von der Schaufel rutschten? Hinein in den Ofen. Menschlich gesehen eine unendlich lange Zeit zurück. Wo an den Steinkohlenlagern von heute einst riesige Bäume und andere Pflanzen standen.

Ein Baum von damals überlebte Millionen Jahre. Einst in Europa sehr häufig. „Tempelbaum" der Japaner. In China heute beheimatet. Die einzige Gattung und Art der Ginkgogewächse (Ginkgoaceae).

Der *Ginkgobaum* (Ginkgo biloba). Biloba = zweihäusig, das heißt männliche und weibliche Blüten sitzen auf getrennten Bäumen.

Heute ist er fünfundsiebzig Jahre alt. Der Apotheker und Mediziner Dr. Willmar Schwabe. Heilpflanzenforscher und Pionier homöopathischer Arzneimittelerzeugung in Karlsruhe. Im Orient. In den Tropen. Auf den Peloponnesischen Inseln. Sucht er

*) Zubereitung siehe Seite 132.

immer noch wertvolle Heilpflanzen. Analysiert sie in seinen Laboratorien. Macht ihre Heilkraft als Homöopathikum vielen Menschen zunutze.

Mit einer einfachen Piroge, einem großen Holzkahn, von einem Schilfdach vor Sonne und Regen geschützt, gelangt er in langwieriger Fahrt bis in den oberen Orinoko Brasiliens. Erforscht, beobachtet und studiert die Passiflora. In China hebt er das „Grüne Gold". Die Ginkgobaumblätter (Folium Ginkgo bilobae). Aus dem Extrakt der frischen Ginkgoblätter entsteht in seiner Arzneimittelfabrik das *Tebonin*.

Zahlreiche experimentelle und klinische Arbeiten mit dem Homöopathikum Tebonin zeigen eindeutig und klar die Wirkung dieses rein pflanzlichen Heilmittels. Es sind hier nicht die Hauptwirkstoffe, die in den grünen Blättern des Ginkgobaumes enthalten sind, die Flavonglykoside und Bioflavone, die zur Wirkung kommen, sondern vielmehr das Zusammenspiel aller Inhaltsstoffe.

Die Tatsache, daß Ginkgo biloba Jahrhunderte hindurch in Ostasien als Tempelbaum verehrt wird, ließ ihn auch immer wieder anpflanzen, pflegen und vermehren. Hat ihn bis in die Gegenwart hinein gerettet und so unserer Zeit eine Heilpflanze geschenkt, die als solche erst jetzt erkannt wird. Die wir aber dringend benötigen.

Tee kann aus den Gingkoblättern nicht zubereitet werden. Nur in Form alkoholischer Gesamtauszüge wird die Heilkraft dieser wertvollen Arzneiblätter aktiviert.

Heilwirkung und Anwendung von Tebonin: Gefäßerweiterung und Durchblutungssteigerung tiefer liegender Arterien. Arterielle Durchblutungsstörungen werden behoben. Krampfhafte Gefäßschmerzen schwinden. Gefäßschäden zuckerkranker Patienten lassen sich günstig beeinflussen. Bei älteren Menschen mit Gedächtnisschwäche wird die Durchblutung im Gehirn verbessert. Die Merkfähigkeit nimmt zu. Arteriosklerotische Veränderungen im Gefäßsystem werden gebremst. Besonders ältere Menschen, die an Schlafstörungen leiden und auf Schlaf- und Beruhigungsmittel noch nervöser werden, können wieder schlafen. Kurz zusammengefaßt: **Ginkgoblätterextrakt-Tebonin hat sich bei der Behandlung von Durchblutungsstörungen bestens bewährt.**

In der Apotheke ist *Tebonin* in Form von Tropfen erhältlich. Bei akuten Fällen nimmt man zuerst 4mal täglich 20 Tropfen auf einem Eßlöffel mit Wasser ein. Sobald man Besserung verspürt, genügen 3mal 10 Tropfen pro Tag. Länger als 6 Wochen hindurch soll die Kur nicht durchgeführt werden. Auf alle Fälle ist es gut, den Arzt zu fragen. Dieser hat die Möglichkeit, in besonders krassen Fällen Tebonin auch als Injektionen zu verabreichen. Tebonin ist ebenso in Dragéeform erhältlich.

Nebenwirkungen sind keine zu befürchten. Insbesondere keine Blutdrucksenkung und keine Beeinflussung von Herz- und Atemfrequenz. Auch der Austria-Codex*) führt *Tebonin*.

Hat man noch vor kurzem im Heilpflanzenschatz bei Kreislaufstörungen und Gefäßleiden nur Weißdorn, Knoblauch und Arnika gekannt, dann ist mit dem „Grünen Gold" aus China, dem *Tebonin*, ein wertvoller Vierter hinzugekommen. Der zusätzlich ähnlich wie die Roßkastanie bei Venenleiden besonders bei Krampfadern Anwendung findet.

Der Ginkgobaum gilt als biologische Seltenheit. Bildet eine Übergangsform vom Nadel- zum Laubbaum. Erreicht eine Höhe von 25 bis 35 Metern.

In China wird er „Yin-hsing" genannt. Oder „Baum mit den vierzig Schilden".

Die Japaner nennen ihn „Gin-kyo", Silbermandelbaum. Die lateinische Bezeichnung geht auf das Jahr 1771, auf Linné, zurück. Der Name „Gingko" stammt aus der japanischen Bezeichnung und bezieht sich auf die weiße Frucht des Baumes.

In der traditionellen pharmazeutischen Literatur Chinas wird der Ginkgobaum nicht erwähnt.

Durch Engelbert Kaempfer, den sogenannten „Entdecker Japans", wurden im Jahre 1712 Ginkgobäume in Europa wieder eingeführt. Nachdem sie vor Millionen von Jahren bei uns verschwunden waren.

„Grünes Gold" aus China kam über Oberösterreich in das Buch „Ich bin eine Ringelblume". Der Schreiber des Briefes wollte Antwort auf seine Fragen. Ich habe sie ihm gegeben. Wollte aber dieses Wissen den Lesern meines Buches nicht vorenthalten.

So kam das „Grüne Gold" in das „Schlußlicht".

Ich hoffe nur, daß es niemanden blendet. Sondern nur den Weg zur Gesundheit beleuchtet.

Klein Konrad setzt das Schlußlicht

Vor den Engeln hatte er immer Respekt gehabt. Die himmlischen Geister, die den Menschen beschützen. Gott dienen.

*) Amtliches österreichisches Apothekerbuch.

Er wußte, daß auch jetzt, in dieser glücklichen Stunde, sein Schutzengel neben ihm stand.

„Dann sind es ja drei. Drei Engel sind es." Dachte Klein Konrad. Besserte sich aber sofort aus: „Zwei davon sind ja nur aus Stein."

Der Bub hatte recht. Zwei Engel waren aus Sandstein. Standen da am Stiegenaufgang. Der zur Kirche führte. Aus der er soeben kam.

„Die haben nur jeder eine Laterne in der Hand."

Fast mit hintergründigem Mitleid blickte er zu den beiden leblosen Gestalten empor. Ein überzufriedenes Lächeln huschte über seine frischen Wangen. Färbte sich auf die ganze stramme Gestalt ab. Die eher als klein zu bezeichnen war. Seine Augen leuchteten von einem Lichte, das von innen kam. Vom Herzen. Das jetzt hochzufrieden schlug. Fast zu heftig für dieses „Mini-Männlein".

„Und i hab' a Geld. Mein erstes selbstverdientes Geld."

Dabei hob er die Rechte in die Höhe. Öffnete leicht die Faust, welche „seinen Reichtum" fest umklammert hielt.

Obwohl er sonst alles gerne in die Hosentasche stopfte, was einem Buben von acht Jahren wertvoll scheinen kann, mußte dieses Geld in der Hand bleiben. Die Hosentasche war dafür zu „ordinär", es zu bergen. Wenn auch nur für kurze Zeit.

Und diese kurze Zeit wurde dem kleinen Konrad zur Qual. Weil es ihm einen Entscheid abforderte. Bis jetzt wußte er nicht ein noch aus mit soviel Geld.

Konrad war im Jahre 1954 der jüngste Ministrant des kleinen Städtchens in der Provinz.

Als der Herr Pfarrer alle Ministranten in der Sakristei „auszahlte", war er wie aus den Wolken gefallen. „Für das Ministrieren bekommt man auch noch etwas?" Das verstand er einfach nicht. War er doch schon froh, überhaupt zu jener Schicht des gläubigen Volkes zu gehören, die während des Gottesdienstes nicht in den Bänken sitzen mußte oder gar in den Kirchenbänken für Schulkinder.

Nein! Ganz vorne am Altar dienen. Das war für ihn eine Auszeichnung. Eine Belohnung. Und dafür noch Geld bekommen?

Ministrantengeld? Das ging gegen jede „konradische" Erwartung.

Nun bummelt Konrad durch die Stadt.

„Was bekommt man alles um sechzehn Schilling?" – Sechzehn Rippen Schokolade. Da hätte er ja gar nicht soviel Bauchweh haben können, um das alles zu verzehren. Nun ging er in seinem Köpfchen alles durch, was ihm schmecken würde. Was er sich um dieses Geld kaufen könnte.

Lange überlegte Konrad. Dann verwarf er alle diese Pläne.

Trat fest entschlossen in einen Manufakturwarenladen. Den Verkäufer kannte er.

„Herr Lehenberger, i krieg' um sechzehn Schilling einen Stoff für ein Kleid für meine Mutter."

Der Geschäftsmann schaute den Konrad groß an. Wußte von seiner Intelligenz und seinem edlen Charakter. Kannte auch seine Mutter. Versuchte, den Geschmack der Frau richtig zu erfassen, und gab dem Buben das Gewünschte. Damals, im Jahr 1954, bekam man um sechzehn Schilling noch ein Stück Stoff.

Einen Stoff für ein Kleid.

Für seine Mutter.

Für das erstverdiente Geld. Das Ministrantengeld.

Heute ist Konrad Rechtsanwalt in Wien.

Ich mag Dr. Konrad Auer. Er mich auch. Wir sind Freunde.

„Ministrantengeld?" Fragte mich einmal jemand. Und setzte im Tonfall dabei das Fragezeichen.

„Ministrantengeld!" Sagte ich. Und setzte im Tonfall das Rufzeichen.

„Kinder müssen lernen – wenn sie es nicht als Kinder lernen, lernen sie es nie mehr –, daß Leistungen und Lohn die Offenbarung eines meßbaren Erfolges auf Grund einer Leistung sind." Sprach zu mir Dr. Auer.

Auf meine fast neidische Bemerkung (wenn es so etwas gäbe, da ich keinen Neid kenne), daß ich seine Gabe zu formulieren und sich auszudrücken bewundere, er: „Was einem der Herrgott ins Hirn gelegt hat, hat man."

„Mir hat damals mein erstverdientes Ministrantengeld einen derartigen Glückrausch beschert, daß er mir Ohrensausen verursachte. Sollte ich in meinem Leben so reich wie Paul Getty*) werden oder den Schatz des Midas**) heben, ich würde nicht glücklicher sein könenn." Nach kurzer Pause fuhr er fort: „Die Welt hat sich damals für mich *‚ver-rückt'* gezeigt."

Klein Konrad soll das Schlußlicht setzen.

Unser Leben ist an die Erde gebunden. Wir nennen es ja

*) Jean Paul Getty, 1892–1976, amerikanischer Ölproduzent, Präsident eines der größten Unternehmen der USA, Jahresumsatz 4 Mrd. $.

**) Die Sage vom „Reichtum des Midas" beruht auf einem Weihegeschenk dieser Gestalt der griechischen Mythologie in Delphi.

„irdisches“ Leben. Vielleicht auch deswegen, weil es so zerbrechlich ist wie ein „Irdener Topf“? Wir brauchen die Erde als Standort. Wir brauchen sie als Lebensraum.

Erde ist aber auch der Umsatzplatz alles menschlichen Lebens. In der Erde beginnt es. Über die Pflanze geht es. Zum Tier und zum Menschen kommt es. Das Leben. Durch die Nahrung.

Steriler Boden kann kein Leben schenken. Nicht erhalten. Kulturböden müssen es sein. Die das können. Kulturböden sind mit einer Humusschichte überzogen. Haben Humusgehalt. Wenigstens 2% Humus. Und dann kann aus einem solchen Boden sichtbares Leben werden. Auch für das menschliche Auge sichtbar.

Wenn wir von fruchtbarer Erde sprechen, meinen wir einen Sammelbegriff. 2% Humus und 98% was? Davon entfallen 8% auf für Kulturböden unbedingt notwendige Bodenorganismen. 5% sind Reststoffe pflanzlichen oder tierischen Ursprungs. 15% kommen auf Luft und Bodenwasser. Beide sind notwendig in der Erde. Zum Leben. Und Werden. Das Wasser, aber auch die Luft.

Der Großteil des Humusbodens besteht aus mineralischem Bodenanteil. Er wird durch Zerfall. Durch Erosion der Gesteine. Sein Anteil beträgt zirka 70%.

Dieser Bodenanteil würde nie das Wachsen ermöglichen, wenn nicht zuvor die „Auflösung“ jener Bestandteile erfolgt wäre. Und wer bewerkstelligt das?

Die Lithobionten.*)

Es ist dies jene Gruppe von Mikroben, mit denen die Humusbildung beginnt. Sie schaffen aus Tod Leben. Machen aus dem Mineral einen Lebensstoff. Darauf erst bauen sich die vier Stufen auf: Erde, Pflanze, Tier und Mensch.

„Aus dem Stein Leben machen“! Lithobiont.

Das reizt mich. Feuert mich an. Zwingt mich zu Vergleichen. Führt mich zum Schlußlicht. Wieder zurück zum kleinen Konrad. Und nach vorne zum Konradin. Was zwar das gleiche bedeutet, aber nicht das gleiche ist.

„Videre Napoli e morire“! „Neapel sehen und sterben“.**) Sagen die Neapelfans.

Anderer Meinung aber dürfte ohne Zweifel der sechzehnjährige deutsche Herzog von Schwaben, Konradin, gewesen sein,

---

*) „Die auf dem Stein Lebenden“.

**) Alexander Freiherr von Humboldt. Geboren am 14. September 1769 in Berlin. Gestorben ebendort am 6. Mai 1859. Deutscher Naturforscher.

bevor am 29. Oktober 1268 auf dem Marktplatz von Neapel sein Haupt unter der Wucht des Henkerbeils zu Boden rollte.

Wie es dazu kam?

Die Geschichte, die Lebensgeschichte eines jeden Menschen ist in sich etwas Geschlossenes. Etwas Eigenes. Doch laufen Parallelen von einem zum andern. Bezugspunkte tauchen auf. Wellenlängen können geortet werden, die Gefühle auslösen, Ideale kennzeichnen, Beispiele statuieren. Andere Menschen einfach einbeziehen in das eigene Leben. Oft auch nur Wunschleben. Das nicht steril ist. Sondern wertvoller Humusboden. Auf dem die Realität gedeiht.

Diese unsichtbaren Leitungen von einem Menschen zum andern können Jahrhunderte überbrücken. Haben die geheime Macht, in sich Vergangenheit zur Jetztzeit zu erheben. Herausreißen aus dem graudunklen Schleier von einst. Wo die Umstände ganz anders waren. Der Mensch aber Mensch war so wie heute.

„Menschen sind die Menschenkinder aller Zeiten, aller Zonen . . ."*)

Klein Konrad 1954. Der glückselige Ministrant. Mit dem erstverdienten Geld. Heute Rechtsanwalt. Will nicht „Jurist" genannt werden. Weil er mehr ist als „ein Wissender und Interprete des Gesetzes". Mehr als „ein Rechtsgelehrter". Schon gar nicht ein „Rechtsverdreher". Sondern weil er „Rechtsanwalt" ist. „Ein Verteidiger der Gerechtigkeit."

Ein anderer kleiner Konrad, der Konradin der Geschichte. Vor 700 Jahren. Der letzte des großen deutschen Kaisergeschlechtes der Staufer. Der Ururenkel des Friedrich Barbarossa, den die heilige Hildegard, die „große deutsche Mystikerin", persönlich kannte.**)

Dieser kleine Konrad war das Schlußlicht einer großen Epoche unserer Geschichte. Eine Zeit, in der viel Großes geschah. Eine Zeit, in der alles seine Ordnung hatte: Jesus Christus als König der Welt, als Sieger am Kreuz. Seine sichtbaren Machtausübungen auf Erden, der Papst und die Kaiser. Sinnbilder gottgewollter Ordnung.

Die Missionierung ganz Europas, seine Christianisierung, war bereits abgeschlossen. Trotzdem ließ diese Zeit vieles offen. Ideale und Träume konnten nicht verwirklicht werden. Die Kreuzzüge waren beendet. Immense Anstrengungen und Opfer gebracht. Das

*) Friedrich Wilhelm Weber in „Dreizehn Linden" (1878). Deutscher Schriftsteller. Geboren am 25. Dezember 1813, gestorben am 5. April 1894.

**) Siehe im Kapitel „Gott, Mensch, Kosmos", Seite 225.

Heilige Land konnte nicht erobert werden. Es blieb unter der Herrschaft des Halbmondes. Das Kreuz wurde zurückgedrängt. Kaiser Barbarossa ist in diesem „heiligen“ Kampfe in fremdem Lande ums Leben gekommen.

Das Reich Gottes auf Erden, das man sich so schön vorgestellt hatte, war nichts als ein Machtkampf zwischen Papst und Kaiser.

Aller Unvollkommenheit zum Trotz war dieses Reich die Wiege des christlichen Abendlandes. Hat vieles geschaffen. Was die Zeit überdauert hat. Was heute noch da ist.

Hat Heilige hervorgebracht wie Norbert von Xanten, Bernhard von Clairvaux, Hildegard von Bingen, Albert den Großen*) und viele andere.

Wenn ein Papst, Vater der gesamten Christenheit, aus Polen gebürtig, heute in sein Heimatland Polen reist und dort seinen Landsleuten Hoffnung und Mut zuspricht, Moskau argwöhnisch herüberblickt, so lassen sich die Wurzeln dafür zurückverfolgen bis in die Zeit, die mit dem kleinen Konrad von damals, mit Konradin, zu Ende ging.

Eine Epoche geht zu Ende, wirkt aber im Menschengeschlecht fort, jahrhundertelang.

Konradin lebt.

Lebt auch heute noch.

Konradin, der letzte Staufer. 1252 bis 1268. Eigentlich hieß er Konrad. Italienisch „Conradino“, kleiner Konrad. Sohn des Konrad IV. (1228–1254), deutscher König aus dem Geschlecht der Staufer, und Elisabeth, Tochter des Herzogs von Bayern.

Konrad IV. hatte sich im Reich gegen zwei Gegenkönige behauptet, ging 1251 nach Italien, um sein sizilianisches Erbe anzutreten. Setzte sich gegen die stauferfeindlichen Stände Süditaliens durch, eroberte 1253 Neapel. Starb vor einem Feldzug nach Norditalien.

Konradin, sein Sohn, auf der Burg Wolfenstein bei Landshut in Bayern geboren, Herzog von Schwaben, war beim Tod seines Vaters noch ein kleines Kind. Wurde mit vier Jahren zum König gewählt. Papst Alexander IV. erhob dagegen Einspruch.

Das Königreich Sizilien kam nach Konrads IV. Tod an dessen Halbbruder Manfred. Dieser hatte sich gegen den Papst behauptet. Gewann auch die Schutzherrschaft über Florenz.

Papst Urban IV. und Klemens IV. belehnten aber 1263/65 Karl von Anjou mit dem Königreich Sizilien. Diesem unterlag Manfred 1266. Der junge Herzog mußte handeln.

*) Albertus Magnus.

Daraufhin zog Konradin mit seinem Freund Friedrich von Baden über die Alpen. Drang bis Rom vor. Zog weiter von dort gegen Karl von Anjou, der das Erbe seiner Väter unrechtmäßig übernommen hatte. Konradin, der Feldherr, war sechzehn Jahre alt.

In der Schlacht bei Tagliacozzo, am 23. August 1268, waren seine Truppen zunächst siegreich. Unterlagen aber bald darauf wieder.

Konradin und Friedrich mußten nach Astura fliehen. Durch Verrat gefangen, wurden beide nach einem Scheinprozeß enthauptet.

Das war das Ende des Staufergeschlechtes. Dem nach einem Interregnum*) die Habsburger folgten.

Konradin ruht heute noch in der neapolitanischen Kirche Maria del Carmine**). Über der Gruft ließ Maximilian II. von Bayern durch Thorvaldsen***) ein lebensgroßes Standbild des jungen Fürsten Konradin errichten.

Konradin aber lebt heute noch durch seine Tapferkeit und Standhaftigkeit fort. Sein edler Geist überlebte Jahrhunderte.

Ein Buch geht zu Ende. Hat manche Fragen beantwortet. Manche Zusammenhänge aufgezeigt. Viele Fragen aufgeworfen. Nicht wenige offengelassen.

Jeder lebt sein Leben. Kann aber abfärben. Auf andere.

Der große Völkerapostel Paulus sagt uns über das Wie:

„Wer kärglich sät, wird auch kärglich ernten; wer reichlich sät, wird reichlich ernten."

Er geht aber dabei auch ins Detail:

„Jeder gebe, wie er es sich vorgenommen hat in seinem Herzen, nicht verdrossen und nicht unter Zwang. Einen fröhlichen Geber liebt Gott. Gott aber kann in seiner Macht alle Gaben über euch ausschütten, so daß euch allezeit in allem alles Nötige ausreichend zur Verfügung steht und ihr noch genug habt, um allen Gutes zu tun, wie in der Schrift steht:

Reichlich gibt er den Armen.
Seine Gerechtigkeit hat Bestand für immer."

Humusboden sein. Für die Saat meines Lebens.

---

*) Zwischenherrschaft.
**) Maria vom Berge Karmel.
***) Bertel Thorvaldsen. Geboren am 13. November 1768, gestorben am 24. März 1844. Dänischer Bildhauer. Unter anderem in Rom tätig.

„Gott, der dem Sämann Samen gibt und Brot als Speise, wird auch euch das Saatgut geben und die Saat aufgehen lassen; er wird die Früchte eurer Gerechtigkeit wachsen lassen."

Kein „hortus conclusus" sein. Kein wohlbefestigter Garten. Aus dem nichts hinaus darf. Hinaus kann. Zum Menschen, der „draußen" wartet.

„In allem werdet ihr reich sein, um selbstlos schenken zu können; dieses Schenken aber wird durch unsere Vermittlung zum Dank an Gott" (2 Kor 9/6–11).

Die Sprache des Pinsels

Eine Spiegelung „zur Freude der Augen", mit dem Pinsel ausgedrückt, soll die Bebilderung der einzelnen Kapitel sein. Ist das äußere Merkmal einer Arbeit des Erschauens und des Empfindens.

Der Waldviertler Maler Adolf Blaim. Daheim am Rande eines Dorfes, dessen Bild von der Silhouette des Wappenschlosses Wildberg geprägt wird, zerklüftet und zerrissen durch den Lauf eines kleinen Baches, der sich Taffa nennt und an dem weiter unten die Waldviertler Bezirksstadt Horn liegt.

Mitten drinnen in einer kinderreichen Familie, dort schafft er, der Maler. Selbst ein Naturtalent, geformt und geworden in harter Arbeit. Hand und Pinsel sind nur Instrument seines Erkennens und Denkens.

Jede einzelne Vignette soll Anstoß zum Nachdenken geben. Irgendwie mit dem Inhalt des Kapitels verwandt, einen visuellen Eindruck verleihen, der bleibt.

Daß es bleibt, das ist ja die Idee aller, die am Buch mitgearbeitet haben.

Daß es bleibt, wünschen Ihnen Autor und Illustrator.

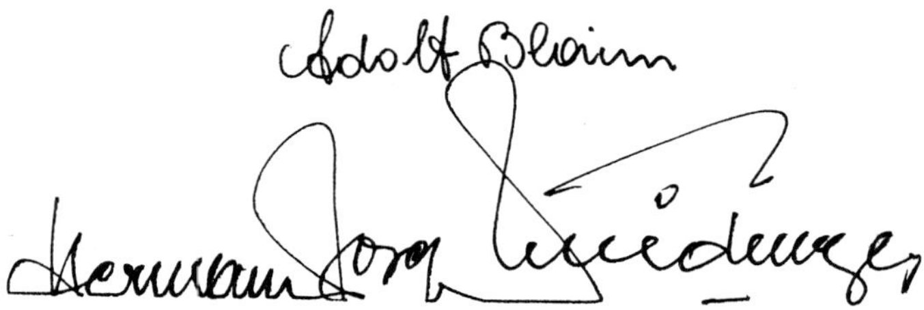

Krankheitsregister

Sachregister

Persönlichkeiten

Inhalt

KLEINE REIHE DES KRÄUTERPFARRERS

Bereits erschienen:

Lyrik-Trilogie:
KÖSTLICHE FRÜCHTE
Verse zum Nachdenken
(Band 2)

IN GOLD GEPRÄGT
Aufatmen der Seele
(Band 3)

TROTZ ALLEM
Heilkraft des Lächelns
(Band 4)

dazu die passende Sammelkassette

SPRICH MIT DEINER HAUT
Der Kräuterpfarrer und die Hautpflege
(Band 5)

STUMME KRÄUTER PLAUDERN
Der Kräuterpfarrer führt zum Beschaulich-Sein
(Band 6)